LES MILLORS OBRES DE LA LITERATURA CATALANA

32

Director de la col·lecció:
Joaquim Molas

Redacció:
Carme Arnau

RAMON
TURRÓ

ORÍGENS DEL CONEIXEMENT: LA FAM

Edicions 62, Barcelona

Aquesta col·lecció és una iniciativa conjunta d'EDICIONS 62, s/a., i de la CAIXA DE PENSIONS PER A LA VELLESA I D'ESTALVIS DE CATALUNYA I BALEARS, "la Caixa".

Primera edició (dins MOLC): març de 1980.

Disseny d'Enric Mir.
Drets exclusius d'aquesta edició:
Edicions 62, s/a., Provença 278, Barcelona-8.
Imprès a Gràfiques Instar, Constitució 19, Barcelona-14.
Fotocomposició: Dorda, ptge. de la Mercè 3, Barcelona-11.
Dipòsit legal: B-1.223-1980.
ISBN: 84-297-1575-4

Ramon Turró

Ramon Turró i Darder va néixer a Malgrat (el Maresme) el 8 de desembre de 1854 i l'endemà mateix fou batejat a l'església de Sant Nicolau; la família paterna i materna era de Malgrat, on tenien un negoci familiar, una drogueria, situada a la mateixa casa on vivia —i que amb el temps portaria el més gran dels quatre germans, Melitó—, i, també, propietats. La infantesa de Ramon transcorregué a la casa pairal, però féu els estudis primaris a les Escoles Pies de Calella, i el batxillerat a Girona, on dos dels seus germans, Benet i Salvador, estudiaven per capellà al seminari. Se sentí tan vinculat a la ciutat de Girona que molta gent es pensava que hi havia nascut, error que ell no ajudà a desmentir. D'aquells anys data la seva amistat amb Joaquim Ruyra, que durà tota la vida; i Turró, gran i apassionat lector, féu conèixer els autors clàssics i moderns, però sobretot els romàntics, que li agradaven especialment, a Ruyra. A quinze anys es traslladà a Barcelona per estudiar Medicina, a la vella facultat del carrer del Carme, ja que sentia una veritable vocació per aquesta carrera. Però, home lluitador i vehement, va interrompre els estudis al segon curs per allistar-se voluntari contra els carlins; uns trasbalsos familiars i la mort de la mare havien contribuït a aquesta decisió. La seva unitat fou desfeta, però ell pogué fugir i fou un dels pocs supervivents del grup.

L'any 1873, en ser proclamada la república, continua els seus estudis però topa amb la Medicina legal, la darrera assignatura de la carrera, que es nega a passar i així no pot treure el títol. Estudia, a continuació, Filosofia i Lletres fins a la llicenciatura, i amb escassos recursos econòmics marxa a Madrid. Allà forma part de la redacció del vell diari "El Progreso", on Lerroux feia de vailet assistent. D'aquesta època és un recull de poesies i assaigs escrit entre 1875 i 1876 i publicat sota el títol *Composiciones literárias* (1878), que, segons el seu deixeble i biògraf Leandre Cervera, va tenir la sort de passar gairebé inadvertit. Poc després començà la seva tasca investigadora de forma brillant amb un treball sobre la circulació de la sang, que va cridar l'atenció del fisiòleg francès Marey, però que, a Madrid, no va suscitar cap ressò. Cap al 1879 inicia una campanya contra Letamendi, que gaudia aleshores d'un gran prestigi i influència a Madrid, i impugna la seva fórmula matemàtica de la vida i les seves orientacions especulatives, a la revista "El Siglo Médico"; tothom, fins i tot Letamendi, va pensar que el nom de Turró era un pseudònim sota el qual s'amagava alguna personalitat important.

Quan Jaume Pi i Sunyer, coneixedor de la sòlida formació de Turró, guanya la càtedra de Patologia general, aconsegueix que torni a Barcelona com a ajudant seu de treballs pràctics, juntament amb el doctor Carulla, futur rector de la Universitat. Turró viu una època de desorientació, inquietuds i bohèmia, i es dedica amb bons resultats inicials a les finances; així amb la famosa alça dels anys 80 aconsegueix guanys considerables, en companyia del seu germà Jaume, arribat de terres americanes. Però el doctor Pi i Sunyer, que veu els seus grans dots d'investigador, fa que el deganat posi a la seva disposició un laboratori de bacteriologia situat en una petita habitació del terrat de la Facultat. En aquells anys les investigacions bacteriològiques són a l'ordre del dia, l'escola pasteuriana està creant la Bacteriologia i hom presencia el gran capítol de la immunitat. Paral·lelament, el descobriment del germen productor de la tuberculosi, que acabava de fer Kock, valgué al laboratori de Turró una gran popularitat, i, també, importants ingressos. Però ell, que odia profundament la ciència oficial, no es vol sotmetre a l'examen que li falta per acabar la carrera de medicina, cosa que li impedeix tenir una càtedra, el seu futur més clar i evident. Tanmateix, gràcies a Darder aconsegueix llicenciar-se com a professor veterinari, en tres mesos i dues convocatòries a Santiago de Galícia. Així, pot ingressar al Laboratori municipal de microbiologia que dirigia Jaume Ferran, i Turró n'esdevindrà director després d'aquest.

En aquesta època se situa el punt culminant de l'activitat científica de Turró, que coincideix amb una represa de l'activitat periodística. Els seus articles són modèlics i hi destaca una visió sempre personal i un comentari ràpid; en són bons exemples *En defensa propia,* articles a favor de si mateix arran de les acusacions que li foren fetes durant l'epidèmia tífica de 1914, o bé a favor de Verdaguer, *Verdaguer, vindicado por un catalán*; o *De Cajal a Xenius,* i *De Alomar a Montoliu,* publicats a "La Publicidad", l'any 1917; a "La Publicitat" publicà, entre d'altres, *Després de la pau* i *La més gran derrota.* Aliadòfil furibund, Turró considerava que l'origen veritable de la conflagració europea era la Universitat alemanya, que havia infiltrat "al cervell de les generacions joves la idea que Alemanya és el poble superior"; així va escriure alguns articles on exposa el seu punt de vista.

Inicià la seva activitat científica amb investigacions molt personals que el van portar a descobriments relacionats amb el cultiu de determinats microbis. Posteriorment es dedicà amb preferència als estudis fisiològics i d'endocrinologia. Entre la seva abundant producció cal destacar *El mecanismo de la circulación arterial y capilar* (1880), on posa en relleu el paper actiu que tenen les parets dels vasos sanguinis en la circulació; *La medicación tiroidea* (1896-1897); *Origen y naturaleza de las alexinas* (1903), on el mecanisme de la immunitat natural és interpretat com un simple conjunt de fenòmens de digestió intracel·lular; i *Obra bacteriológica de Pasteur*(1922).

La seva obra filosòfica comença a sortir l'any 1909, que és la data de publicació a la "Zeitschrift für Psychologie und Sinnesphysiologie" d'alguns fragments de la seva gran obra *Orígens del coneixement: la fam,* que fou publicada l'any 1912 i havia de ser seguida d'*El sentit del tacte,* però d'aquesta tan sols n'aparegué una part ("Orígens de la representació de l'espai tàctil"). Turró no és un filòsof en el sentit estricte de la paraula sinó més aviat un científic que, gràcies als seus estudis i investigacions de fisiologia, ha tractat algunes qüestions filosòfiques, en especial la teoria del coneixement. Així, i a partir de les seves arrels positivistes, considera la filosofia com a teoria general del coneixement que s'elabora en íntima relació amb les ciències positives, que són, de fet, les que proporcionen el saber real. *Orígens del coneixement: la fam* conté, a més d'un interessant estudi fisiològic de la fam, la teoria turroniana genètico-empírica del coneixement. A l'obra de Turró hi predomina la voluntat de mantenir un estret contacte amb la realitat, car segons ell nosaltres només ens assabentem de les condicions causals dels fenòmens, però de les causes en si no en sabem res. Per això al pròleg de l'edició castellana fet per Unamuno, aquest considera *"que ahondando bajo el suelo se llega al cielo mejor que volando a ras de él, en vuelo de gallina"*. Semblants idees però més íntimament lligades a l'aspecte filosòfic les troben a *Filosofia crítica,* una sèrie de conferències fetes a la Societat de Biologia, l'any 1917, i a *La base trófica de la inteligencia* (1918). A *El mètode objectiu* (1916), tracta el tema de les relacions de l'element psíquic amb el fisiològic i el mètode en la psicologia. Al discurs *La disciplina mental* posa en relació el subjectivisme amb la crisi dels temps actuals. Turró considera que els símptomes principals de la crisi dels temps actuals són l'enderrocament dels valors tradicionals i la inestabilitat; i així les conseqüències del subjectivisme, abans imprevisibles, esdevenen clares ara que tot trontolla: l'autoritat, la família, la pàtria...

L'any 1925 publicà a la "Revista de Catalunya" tres *Diàlegs sobre coses d'art i de ciència.* L'any 1923 va fundar, amb Jaume Serra i Húnter i Tomàs Carreras i Artau, la Societat Catalana de Filosofia, filial de l'Institut.

Turró va estar lligat a les principals institucions culturals i científiques del país: membre de l'Institut d'Estudis Catalans, soci d'honor i primer president de la Societat de Biologia de Barcelona, president de l'Acadèmia i Laboratori de Ciències Mèdiques de Catalunya, i acadèmic numerari i vice-president de la Reial Acadèmia de Medicina i Cirurgia. El 1922 rebé un homenatge de la Societat de Biologia, amb l'adhesió de l'Ajuntament i la Mancomunitat. Conegut i apreciat a l'estranger, on foren publicades algunes de les seves obres, fou membre corresponent de la Société de Biologie de París i soci d'honor de l'Acadèmia de Medicina de Buenos Aires.

La influència d'una personalitat de la vitalitat de Turró fou decisiva en la formació de tota una generació mèdica i ho fou com a estímul i com a exemple. Procurà infondre en els qui el voltaven l'objectivitat necessària per treure profit del mètode experimental d'investigació, la qual, referint-se a l'observació, és ben compatible amb l'apassionament en la defensa del que hom ha observat.

Turró, apartat de manera progressiva de les seves múltiples activitats per raó de l'edat i amb llargues estades a Sant Fost de Campsentelles, el seu poble d'estiueig, morí a Barcelona el mes de juny de 1926.

C.A.

NOTA SOBRE L'EDICIÓ

L'edició catalana d'*Orígens del coneixement: la fam* és de 1912 (Barcelona: Societat Catalana d'Edicions, 2 volums), bé que anteriorment l'autor n'havia fets conèixer alguns fragments a la revista alemanya "Zeitschrift für Psychologie und Sinnesphysiologie" (1909). Amb posterioritat a l'edició catalana, l'obra fou traduïda al francès (París 1914) i al castellà (Barcelona 1916 i Madrid 1921).

En la present edició hem suprimit els epígrafs que encapçalaven els capítols i, per facilitar la lectura, hi hem introduït apartats (basant-nos en els epígrafs suprimits). Quant al text, l'hem modernitzat totalment a nivell ortogràfic, incloent-hi modificacions que impliquen canvis fonètics (*llògic* canviat per *lògic, inteligéncia* per *intel·ligència, trascendir* per *transcendir, pendre* i derivats per *prendre* i derivats, *sugerir* per *suggerir,* etc.), així com la regularitzaciò de l'apòstrof (*que's* canviat per *que es, l'imatge* per *la imatge,* etc.). A nivell morfològic, els canvis introduïts són les següents correccions: l'article neutre no intensiu (*lo* per *el*); els pronoms febles (*els hi* per *els, les* datiu per *los, 'ls* per *els* o *los, 's* per *es* o *se,* etc.); alguns femenins (*diferenta, absenta,* etc., per *diferent, absent,* etc.; *dos, comú, pobre,* etc., per *dues, comuna, pobra,* etc.); el gènere d'alguns substantius (*senyal, llegum, corrent,* etc., passats a masculí; *fi, anàlisi, olor, calor,* etc., passats a femení); nombroses formes verbals (*concebir, percebir, emiteix, estés, esser, siguent, coneguent, sapigut,* etc., per *concebre, percebre, emet, esti-*

gués, ésser, essent, coneixent, sabut, etc.); algunes preposicions (*an, sobres* per *a, sobre*); algunes conjuncions (*per a que, per tal que* causal, etc., per *perquè, per tal com,* etc.); alguns relatius (*quin* per *el qual*). Quant al lèxic, hem modificat tots els cultismes d'acord amb la forma avui admesa (*reflexe, bulbe, absurde, amorfe, nodritiu, intermig, orgue, muscle, genre, apariencia, creencia, psiquis, tiroides,* etc., per *reflex, bulb, absurd, amorf, nutritiu, intermedi, òrgan, múscul, gènere, aparença, creença, psique, tiroide,* etc.), i sempre que concorren dues formes una de les quals és la normativa les hem unificades a favor d'aquesta (*cegos* i *cecs, profond* i *profund, dit* i *el dit,* adj., *baix* i *sota,* prep., *composar* i *compondre,* etc.).

Per a la tasca de modernització del text hem comptat amb la col·laboració de Josep Milà.

ORÍGENS DEL CONEIXEMENT: LA FAM

I. ORÍGENS FISIOLÒGICS DE LA FAM

Orígens de la sensació de la fam

Segons la seva accepció comuna o empírica, entenem per fam la necessitat d'introduir en l'organisme quelcom que li manca: a aquest quelcom l'anomenem aliment quan es tracta de cossos sòlids, dissolts o no, i beguda quan es tracta de cossos líquids.

Aparentment la sensació de la fam prové de l'estómac, com si partís d'aquesta víscera l'excitació perifèrica que la determina; però no és així en realitat. L'experimentació fisiològica ha demostrat que l'extracció de l'estómac en els gossos no extingeix la necessitat d'ingerir aliments ni altera el ritme de la seva aparició. En quant a l'home, s'ha observat que tots aquells gastròpates als quals s'han operat amb èxit grans reseccions de la dita entranya, sentien la fam de la mateixa manera que abans de l'operació. D'altra banda, la secció dels pneumogàstrics no priva el naixement de l'esmentada sensació. Aquestes i altres experiències clàssiques demostren que la sensació que es localitza en l'estómac no ha de confondre's amb la de la fam, ja que aquesta subsisteix o reapareix independentment d'aquella.

l'estómac itat la sensació de la fam respon a la necessitat de reparar les pèrdues de l'organisme. Aquestes pèrdues no es reparen d'una manera efectiva pel fet d'introduir en l'estomac substàncies alimentícies, sinó pel fet d'incorporar aquestes substàncies al medi intern, passant a formar part integrant de la seva composició. L'aigua i la sal, per exemple, passen a formar part del medi intern sense necessitat de sofrir cap modificació química; però la immensa majoria de substàncies alimentícies han de passar per profundes transformacions, ja en la llur composició, ja en la llur estructura molecular, per a poder formar part del dit medi; es pot dir d'elles que, tal com s'ingereixen, són tan sols *virtualment alimentícies*; perquè puguin ingressar en el medi intern, transformades ja en nodriment i subvenir a les necessitats químiques dels elements cel·lulars, és necessari que hagin estat preparades en una forma tal que restableixin la uniformitat de composició del dit medi; és llavors únicament que calmen en realitat la fam.

Els aliments que s'ingereixen contenen la primera matèria que ha de procurar al medi intern els principis que consum l'activitat cel·lular, venint a ser com la font de la qual brollen els dits principis; mes, per a això, és necessari que aquests aliments siguin transformats de tal manera que ingressin en el medi intern sota la forma química que tenia el principi la pèrdua del qual ha de reparar-se. Si el cicle d'aquestes transformacions és incomplet i la substància alimentícia no ingressa en el medi intern en forma tal que es restableixi la uniformitat de la seva composició, no són reparades les deficiències nutritives del mateix, i aquestes deficiències evoquen la necessitat psíquica de reparar-les, o sigui la fam; però si les dites deficiències són reparades i l'element cel·lular immergit en el medi intern hi troba tots els elements que necessita per a tirar endavant les seves activitats fisiològiques, llavors no s'evoca aquesta activitat psíquica.

De la mateixa manera que cal buscar en l'agent lluminós la causa o l'origen d'allò que desperta l'activitat del sentit visual, cal també cercar en el medi intern la causa de la sensació de la fam; i així com han de referir-se a les condicions físiques que la determinen, totes les modalitats que observem en la sensació visual, així també han de referir-se a les deficiències substancials que es determinen en el medi intern a conseqüència de la nutrició cel·lular, totes les modalitats que observem en les sensacions de la fam. L'impuls que mou l'animal a cercar en el món exterior la substància proteica o els hidrats de carboni, la sal i l'aigua, que manquen en la seva economia, no es desvetlla quan, per un mecanisme fisiològic preestablert, es proveeix el medi intern de tots els principis que són consumits, com succeeix en la vida intrauterina. Intuïtivament es comprèn que si ens fos possible, per una invenció prodigiosa, proporcionar a l'animal els principis que consumeix l'activitat cel·lular i en la mateixa forma que aquesta els assimila, mai se li despertaria el sentiment de la fam, com no se li despertaria la set, si, suposant coneguda la quantitat d'aigua que ha d'eliminar o consumir, li injectéssim la dita quantitat en les venes o la introduíssim en el seu organisme per la via rectal o subcutània. Mes ara no ens trobem en aquestes condicions imaginàries. El subjecte acusa la necessitat d'ingerir aliments i begudes, i acusa en un cas la necessitat d'ingerir determinats aliments i no altres, i en una proporció també determinada. Mentres ens limitem a fer constar els fenòmens que ens posa de manifest l'observació interior, ignorarem eternament la llur condició determinant; però si relacionem l'efecte amb la seva causa o la sensació amb l'excitació perifèrica que la determina, ens posarem en camí d'estudiar el mecanisme d'aquests fenòmens que avui ens és desconegut. Si, doncs, el medi intern acusa en una consciència inferior, com a manera d'impuls instintiu, les defiències substancials que experimenta, ens és necessari, encara que sigui d'una manera general, primer que tot, conèixer la naturalesa o constitució d'aquest medi i el mecanisme del seu empobriment o regeneració, com per a donar-nos compte de la desviació que sofreix la llum al refractar-se, tenim necessitat de conèixer la distinta densitat dels medis que travessa.

Constitució del medi intern

El múscul que es contrau, els culs de sac glandulars, la neurona que reacciona, viuen a costa de llur pròpia substància, transformant-la en altres de derivades, que s'allunyen del tipus de la seva composició primitiva. La vida és una transformació no interrompuda de matèria, i per això el seu consum és inacabable. Cl. Bernard la comparà al minotaure, que es devora a si mateix. A través d'aquestes contínues transformacions hi ha quelcom (òrgan, teixit, cèl·lula, molècula biogènica) que persisteix com un aparell mecànic i que, a mida que es desgasta transformant la seva substància pròpia, assimila del seu medi els materials que li convenen per l'intermedi d'un mecanisme d'afinitats electives, a fi de renovar, amb una elaboració contínua, la mateixa substància anteriorment transformada. D'aquesta manera es perpetua la uniformitat de la seva composició.

Matèria que s'incorpora del medi i s'elabora segons la composició especial de la cèl·lula; matèria elaborada que segueix transformant-se fins a ser expel·lida a l'allunyar-se del tipus de la seva composició primitiva: heus aquí la imatge representativa del moviment nutritiu. Una molècula estructurada de tal manera que quan cedeix tants àtoms de carboni, tants d'oxigen, tants de nitrogen, tendeix a reincorporar-se'ls del seu medi, quedant amb la mateixa estructura d'abans: heus aquí la imatge representativa de l'aparell generador d'aquest moviment, que es perpetua de manera indefinida.

Això és la vida en síntesi, reduïda a la seva funció fonamental: la nutrició. Per l'anabòlia, la molècula biogènica tendeix a reconstituir-se constantment, a mida que la catabòlia, creant nous productes, tendeix a canviar la uniformitat de la seva composició. Per a ser possible aquesta elaboració contínua, que repara les pèrdues catabòliques, és indispensable que el medi on treballa la molècula biogènica li proporcioni els elements reparadors, perquè, cas de no existir en el dit medi, l'aviditat molecular no podria saturar-se i el moviment nutritiu s'interrompria. La nutrició pressuposa, doncs, la presència d'un medi *ad hoc,* que contingui la matèria primera elaborable, així com la persistència de la flama pressuposa la presència de l'aire, que proporciona un dels elements comburents. Si aquesta matèria primera manca, escasseja o no està degudament preparada per a saturar les afinitats electives que l'atrauen, la nutrició s'atura, es retarda o es pertorba.

El medi intern no es forma únicament a despeses de l'absorció intestinal; la seva composició resulta d'una elaboració fisiològica realitzada per una veritable funció glandular del mateix epiteli intestinal, en el fetge, melsa, pàncreas, tiroides, etc. La catabòlia porta al dit medi els productes que elabora la nutrició cel·lular, ja en forma de secrecions internes, ja en forma de substàncies perjudicials a la vida de les unitats biològiques que les elaboren i que constitueixen per a altres unitats elements de reparació. Entre els productes resultants de la digestió gastrointestinal i la forma química en la qual aquests mateixos productes passen a formar part de la composició del medi intern, hi ha una distància immensa, tot un procés de transformacions intermèdies complexíssim. Així veiem que les albúmines ingerides, transformades en albumoses, propeptones, peptones i fins amines àcides, a través de l'epiteli intestinal i dels ganglis limfàtics, són convertides en *albúmines pròpies*. La glucosa no forma part del medi intern, ingressant-hi tal com és ingerida; procedeix del glucogen desdoblat per hidròlisi en una quantitat fixa, normalment invariable. Ni el ferro ni el iode enriqueixen la sang sens abans haver sofert, ja en la glàndula tiroide, ja en la melsa, certes combinacions albuminoides. D'altra banda, els productes de la desintegració cel·lular ingressen en forma de productes solubles en el medi intern. Així, els derivats de l'hemoglobina, assimilats pel fetge, són utilitzats per la funció biliar, fenomen que ha demostrat en Pi i Sunyer, fins *in vitro*.

En resum: el medi intern, veritable nodriment cel·lular, en lloc de venir directament de l'absorció, és fonamentalment, per la seva composició, producte d'una elaboració fisiològica, vinguda del concurs dels més diversos elements cel·lulars. La vida funcional d'aquestes agrupacions cel·lulars homogènies, que anomenem teixits, no fóra possible si uns teixits no proporcionessin als altres elements reparadors que l'absorció intestinal per si sola és incapaç de proporcionar-los. Així com hi ha entre les diferents parts de l'organisme un reflexisme pel qual s'entrelliguen i harmonitzen les seves distintes funcions, existeix també un *consensus* químic, en virtut del qual unes funcions pressuposen les altres.

Constituït el medi intern d'aquesta manera, en l'interior de la cèl·lula i en el seu ambient s'hi realitzen accions de naturalesa zimòtica, d'hidratació, deshidratació, oxidació, gelificació, solubització, síntesi, etc., operacions que són l'expressió del metabolisme nutritiu, del qual no n'arriba res a la psique.

La suma de productes que integren la composició del medi intern guarda entre ells, en condicions normals, proporcions definides; si aquestes proporcions s'alteren, sobrevenen greus pertorbacions funcionals. De la mateixa manera que, augmentant o disminuint la quantitat d'oxigen en l'aire, es pertorba l'hematosi respiratòria, així els elements dels quals es compon el medi ambient cel·lular, no tan sols han de ser aptes per a saturar les afinitats de la molècula biogènica, sinó que han de trobar-se en el dit medi en la quantitat precisa que exigeix aquesta saturació. Si imaginem que hi manquen o hi escassegen, el canvi d'estat que aquesta manca o deficiència determina en la cèl·lula, causa també un canvi d'estat en la terminació nerviosa que s'implanta en aquella. Aquest canvi d'estat constitueix per si una excitació, que, seguint vies encara molt obscures, pot desvetllar l'activitat d'un òrgan o de diversos òrgans, capaços de proporcionar, o bé les substàncies que manquen, o bé les diastases que han de preparar-les de manera que puguin restituir al medi intern els materials dels quals es troba empobrit. Aquesta acció nerviosa és la que els fisiòlegs designen amb el nom de *reflex tròfic*.

Ara bé: l'observació ens ensenya que els processos de la nutrició estan sàviament regulats; quan aquesta regulació manca, sobrevenen gravíssims trastorns patològics. Al medi intern no hi aflueixen més substàncies que les que demana el consum, com si els òrgans que les proporcionen *fossin intel·ligents i posseïssin la intuïció de la mesura en la qual fan menester*. Però això és una aparença; en realitat no hi ha sinó accions nervioses diferenciades, de naturalesa específica, gràcies a les quals un òrgan que no troba en el seu medi intern nutritiu l'element que li manca per a reparar les pèrdues que n'ha sofert, es fa centre d'una excitació que, transmesa per l'element nerviós, actua a distància sobre altre o altres òrgans, excitant-los a funcionar més activament, amb la qual excitació, o desprenen la substància que fa menester, o lliberten les diastases, mitjançant l'acció de les quals serà obtinguda. Els efectes determinats per aquestes accions reflexes semblen intel·ligents per trobar-se adaptats a un fi, però, examinats de prop, no són sinó resultat d'una acció mecànica preestablerta.

L'autoregulació dels processos nutritius ens demostra que l'adaptació dels reflexos tròfics és quantitativa i qualitativa.

Suposem, en efecte, que un llarg exercici muscular consumeix la glucosa circulant. La necessitat de reparar la pèrdua que ha sofert l'element contràctil constitueix l'estímul que actuarà a distància damunt les cèl·lules on s'elabora i emmagatzema el glucogen, sigui directament, sigui, i això és més raonable, actuant damunt els òrgans que poden despendre els enzimes hidrolítics que han de desdoblar-lo. L'excitació inicial que determina aquest re-
 flex tròfic, siguin les que siguin les vies que segueixi i els

òrgans damunt dels quals actuï, és deguda a una deficiència substancial del medi intern, que priva de saturar-se l'aviditat química del biogen, i mentres persisteixi aquesta aviditat, i amb ella la deficiència del medi, persistirà aquesta acció nerviosa a distància, que tendeix a portar glucosa al dit medi, fins que arribi a restablir-se la uniformitat de la seva composició; aconseguit això, desapareixerà el canvi d'estat de l'element cel·lular, i, com a conseqüència, l'excitació nerviosa de la qual era causa. En aquest reflex hi descobrim, doncs, una excitació específica o diferenciada i una acció centrífuga autoregulada, per la qual es proporciona al medi intern la glucosa en la mesura que li fa menester, ja que fineix l'excitació causal quan s'ha aconseguit el degut efecte. Així és com l'activitat desvetllada en certs i determinats elements cel·lulars, que han d'enriquir el medi intern amb el principi del qual ha estat empobrit, s'adapta quantitativament i qualitativament a l'activitat d'altres elements cel·lulars que han consumit el dit principi, establint-se entre uns i altres un *consensus* harmònic.

Suposem ara que, per una baixa persistent de la temperatura ambient, l'organisme es veu obligat a desenrotllar un nombre de calories superior al que desenrotllava abans per a mantenir-se a la temperatura constant que li és pròpia. Els elements que utilitzarà per a aquest objecte seran les grasses, ja que són les que donen més calories per una mateixa unitat de pes. D'aquí ve que, a l'activar-se la combustió en la trama cel·lular, les grasses desapareguin ràpidament, i, si no s'exercís una acció a distància sobre els òrgans que elaboren lipases, intensificant llur funcionalisme, les grasses de reserva emmagatzemades no serien posades en llibertat i en el medi intern s'agotaria aquest element de combustió, precisament quan hi és més indispensable. L'experiència ens ensenya que aquestes reserves són realment mobilitzades i aflueixen al medi intern en la mida que hi fan falta; l'adaptació d'aquest reflex és qualitativa en tant que proporciona l'element que fa menester i no altre, i és quantitativa per tal com el proporciona en la mateixa mesura que reclama l'excitació perifèrica despresa dels elements cel·lulars que el necessiten. Suposant que la baixa de la temperatura ambient sigui molt grossa, és abundant llavors la fusió de les grasses que contribueixen a alimentar el fogar orgànic; si la baixa de temperatura és menor, les dites grasses són atacades més dèbilment i aflueixen al medi intern en quantitat més petita.

Això que acabem d'apuntar, com a exemple, respecte de la glucosa i de les grasses, és aplicable per extensió a tots els productes que formen part integrant de la composició del medi intern. Tots els fenòmens que es desenrotllen en l'economia tendeixen a demostrar-nos que les funcions dels diversos òrgans dels quals es compon estan lligades unes amb altres per una solidaritat estretíssima. En l'estat actual de la ciència no podem encara conèixer el mecanisme pel qual les secrecions internes del timus, de la glàndula tiroïdiana, de la hipòfisi, de les càpsules suprarenals, etc., influeixen en el desenrotllament dels processos nutritius; però que aquesta influència existeix i està sàviament regulada, és indubtable. Tot ens inclina a creure que, així com s'adapta el ritme i l'energia de la funció cardíaca a les necessitats de l'organisme; així com s'adapten les secrecions de l'aparell digestiu a la naturalesa química dels aliments que han de digerir; així com s'adapten els moviments intestinals a la naturalesa física de la bola alimentícia; així els òrgans de secreció interna han d'adaptar-se a les necessitats de la nutrició, aportant al medi intern diastases que el preparin degudament per a l'intercanvi molecular. Avui per avui no ens és possible demostrar la manera com aquestes adaptacions s'efectuen, tal com Cyon demostra les càrdio-vasculars, Pavlov les de les glàndules digestives, i un gran nombre de fisiòlegs les gastro-intestinals, admirablement sintetitzades per en Pi i Sunyer; malgrat això, n'hi ha prou d'observar en bloc els efectes que sobre la nutrició general determina l'atròfia de la glàndula tiroïdiana, per exemple, per a comprendre que, en condicions normals, l'estímul que determina la seva secreció s'adapta perfectament a les necessitats de la nutrició de l'individu. Quan, experimentalment, proporcionem al mixedematós suc tiroïdià, la seva nutrició retardada s'entona i vigoritza, ensopint-se de nou quan se suspèn la medicació. Podria dir-se que la seva acció damunt el metabolisme nutritiu és equivalent en certa manera a la del suc gàstric o pancreàtic respecte de les substàncies que digereixen, ja que amb ell s'activa el cicle transformatiu fins als productes residuals extrems, úria i àcid carbònic, i es retarda quan el dit suc tiroïdià manca o està viciat, com si al medi intern li mangués la preparació deguda per a poder proporcionar a l'element cel·lular els materials que ha d'elaborar i consumir. No hi ha dubte que l'acció exercida per aquesta secreció sobre determinats productes està regulada. Si administrem suc tiroïdià en l'època de la gestació, el fetus adquireix desmesurat desenrotllament; amb el goll exoftàlmic, sobrevé un estat d'hipertiroïdització i, amb ell, accidents patològics que poden presentar gravetat extremada.

Això que, anticipant-nos al que ens demostrarà amb el temps l'experimentació viva, diem de les secrecions internes, pot afirmar-se també de tots els productes catabòlics utilitzables. L'activitat funcional dels diversos òrgans que integren el conjunt orgànic no és tan autòctona, que es desenrotlli amb completa independència; un *consensus* funcional els relliga els uns amb els altres. Des del fetge, que rep i transforma els productes de l'absorció intestinal, fins a la fibra de teixit conjuntiu més inactiva i humil, tots els elements cel·lulars contribueixen, cadascun a sa manera, a crear un medi en el qual viuen submergits i del qual treuen els materials que necessiten per a transformar-los en substància pròpia. Com que les llurs afinitats són electives, quan el medi no els facilita la matèria primera elaborable, la cèl·lula se'n ressent, i aquest canvi d'estat constitueix allò que hem anomenat anteriorment excitació tròfica.

La sensibilitat tròfica no és una sensibilitat indiferent, que reaccioni per manera indistinta davant de qualsevol agent que l'exciti, sigui mecànic, físic o químic; sols és sensible a les modificacions que experimenta el medi intern. És, per tant, una sensibilitat de naturalesa química, capaç de diferenciar les unes de les altres les distintes substàncies de les quals es compon el dit medi de manera específica. Si la sensibilitat tròfica fos indiferent i reaccionés davant tota mena d'excitacions, no es comprèn com podria conservar-se la uniformitat de composició del medi intern, i, si aquesta uniformitat no fos conservada, no es comprèn tampoc com podrien autoregular-se els processos nutritius. Però aquesta autoregulació és un fet tan clar, que està ja fora de discussió. Tots els fets coneguts fins avui ens demostren que, quan es consumeix la glucosa circulant, aquesta pèrdua és immediatament reparada; que, quan apareixen internes necessitats termògenes, són mobilitzades les grasses de reserva; que, quan manquen elements plàstics, els teixits els proporcionen en una o altra forma, com cedeixen la sal o l'aigua que han retingut, quan manquen en el medi intern aquestes darreres substàncies. L'equilibri que existeix entre la composició del medi intern i la composició dels elements cel·lulars, està sotmès indubtablement a condicions físico-químiques; mes això no exclou l'existència d'un mecanisme trofi-regulador, per l'intermedi del qual el consum preferent d'una substància determinada sigui compensat per l'acció reflexa que actua a distància damunt de l'òrgan que ha de proporcionar la dita substància o la diastasa que ha de preparar-la. El *consensus* interfuncional que existeix entre els distints òrgans que integren el conjunt orgànic i que ja hem assenyalat, pressuposa forçosament l'existència del reflexisme tròfic, per la virtut del qual són aportades al medi intern les substàncies que va perdent, a mida que l'anabòlia les incorpora i transforma.

Des d'aquest punt de vista la sensibilitat tròfica és assimilable a la sensibilitat secretòria, ja que entre les excitacions que naixen de les modificacions experimentades pel medi intern i els productes que l'acció centrífuga porta al mateix, reparant les seves pèrdues, s'hi pot concebre la mateixa adaptació que l'escola de Pavlov estableix entre la naturalesa química de l'aliment i la quantitat i qualitat del producte secretori que ha de digerir-lo. El quimus, per exemple, que l'estómac buida en el duodè, excita les terminacions perifèriques de la sensibilitat secretòria com si diferenciés la seva pròpia composició química, ja que la tripsina s'adapta a la quantitat de matèria proteica que conté; diferencia també la quantitat de grassa i de matèria amilàcia, car veiem que s'hi adapten l'amilasa i la lipasa segregades. De la mateixa manera la secreció gàstrica s'adapta qualitativament i quantitativament a la naturalesa química de l'aliment amb una exactitud meravellosa, com la quantitat de la secreció salival s'adapta a certes condicions físiques de l'aliment que és necessari reblanir per a engolir-lo. De la mateixa manera els elements cel·lulars, federats entre si, que han contribuït a crear el medi intern, buidant-hi els productes de llur metabolisme, tan diferents els uns dels altres, diferencien les substàncies per les quals tenen afinitats electives i acusen llurs deficiències quan no els són proporcionades en la mateixa mida que les necessiten; aquesta excitació inicial de l'element cel·lular, específica per si o sigui pròpia d'una determinada substància i no d'altra, és de la mateixa naturalesa que la que actua per acció centrípeta damunt del pàncreas, obligant-lo a segregar tripsina d'una manera adaptada a la quantitat que se'n necessita per a digerir el quimus.

La doctrina que acabem d'exposar respecte de la naturalesa de la sensibilitat tròfica, avui per avui no pot ser enunciada sinó a títol d'hipòtesi, ja que no ens és possible fer experiències damunt del medi intern, de composició tan complexa i amb tanta vaguetat coneguda, per l'estil de com Pavlov fa experiments amb les substàncies alimentícies ingerides, la composició de les quals coneix prèviament amb tanta perfecció. Si ens fos possible sostreure del dit medi un producte determinat, coneixent a l'avança els elements cel·lulars que l'elaboren, no hi ha dubte que observaríem com aquesta sostracció és compensada per una hiperactivitat funcional determinada, que restableix la uniformitat de composició del medi intern. Però, com en l'estat actual dels nostres coneixements aquests supòsits no poden experimentalment comprovar-se, tan sols podem apoiar-nos en el fet de l'autoregulació dels processos nutritius, que és per si sol eloqüent de sobres. Una despesa cel·lular suposa per part del medi intern una pèrdua efectiva; en quant als elements que han de reparar-la, evidentment l'òrgan es repara sostraient del dit medi els principis que li fan menester i, malgrat això, la composició del medi intern resta invariable. Què li proporciona aquests productes i no altres que no han estat consumits? Heus aquí la funció de la sensibilitat tròfica, la missió especial que li està encomanada. Suposant que no existís aquesta forma de relligament entre les diverses funcions de l'organisme, i suposant que les excitacions transmeses per l'arrelum d'elements nerviosos implantats en els elements cel·lulars i units als centres tròfics no estiguessin diferenciades, ¿com es comprendria que quan són consumits en el medi intern els elements *a, b, c, d... n,* l'acció reflexa els proporcioni diferenciadament? I en la hipòtesi de ser fals el fet, no sent realment proporcionats pel reflexisme tròfic, ¿com és possible explicar el fet absolutament exacte de la uniformitat de composició del medi intern?

Així com els elements nerviosos que comanen la secreció de les glàndules digestives adapten la qualitat zimòtica del producte segregat i la seva quantitat a la naturalesa de l'aliment sobre el qual ha d'actuar, tot ens inclina a creure que aquesta sensibilitat tròfica, que estableix un *consensus* funcional entre les diverses regions de l'organisme, adapta l'acció centrífuga a la naturalesa de l'excitació. El genial descobriment de Pavlov respecte de l'especificitat de la sensibilitat secretòria, ha de fer-se extensiu als nervis i centres de la sensibilitat tròfica, ja que en el fons existeix una veritable identitat funcional entre la manera de reaccionar de l'una i la manera de reaccionar de l'altra; si aquella diferencia la naturalesa química de l'aliment, aquesta diferencia la naturalesa química del principi que fa menester a l'element cel·lular per a elaborar la substància que elabora.

Naixement de la sensació de la fam

Degut al reflexisme tròfic, l'organisme viu a despeses de si mateix. Res tan natural com que aquest reflexisme proporcioni al medi intern la glucosa que li manca, o bé desdoblant el glucogen, o bé per altres medis més indirectes i complicats; res tan natural com que els teixits li proporcionin aigua, sals, plasmes, regenerant-lo i mantenint la unitat de la seva composició; però com que hi ha una despesa efectiva, un *quantum* químic que s'elimina a l'exterior, és clar que amb aquesta autofàgia continuada l'organisme acabaria agotant-se i la continuïtat del procés nutritiu s'interrompria. Aquesta aigua, aquestes sals, aquests plasmes, que els elements cel·lulars cedeixen a llur medi ambient, han de ser-los reintegrats en una forma o altra; si no, sucumbirien per inanició.

L'excitació tròfica despresa de l'element cel·lular s'extingeix quan ha produït el seu efecte i han estat conduïts al medi intern els principis la manca dels quals la determinaven; però si, per trobar-se en camí d'agotament les regions cel·lulars d'on eixien aquells principis, no són reparades les deficiències del dit medi, l'excitació persistirà seguidament, mentres la restitució no vingui. D'acord amb la teoria de Pflüger, hem d'admetre que aquesta excitació, pel sol fet de persistir, en lloc de limitar-se a recórrer el circuit del reflex que abans seguia, transcendirà a regions més altes; i quan ni així siguin conduïdes al medi intern les substàncies que li manquen, acabarà esclatant en la consciència com una mena de clam, acusador d'una necessitat que no pot remeiar aquesta sensibilitat obscura i silenciosa que fins llavors havia mantingut l'organisme a costes de si mateix. Així és com es determina l'adveniment de la sensació de la fam.

En realitat la sensació de la fam és en la vida psíquica allò mateix que en la vida orgànica o vegetativa és el reflex tròfic. Les deficiències del medi intern en aigua, glucosa, sals, determinaven una excitació que era expressió d'una aviditat per aquestes substàncies, com una mena de fam cel·lular que no arribava a sentir-se, perquè l'organisme mateix reparava aquelles deficiències; però, quan això no passa, quan no aflueixen al medi intern les substàncies que l'excitació demana imperiosa, s'acusa en la consciència com la necessitat d'aquestes substàncies. La sensació de la fam, com veurem més enllà, no és una necessitat amorfa o indiferenciada, sinó la necessitat concreta d'ingerir aliments la composició dels quals contingui, virtualment si altre no, les substàncies que manquen al medi intern. La fam és la necessitat d'ingerir determinada quantitat d'hidrats de carboni, de proteics, d'aigua, de sals, etc.; car de la mateixa manera que el reflex tròfic no condueix al medi intern un bloc indiferenciat de substàncies, sinó aquesta o altra substància determinada, segons les deficiències químiques del mateix, així les sensacions que s'acusen en la consciència són tendències específiques, que guien l'animal a ingerir aquells aliments que, per la llur composició química, poden saturar les dites deficiències; aquestes tendències són electives. Allò que en els centres subalterns, agents del reflexisme que autoregula la composició del medi intern, ha estat diferenciat amb tanta perfecció, quan aquells són ja impotents per a calmar l'excitació perifèrica, diferenciat apareix també en els centres psicotròfics, com si fossin llur senzill tornaveu, en una superior jerarquia.

Leopold Levi ha dit que *la fam és la sensació conscient d'un clam dirigit d'una manera paroxística al centre general regulador de l'activitat diastàsica, el centre de la qual es localitza en el bulb.*

Contràriament a l'opinió d'aquest autor, *la fam és el que ve després* del funcionalisme tròfic-regulador, estigui o no constituït per un conjunt de centres jeràrquicament subordinats a un centre superior. Quan l'organisme no pot ja entregar al medi intern, per les accions diastàsiques, materials aptes per a l'intercanvi cel·lular, a conseqüència de trobar-se en camí d'agotament, aquest dèficit no pot reparar-se sinó incorporant-li els elements que li manquen, i aquesta tendència psíquica, que estimula a cercar fora de l'organisme allò que manca en el seu interior, induint a la prensió dels aliments, és el que constitueix la sensació de la fam, eco del trofisme orgànic. Gràcies als centres trofi-reguladors, la nutrició no se suspèn, encara que minvin les seves energies, mentres quedin reserves disponibles de matèria transformable, com no s'apaga el flam mentres en el ble hi quedi oli; però per la sensació de la fam s'impulsa l'organisme a cercar en el món exterior l'aliment o la beguda que ha de saldar el dèficit i restituir a la cèl·lula els elements de reparació que agotarien els mecanismes trofi-reguladors. Aquesta sensació és l'alba de la vida psíquica.

II. NATURALESA DE LA SENSACIÓ DE LA FAM

La fam global

Es considera la fam com una sensació uniforme que té per objecte estimular l'animal a la prensió dels aliments, per a refer-se de les seves pèrdues. Així apareix realment en la consciència. Però nosaltres hem d'estudiar la sensació de la fam, referint-la a l'excitació que n'és causa, en lloc de prendre-la com un fenomen psíquic primitiu o sense antecedents genètics, perquè d'altra manera se'ns presenta com una causa final, com un do o un instint, del qual ens ha proveït la natura, perquè no sucumbim als efectes de la inanició.

A l'investigar els veritables orígens de la fam els trobem en les deficiències substancials del medi intern, incapaç de proporcionar a les cèl·lules els elements de reparació que necessiten. Quan el desgast orgànic és general i harmònic, es consumeixen alhora quantitats proporcionals d'aigua, de sals, de proteics, de grasses i de substàncies hidrocarbonades, i aquesta suma de deficiències del medi intern s'acusa sensorialment d'una manera conjunta, en forma de *fam global*. Aquest estat complex, sorgit del fons de l'organisme, és indescomponible per l'observació interior, presentant-se com una força indomable que ens impulsa a menjar; però quan, abandonant aquest punt de vista subjectiu, fixem l'atenció en la classe de cossos que ingerim, llavors advertim que aquesta força interna és una resultant, les components de la qual són reductibles per l'anàlisi psicològica, ja que els dits cossos, per la llur composició química, són capaços de reintegrar al medi intern els elements que li manquen diferenciadament, perquè la nutrició cel·lular continuï realitzant-se en condicions normals.

Sigui a conseqüència de les ensenyances paternes, sigui resultat de l'experiència pròpia, els animals consumeixen sals, aigua, hidrocarbonats, proteics, essent consumits cada un d'aquests cossos en una mida fixa, segons ells siguin. ¿Com s'ha arribat a saber, en *aquesta consciència inferior* on s'acusa la fam, que aquests cossos contenen, virtualment almenys, les substàncies que han de refer el medi intern de les seves pèrdues? ¿Com s'ha arribat a saber que és necessari ingerir quaranta o vuitanta grams de carn i tres-cents o quatre-cents de llegums, perquè aquestes pèrdues siguin reparades en la mateixa mesura que fa menester?

Heus aquí el veritable problema psico-fisiològic de la fam. No podem saber allò que sigui aquesta sensació, mentres no l'estudiem com l'efecte de l'excitació que la determina. Mentres considerem la set com un impuls que ens indueix a beure, no sabrem mai quan i com apareix aquesta sensació; mentres considerem la fam com l'impuls que ens obliga a menjar, ignorarem eternament com és que aquest impuls varia amb l'edat, els climes, les professions, etc. Solament quan referim aquestes impulsions a modificacions quantitatives i qualitatives del medi intern, és quan ens posarem en camí d'averiguar les llurs causes i determinar llur mecanisme. En l'estat actual de la ciència és possible iniciar aquestes temptatives amb un èxit més o menys falaguer; però tan sols amb el progrés dels temps i el coneixement més pregon i detallat dels processos nutritius, serà possible dur-les a terme d'una manera experimental i rigorosa. Avui per avui podem demostrar només que la sensació de la fam és reductible a fenomen experimentable, apoiant-nos en una observació empírica que res té d'indiscutible.

Quan els teixits i el medi intern es deshidraten fortament per la poliúria, una abundant diaforesi, vessaments serosos, o una exosmosi intestinal poderosa, com, per exemple, la del còlera, apareix una sensació que impulsa el subjecte a cercar en el món exterior un sol dels seus elements: l'aigua. La condició fisiològica de la set està sempre en l'escassedat d'aigua; però la quantitat d'aigua del medi intern sembla regular-se per la necessitat de que

 certs elements estiguin en el dit medi en una proporció

definida, que no excedeixi de la normal. D'aquests elements en coneixem dos: la glucosa i la sal.

Si per la via gàstrica o subcutània, o amb injeccions intravenoses, augmentem la quantitat de sal en el medi intern, apareix la set amb tanta major intensitat, com més gran sigui la seva concentració salina. L'excitació tròfica despresa dels elements cel·lulars reclama amb urgència que l'excés de sal sigui diluït en una major quantitat d'aigua, fins a restablir-se la proporció normal, com si sentís la presència del dit excés.

És probable que la hiperglicèmia determini la set pel mateix estil que la clorurèmia. La necessitat de restablir la proporció normal de la glucosa en el medi intern, impulsa l'individu a beure. En aquest cas, com en l'anterior, aquesta sensació no sembla ser deguda a la poliúria.

No es té set perquè augmenti la diüresi, sinó que aquest fenomen li és consecutiu, ja que s'orina més perquè s'ha ingerit més aigua, i s'ha ingerit més aigua per la set que ha provocat l'excés de sal o de glucosa en el medi intern.

És molt possible que altres cossos de naturalesa més complexa determinin els mateixos efectes. Quan, després d'un àpat abundós, els productes de l'absorció intestinal són conduïts per la circulació de la vena aorta al medi intern, de sobte apareix una set intensa generalment, com si els elements cel·lulars advertissin el sensori de la necessitat imperiosa de diluir els dits productes, perquè sigui conservat d'una manera constant un cert grau de fluïdesa a l'esmentat medi. Aquest cert grau de fluïdesa, modificat per mil diverses causes, l'estudi de les quals ens desviaria del nostre principal objecte, sembla ser la condició determinant de la set. Si, per la diüresi, la diaforesi o per altra causa, el grau de dilució en el qual estan les substàncies components del medi intern és menor, els teixits li cedeixen aigua; i si aquest corrent exosmòtic s'accentua, la deficiència cel·lular que en resulta acusa la set d'una manera fixa, ingerint-se l'aigua en la quantitat que fa menester per a restablir l'equilibri. De tot això se'n desprèn que el mecanisme íntim de la set és sempre el mateix en el fons, ja que de la mateixa manera que la determina la clorurèmia o la hiperglicèmia, pot també determinar-la el treball muscular, el nerviós, qualsevol desintegració plasmàtica, tot quant tendeixi a augmentar la concentració del medi intern.

L'aviditat molecular per l'aigua comença movent els mecanismes trofi-reguladors; i com la cèl·lula no es pot rescabalar bonament de l'aigua que ha cedit per a poder continuar el seu treball transformatiu, l'excitació tròfica que el seu estat anguniós determina ve a denunciar-se en la consciència com la necessitat del cos que li manca, això és, específicament. Aquesta especificitat no hem d'entendre-la en el sentit de que evoqui les imatges sensorials externes per les quals reconeixem l'aigua, ja que aquestes tan sols els sentits poden proporcionar-nos-les; al parlar d'especificitat volem manifestar que aquesta sensació primitiva, provinent del trofisme orgànic, que, per processos ulteriors, s'associa després amb sensacions externes, constitueix elementalment un impuls vers una determinada substància exterior i no vers una altra. Si aquest impuls, associat als centres sensorials externs, ens indueix a beure aigua per a extingir-lo, és clar que no s'extingeix per haver estat vista l'aigua amb els ulls, assaborida la frescor per la sensibilitat tèrmica, o acusada la seva presència pel tacte, sinó perquè ingressa en el medi intern i calma l'excitació tròfica. Aquest impuls preexisteix específicament diferenciat a totes aquestes sensacions externes, com el clam per una substància diferenciada i precisa, *com la fam d'aigua* i de res més, que això volem dir precisament amb la paraula "set". Suposant que l'animal estigués privat de sentits externs, la sentiria de la mateixa manera (com la sentia el gos descervellat de Goltz) i fóra fàcil extingir-la, injectant-li aigua per les venes o per la via subcutània, o bé proporcionant-la-hi en enemes, encara que no es donés compte de la presència exterior de l'aigua. El medi intern acusa, doncs, en el sensori, per l'intermedi de la sensibilitat tròfica, la manca d'aquesta substància, i això d'una manera qualitativa, independentment de les seves qualitats externes, que més tard ens revelaran els sentits; l'estat sensorial on així s'acusa aquesta manca és elemental i primitiu; és el sentiment d'una substància de la qual encara no podem esmentar cap qualitat externa.

De la mateixa manera que la set és una sensació tròfica elemental, també ho és la fam de la sal. Acostumat l'home a fer ús de la sal com a condiment, la troba a mancar pel gust quan no n'hi ha en les viandes, perquè no li agraden fades; però això no constitueix la fam de la sal. Per a observar com sorgeix aquesta tendència especialitzada elementalment, és menester sotmetre l'individu al règim de la decloruració, del qual tan sovint es valen els metges en el tractament dels edemes; llavors s'adverteix com naix isoladament el desig vehement de la sal. Una dona epilèptica, sotmesa a aquest règim absolut, a fi de bromurar-la, sofria amb tan vives angoixes la fam de la sal, que, encara no descuidaven una mica la seva vigilància, en menjava a punyats. Altres molts casos per l'estil podríem citar. La decloruració es fa inaguantable en els malalts, precisament por lo dolorosa que els resulta aquesta sensació especialitzada.

En el bestiar de llana i el de peu rodó, en el boví i el caprí, la fam de la sal es manifesta com una impulsió irresistible, per poc que s'allargui l'abstinència d'aquesta substància. Adaptacions nutritives especials fan que en altres animals no es manifesti de la mateixa manera; amb tot i això, no és difícil descobrir, valent-se de certs artificis en el règim alimentici, el naixement d'aquestes tendències. Stanley relata que, en l'interior del continent africà, on no és fàcil procurar-se aquest producte, els negres cremen certs arbrissons, que deixen abundants residus minerals, menjant després aquests amb delectança.

En l'home passa amb la sal el mateix que passa amb l'aigua en els herbívors, segons mengin farratges verds o secs. No sent diferenciadament la necessitat d'aquella substància, tant com és reintegrada al seu medi intern barrejada amb altres, de la mateixa manera que els herbívors no senten la set quan mengen verd i l'acusen vivament quan ingereixen gramínies seques. Ningú diria que en la impulsió global que ens indueix a menjar pa, mongetes o carn, hi existeix una sensació elemental com aquesta de la sal, nota que pot vibrar isoladament, quan sotmetem els processos nutritius a l'abstinència de la dita substància.

Des d'aquest punt de vista es comprèn que es desitgin alguns aliments, no per la totalitat de llurs components, sinó per contenir algun o alguns dels elements l'ingrés dels quals és necessari. És molt possible que l'ús de certes herbes s'hagi generalitzat per la necessitat d'ingerir el iode o el ferro que contenen, o bé llurs sals de sosa o de potassa. Bunge fa notar que al cap de dues o tres setmanes de lactància, s'agoten les reserves de ferro en els conills; llavors comencen a menjar verd. És de creure que la manca d'aquest cos, i probablement d'altres, sigui el

MOLC 32.2

mòbil tròfic que els indueix a mudar suaument d'alimentació.

L'especialització d'una sensació tròfica elemental, que ens és possible provocar experimentalment per l'abstinència, de vegades es presenta espontàniament. En la proximitat de l'època de posta, les gallines cerquen en el sòl i en les parets del corral els elements calcaris que necessiten. Els que crien coloms coneixen aquesta necessitat i preventivament els donen closques d'ou trinxades, perquè puguin satisfer-la. En els aucells mascles no s'observa aquesta tendència, l'origen perifèric de la qual salta a la vista.

Les sensacions elementals que acabem d'esmentar, malgrat ésser tan reduïdes, ens porten a pensar que la fam global és reductible a una suma de sensacions elementals diferenciables les unes de les altres, sempre que puguem aconseguir que les deficiències de certs principis químics en el medi intern predominin sobre les d'altres principis; llavors observem que la fam s'especialitza pels aliments que, directament o virtualment, els continguin.

Els infants mostren una exagerada predilecció pels aliments rics en sucre. L'especialització de la fam per a aquest producte, anàloga a la que hem descrit respecte de l'aigua, la sal o la calç, s'explica, en primer terme, pel gran consum que se'n fa en la infantesa, i, després, per les dificultats que oposen els elements cel·lulars a proporcionar-lo per desdoblament. En efecte: no és lògic cercar l'origen de la glucosa ni en la transformació dels hidrocarbonats, ni en l'escissió dels productes que integren els teixits, ja que, en aquest període, els elements plàstics han d'utilitzar-se per a subvenir a les necessitats del creixement. En aquesta edat els elements cel·lulars tendeixen a acumular en gran quantitat els productes que elaboren, augmentant en pes i en volum; i per aquesta poderosa raó la fam dels infants és molt superior proporcionalment a la dels homes fets. Les necessitats energètiques són imperioses i exigeixen un gran consum d'elements capaços de subministrar la necessària quantitat d'energia. Tingui's molt en compte que les exigències energètiques de l'infant són més grosses que les de l'home fet, per tres motius: en primer terme el creixement (sense la ració alimentícia que fa menester per a proporcionar la *matèria* necessària al creixement, cal desintegrar una part de l'alimentació perquè cedeixi l'energia que ha d'aixecar el potencial energètic de l'aliment a matèria viva); en segon terme la mobilitat de l'infant, i, finalment, la major pèrdua tèrmica, per tenir més extensa la superfície d'irradiació respecte del volum. Tot això fa que les necessitats nutritives de l'infant siguin molt superiors a les de l'home fet i que la seva gana es dirigeixi especialment als aliments que amb major facilitat cedeixen la llur potència energètica.

Si la fam, doncs, s'especialitza, és perquè, en aquestes condicions, s'ha de proveir amb l'alimentació a les necessitats de la creixença per una banda, i, per l'altra, a les necessitats peremptòries del consum; condicions en les quals no es troba l'home fet, que tan sols ha de reparar les pèrdues sofertes pels elements plàstics, a mida que van proporcionant glucosa al medi intern. Si aquesta fam especialitzada no pot satisfer-se degudament en els infants, llavors l'organisme llur es veu obligat violentament a proporcionar, com el de l'home fet, la glucosa al medi intern, i per aquesta raó la dita fam no creix progressivament com la de l'aigua o la de la sal, fins a arribar al paroxisme; però queda latent en el sensori la tendència especialitzada i, així que l'objecte extern l'excita, es desperta amb vehemència. Per això veiem els infants de famílies pobres aplicar amb afany la llengua als vidres dels aparadors de les dolceries. Sempre recordaré que una vegada vaig veure en els molls de Barcelona un eixam de trinxeraires llepant amb veritable frenesí la melassa que, fosa per la calor del sol, s'escapava per les juntures de les bótes que la contenien: era la manifestació viva de la violació d'una necessitat fisiològica, manifestació que podria fer riure els homes grans perquè no la senten i donar fàstic als infants satisfets, que no saben fins a quin punt resulta crudel l'abstinència d'aquest producte.

Es poden generalitzar aquests pregons processos d'especialització de la sensació de la fam, observant com es modifica el règim alimentici de l'home, segons les condicions climatològiques en les quals ha de viure. L'individu que passa d'un país tropical a un país fred o viceversa, s'adona que li resulten grats menjars que li haurien repugnat abans. Les habituds contretes en el règim alimentici semblen invencibles i, malgrat això, es modifiquen insensiblement en un sentit o altre, segons que pugi o baixi la temperatura ambient. El mecanisme fisiològic que determina aquestes mudances és de fàcil explicació.

Una baixa persistent de temperatura obliga l'organisme a desenrotllar un nombre major de calories, ja que la seva temperatura ha de ser constant. Les fonts de la calor animal provenen dels hidrocarbonats, dels proteics o de les grasses; però són més o menys abundants segons vinguin d'uns o altres. Un gram de matèria seca d'hidrat de carboni dóna, segons Rubner (xifres molt aproximades a les de Berteloth), 4,100 calories; un gram d'albúmina 4,424, i un gram de grasses 9,300. Així mateix ha demostrat Rubner que, en l'animal viu, 100 grams de grassa produeixen la mateixa quantitat de calor que 243 de carn seca, 232 de midó, 234 de sacarosa i 256 de glucosa. Donats aquests antecedents, es comprèn que, en un clima troplical, n'hi ha prou dels hidrats de carboni, amb l'addició d'albúmines vegetals, per a mantenir el fogar orgànic, essent natural que els habitants d'aquests països s'hagin constituït un règim alimentici preferentment vegetarià; però quan s'ha de lluitar amb la temperatura exterior, la calorificació s'ha d'augmentar proporcionalment, i per això mateix els elements de fàcil combustió seran agotats en el medi intern. Llavors els mecanismes trofi-reguladors entraran en joc i seran utilitzats els productes que satisfacin més fàcilment aquestes necessitats. D'entre aquests productes, els de major valor termogen són les grasses, com ja hem vist, i no tant les albúmines i els hidrocarbonats, el desdoblament dels quals, a igualtat de pes, proporciona aproximadament la meitat de calor que les grasses al medi intern.

Anem a veure, doncs, com aquest major consum determina més fam i com aquesta fam s'especialitza a mida que el consum d'uns principis predomina sobre el d'altres.

Des del moment que els mecanismes trofi-reguladors determinen una major afluència de principis capaços de proporcionar al fogar orgànic elements de combustió, amb l'agotament cel·lular que en resulta, és natural que el primer efecte determinat pel fred consisteixi en fer venir gana. Així ho ha consignat la saviesa popular. Com que els principis cedits al medi intern per a l'esmentat objecte provenen de certs hidrocarbonats, albúmines i grasses, és clar que la fam desvetllada mostrarà una ostensible predilecció pels aliments que més fàcilment proporcionin aquests productes, deixant-se de banda els que són fluixos; de manera que l'escarola, l'api, el bròquil, les bledes, les cols, les fruites, que poc abans feien les delícies del paladar, són substituïts a poc a poc, insensiblement, per gramínies de major potència nutritiva, amanides amb més quantitat d'oli o de llard, i per carn. Així i tot, si la temperatura externa va baixant i les necessitats tèrmiques apreten, ni aquesta alimentació serà capaç de proporcionar al medi intern els elements que fan menester per a mantenir l'activitat del fogar orgànic, i apareixerà, especialitzant-se accentuadament, la fam de les grasses. Aliments que en altres condicions s'haurien mirat amb certa repugnància per massa suculents, són ara cercats amb amor, com si quelcom que coneix llur valor termogen ens atiés a la llur prensió. No és per simple convencionalisme, ni per les habituds adquirides, ni per predisposicions filogenètiques (causes coadjuvants, la importància de les quals no es pot negar) que els esquimals tenen les grasses com a base de llur alimentació, ingerint-les en quantitats que a nosaltres ens semblen desmesurades; és que del fons de llur organisme s'aixeca un clam demanant aquestes grasses, perquè, per molt que s'hagi activat el metabolisme nutritiu amb una alimentació reparadora, cap dels seus principis pot proporcionar com la grassa matèria comburent, desdoblant-se en glucosa, i d'aquí ve el dèficit de la mateixa, que s'acusa en la consciència com a fam especial d'aquest producte. Quan els fenòmens no s'exageren fins aquest punt, el desig de la grassa existeix també, però no apareix diferenciadament, sinó englobat en la fam de la carn, del pa, etc., de la mateixa manera que no apareix la set en els herbívors quan mengen farratge verd i reapareix quan mengen farratge sec, per no proporcionar aquesta al medi intern la quantitat d'aigua que li fa falta. Ara, com abans, existeix en els centres psico-tròfics la tendència a ingerir grassa en una determinada mesura, sinó que apareix conjuntament amb la tendència a ingerir carn, pa, aigua, sal, etc., i l'observació interior no pot destriar-la del bloc; però a mida que el seu consum s'ha fet més gran i la manca d'aquest producte ha predominat per damunt de la de tots els demés en el medi intern, s'acusa d'una manera més isolada en la consciència, com una mena d'impulsió especialitzada vers aquesta substància. Aquesta sensació és sempre específica; sempre és la tendència a ingerir el producte en la mida que fa menester, sinó que en la fam global no ens és fàcil comprovar la seva especialitat per l'observació interior, mentres que ara se'ns presenta d'una manera clara i terminant. Igual succeïa respecte de la sal, com hem indicat anteriorment. Mentres fem ús d'aquest cos com a condiment, afegint-lo al pa, a la carn o a l'arròs, psicològicament ignorem que satisfaci una necessitat orgànica que s'acusa en la consciència; però quan sotmetem l'organisme a una abstinència perllongada del mateix, llavors és quan, de més a més de la fam global, apareix isoladament la fam específica del dit producte. De tot això se'n desprèn que la tendència que impulsa l'animal a ingerir grasses, sal, glucosa, és sempre reductible per a l'anàlisi fisiològica a un conjunt o suma de sensacions específicament diferenciables, encara que l'observació interior no ens mostri la llur diferenciació més que en condicions excepcionals.

Aquesta proposició pot fer-se extensiva a la fam de les albúmines i dels hidrocarbonats.

S'ha calculat que la proporció que guarden entre si, en l'home, les racions alimentícies de proteïnes, grasses i hidrocarbonats, és de 100 unitats de les primeres, 45'4 de les segones i 374 dels últims. Ja s'entén que aquestes xifres no tenen sinó un valor relatiu, car per força han de variar, així que es modifiquin les necessitats de la nutrició. Un esquimal no consumirà la mateixa quantitat de grasses que un equatorial, ni els hidrocarbonats que es consumeixen a l'estiu guarden amb l'albúmina la mateixa proporció que hi tenen durant la hivernada. Malgrat això, admetem que les esmentades xifres tinguin un valor absolut per als individus que viuen en unes mateixes determinades condicions, i anem a veure com s'adapten aquestes necessitats internes al règim alimentici que s'ha establert per a satisfer-les.

Quan per aquest règim siguin ingerides 100 unitats de proteïnes, 45'4 de grasses i 374 d'hidrocarbonats, les deficiències del medi intern seran degudament reparades i no es manifestarà la fam especialitzada per cap d'aquests productes; però si el règim alimentici proporciona les quantitats indicades per als dos últims i únicament 50 unitats de proteïnes, llavors apareixerà la fam elementitzada per a aquestes substàncies, ja que la satisfacció de la necessitat que la llur manca determina no pot de cap manera ser suplida per les altres substàncies, per no contenir l'element nitrogen. Aquí ens trobem, doncs, en condicions idèntiques a les que hem descrit respecte de l'aigua i de la sal. L'organisme necessita una quantitat fixa de proteïnes i el règim establert no li'n proporciona sinó la meitat, trobant-se ja saturades les deficiències en grasses i en hidrocarbonats; la meitat que manca és llavors reintegrada al medi intern a costa dels elements cel·lulars, i aquesta cessió engendra el desig dels aliments que puguin reparar l'empobriment que en resulta. D'aquí ve la tendència a modificar el règim alimentici, ingerint, per exemple, més pa de la quantitat que havia estat fixada d'una manera arbitrària, o bé cercant en la carn o en substàncies gelatinoses la forma de suplir semblants deficiències. Les mares de família pobres saben molt bé que el dia que arreglen el sopar amb bledes i cols, els nens mengen més pa que el dia que els donen mongetes o cigrons; aquesta saviesa instintiva que els mou a ingerir un producte més ric en albúmina, revela en llur sensori psico-tròfic l'existència indubtable d'una fam especialitzada, d'una tendència elemental vers un determinat aliment, com si per experiències anteriors haguessin arribat a saber que de les bledes i de les cols no podia sortir-ne la deguda ració alimentícia.

Suposem, ara, que el règim no pot ser modificat, per no existir en el medi ambient que envolta l'individu aquest aliment suplementari, amb el qual pot esmenar aquesta poquedat d'albúmina. En aquest cas, o bé el subjecte haurà d'ingerir més quantitat dels aliments que contenen les 374 unitats d'hidrats de carboni i les 45'4 de grasses, a fi d'augmentar els ingressos de proteïnes, o bé se li despertarà la gana abans de l'hora que ho hauria fet si, en lloc de contenir la ració alimentícia 50 unitats de proteïnes, n'hagués contingut 100, tendint d'aquesta manera a ingressar la dita quantitat de proteïnes fins on sigui possible, i eliminant excrementíciament el sobrant dels altres productes com un escipient inert. Aquest subjecte es trobaria respecte de les proteïnes en les mateixes condicions en què ens trobaríem tots respecte de la sal, si aquest cos existís en la naturalesa barrejat amb l'argila i no sabéssim isolar-lo; llavors ingeriríem argila fins a restituir al medi intern la sal que li manca i després ens lliuraríem per l'excreta d'aquell producte insoluble, del qual hauríem aprofitat tan sols l'element que ens feia menester.

La tendència a incorporar les 100 unitats de proteïnes es manifesta ostensiblement en els casos suposats que acabem d'apuntar; però no hem d'entendre que aquesta fam especial subsisteixi d'una manera persistent, quan el medi exterior no proporciona en la mida convenient els elements per a poder-la satisfer, perquè, mentres aquesta pobresa del medi exterior no sigui molt extrema, cas en el qual l'organisme sucumbeix, l'individu acaba readaptant-se a la misèria del seu medi, com ho veurem més endavant, al tractar de l'autoregulació de les sensacions tròfiques.

Suposem, ara, que el règim alimentici establert proporciona a l'individu les 100 unitats de proteïnes i solament 200 d'hidrocarbonats, en lloc de les 374 que constitueixen la ració normal. Llavors el problema se'ns presenta més complex que en el cas anterior. Ni les grasses ni els hidrocarbonats poden crear les proteïnes; mes aquestes poden treure de si, per desdoblament, les primeres i els segons, del qual fet resulta que, al rebaixar la ració alimentícia dels hidrocarbonats en 174 unitats, la llur necessitat pot acusar-se elementalment si llur deficiència en el medi intern no és saturada per l'escissió de les proteïnes, però pot deixar d'acusar-se en cas contrari, ja que l'elementalització d'una sensació tròfica depèn sempre de les deficiències substancials del medi intern que la determinen.

Fixem-nos en aquest darrer cas. Suposant que les 174 unitats d'hidrocarbonats en defecte són compensades per una activitat major de les substàncies proteiques que les donen per desdoblament, no apareixerà en el subjecte cap mòbil tròfic que l'indueixi a cercar en el món exterior l'aliment que pot subministrar-les-hi, mentres que en el cas suposat abans existia una causa que l'impulsava a ingerir més quantitat de proteïnes; però com que aquesta major activitat de la molècula proteica suposa una despesa major, que ha de ser compensada perquè no vingui l'agotament de la matèria transformable, la fam ha d'especialitzar-se pels aliments proteics en la mateixa mesura en la qual han de proveir a la neoformació dels hidrocarbonats, i l'organisme ja no en té prou de les 100 unitats de proteïnes que abans el satisfeien, sinó que han d'augmentar-se. És més: si la readaptació d'aquest organisme a l'alimentació pobra en aliments hidrocarbonats, s'ha de fer, no limitant-se a les susdites 174 unitats, sinó pujant fins a les 374 de la ració total, llavors el subjecte no sentirà cap desig d'aquests aliments i augmentarà la ració de proteics fins que puguin proporcionar-li les 374 unitats d'hidrocarbonats en les quals hem avaluat llur consum normal. Aquest és el cas dels animals carnissers. La quantitat de carn que consumeixen és molt superior a la que necessiten els animals omnívors, ja que la molècula proteica, al fragmentar-se en hidrocarbonats, ha de contenir aquests, encara que sigui tan sols en els seus elements components, en la mateixa mida que els proporciona al medi intern. L'especialització de la fam, en aquestes condicions, serà, doncs, per l'alimentació proteica i no per la hidrocarbonada.

Si ara suposem que el desdoblament dels proteics no produeix les 374 unitats d'hidrocarbonats en les quals avaluem llur consum, ni en el cas que la ració dels primers augmenti, indubtablement el dèficit dels segons que sofreix l'organisme ha de determinar en els centres psicotròfics una tendència a incorporar-los del medi exterior, perquè, si tal tendència a especialitzar la fam en aquest sentit no existís, el dèficit augmentaria progressivament, fins a fer la vida impossible. L'experiència ens ensenya que, efectivament, quan en els animals omnívors s'extrema capriciosament en proteics la ració alimentícia, sorgeix d'una manera natural, i en aparença espontània, el desig d'una alimentació més fluixa, agafant-se manifesta aversió per les carns, la vista de les quals no fa ja venir gana com abans feia. En les grans festes anyals, com Nadal, per exemple, que és de consuetud entregar-se les famílies al ple dels àpats suculents i abundosos, establint-se un règim alimentici excessivament proteic, aviat arriba un instant que la gana s'esmussa, i si llavors el sentit tròfica assenyala alguna orientació és vers l'arròs, les mongetes tendres o alguna altra menja fluixa per l'estil.

La fam com a suma de tendències tròfiques electives

La suma d'observacions exposades, susceptible de major ampliació i d'un estudi experimental més rigorós que el que nosaltres podem fer, ens demostra que aquesta impulsió indiferenciada i amorfa que anomenem fam global, no existeix sinó en aparença. Quan els centres tròfics subalterns no poden restituir al medi intern els elements que han estat consumits, l'excitació perifèrica, prenent vies més altes, arriba fins als centres psico-tròfics, acusant el sentiment d'una substància que manca i això és la cosa que constitueix *la sensació elemental d'una fam.* Ara bé: el metabolisme nutritiu empobreix simultàniament l'organisme en molts i variats productes. Fins als centres subalterns de la sensibilitat tròfica hi arriba d'una manera diferenciada l'acció de cada un d'aquests productes i els dits centres reaccionen específicament de manera que siguin restituïts al medi intern els esmentats productes en la mateixa mida que han estat consumits, restablint-se la uniformitat de composició del dit medi; però quan els elements cel·lulars, empobrits per l'acció centrífuga d'aquest complicat reflexisme inferior, acusen en els centres psico-tròfics les pèrdues que han sofert, ho fan també d'una manera específica, com a sentiment de la substància que han perdut, és a dir, com un conjunt de sensacions que reclamen la ingestió de múltiples i variades substàncies, capaces de reintegrar a l'organisme les substàncies de les quals ha estat empobrit. Introspectivament, nosaltres no podem observar una per una o analíticament aquest conjunt de sensacions diferenciades les unes de les altres, però sí podem observar que s'acusen com a tendències electives, fixant solament nostra atenció en l'objecte alimentici vers el qual dirigeixen l'acció llur; llavors veiem que tan sols es consideren com a alimenticis els cossos externs que, directament o virtualment, són capaços de ser incorporats al medi intern; els demés són considerats tròficament com a indiferents. Aquesta acció electiva no és mai genèrica: sempre és concreta i determinada. No n'hi ha prou de ser un cos alimentici, perquè vingui de gust la seva ingestió: és necessari que satisfaci una necessitat química determinada, de la qual és expressió psíquica la sensació que vers ell ens impulsa. Així hem vist que els farratges secs extingeixen la fam, però deixen subsistent la set, per no saturar aquesta necessitat a conseqüència de llur manca d'aigua; que els hidrocarbonats calmen la fam d'aquests productes, però no la dels proteics, que persisteix inexorablement com una avidititat no saturada; que ni els hidrocarbonats ni les proteïnes calmen el desig de grasses, quan les necessitats del fogar orgànic reclamen la ingestió d'aquests cossos; que l'aliment més complet i sintètic deixa de ser-ho quan li manca la sal, perquè queda subsistent, isolada, la fam d'aquest producte. De tot això se'n treu en clar que ens enganyem quan considerem la fam com un impuls global que ens mou a ingerir aliments, car una observació més profunda ens ensenya que dels centres psico-tròfics se'n desprèn una suma de tendències electives, cada una de les quals és expressió d'una determinada deficiència substancial en el medi intern i en els elements cel·lulars.

Sense la diferenciació qualitativa de les sensacions tròfiques, la vida de l'animal no podria subsistir. Els fisiòlegs ens demostren d'una manera incontestable que, per a equilibrar el balanç de la nutrició, és absolutament necessari que els ingressos siguin equivalents a les despeses de l'organisme; d'altra manera la mort fóra inevitable en més curt o més llarg terme. Ademés de quantitatiu, aquest balanç ha de ser qualitatiu, ja que, reduint el problema als seus termes més generals, aquestes o les altres despeses, químicament diferenciades, pressuposen aquests o els altres ingressos, que, per llur composició, siguin transformables en els productes objecte d'aquelles. És necessari, doncs, que, quantitativament i qualitativament, els ingressos es regulin sempre segons les despeses. Ara bé: la cosa que en l'organisme regula els ingressos, allò que els tria i impulsa a llur prensió, són les sensacions tròfiques; i si cada una d'elles no fos l'expressió sentida d'una pèrdua substancial determinada, no es comprèn com els ingressos podrien adaptar-se en quantitat i qualitat a les despeses. El fet indiscutible d'aquesta adaptació demostra ben clar que les sensacions tròfiques atenen sàviament a aquestes despeses, induint a la prensió dels cossos alimenticis adequats i no a la d'altres que resultarien inadequats, perquè no saldarien el dèficit del consum. Però aquestes sensacions, que tan sàviament tendeixen a adaptar els ingressos a les necessitats del consum, no brollen providencialment en els centres psicotròfics; responen a una excitació cel·lular determinada per les deficiències del medi intern, de manera que és el mateix medi qui acusa en el sensori allò que li manca i en la mida que li manca, essent en aquesta forma la despesa la cosa que regula l'ingrés, i això explica la seva perfecta adaptació. De no ser així, no hi hauria res que enterés l'animal d'haver-hi en el seu organisme manca d'aigua o de grasses, d'hidrocarbonats o de proteïnes, no adaptant llavors la qualitat i la quantitat de les seves menjades a les seves despeses orgàniques, sinó als capricis del seu gust extravagant; i en aquestes condicions aviat s'extingiria la seva vida, per no ser-li possible regular la seva nutrició.

La química biològica, al mostrar-nos de quina perfectíssima manera s'autoregulen els processos de la nutrició, si bé sense formular-lo, deixa plantejat un problema de naturalesa psico-fisiològica, que és possible resoldre apoiant-se en els mateixos fets que ens proporciona. N'hi ha prou de conèixer la quantitat i la qualitat dels productes de desintegració de la màquina animal, per a poder calcular la ració alimentícia que correspon a cada una de les substàncies de les quals deriven els dits productes, per successives transformacions; però, abans que la ciència hagués formulat aquests càlculs, tant l'home com l'animal ja procedien com si els coneguessin, alimentant-se amb les substàncies que més hi responien i marcant-se una ració alimentícia adaptada a llurs necessitats orgàniques. Una suma de tendències electives els guia en la prensió i prefixa llur acció amb tanta mestria, que millor no la fixarien, si per l'anàlisi química haguessin determinat llurs propietats nutritives. El fet és per si sol prou eloqüent per a demostrar-nos que existeix una intel·ligència inferior, en la qual s'acusen sensorialmente les impressions que corresponen a les susdites substàncies, i que d'aquestes impressions parteix inicialment la tendència que guia l'animal a cercar en el món exterior les substàncies diferenciades que reclama el món intern o orgànic.

Ens admirem de la gallina que va a la recerca de la calç o de l'infant de mamella que s'assenyala la seva ració de llet, com no la sabria determinar el químic més eminent, després d'un treball dificilíssim; però, quan es baixa a l'anàlisi dels fets, destriant-los fil per fil, veiem que la necessitat d'aquesta calç és acusada sensorialment en la intel·ligència i que aquesta ració de llet ve prefixada en el sensori per l'acció excitatriu del medi orgànic, i advertim que aquests fenòmens no són ni més ni menys meravellosos que el fenomen pel qual s'acusa la llum en la retina o les vibracions sonores en el nervi acústic. De la mateixa manera que rebem del món exterior una suma d'impressions per les quals ens donem compte de les qualitats que ens revelen la seva presència, rebem també de l'interior de l'organisme una suma d'impressions per les quals arribem a enterar-nos de les substàncies que li manquen; aquests coneixements primaris, l'organització dels quals estudiarem detingudament, ens són absolutament indispensables per a establir el règim que ha de fer possible la conservació de la nostra vida.

Els centres inferiors on aquests coneixements s'organitzen poden sofrir inhibicions que anul·lin llur funcionalisme; llavors el subjecte no sap ja res del que passa en el seu organisme ni es preocupa de les seves necessitats, com si la seva vida li fos indiferent: és el cas d'aquells pobres boigs als quals ha d'alimentar-se amb la sonda. Altres vegades, arroentats aquests centres psico-tròfics per la sobreexcitació que els congestiona, entren en deliri, i el malalt menja sense mida, sense que es reguli la fam ni l'especialitzi segons les necessitats reals del medi intern; en aquest cas el funcionalisme autòcton d'aquests centres és comparable al dels centres òptics quan projecten imatges al·lucinatòries a un espai on no existeixen objectes reals que hi corresponguin.

Aquestes consideracions, per vagues i deficients que siguin, ens permeten besllumar que si l'animal sap guiar-se tan encertadament en l'elecció dels aliments i assenyalar-se'n la ració que li convé, és perquè s'organitzen en certs centres les impressions que de la trama cel·lular hi són enviades; i com que aquestes impressions són específicament diferenciades, per això són electives les tendències que determinen la prensió dels aliments, adaptant llur naturalesa a les aviditats químiques de les cèl·lules que els reclamen. El balanç de la nutrició que estableix la química biològica no existiria, fent-se la vida impossible, si, mitjançant aquesta intel·ligència inferior, l'animal no hagués sabut, abans que els savis, la classe i la quantitat dels aliments que havia d'ingerir, i això per experiència pròpia o per procediments purament empírics, no raonats lògicament.

Fins ara s'ha anomenat instint aquesta intel·ligència inferior, suposant que l'instint contenia en si una saviesa intuïtiva, l'origen de la qual era misteriós i indesxifrable, per venir d'una força ignota. Deslligada la tendència tròfica de l'excitació cel·lular que la provoca, per desconèixer-se el seu veritable origen, l'acte pel qual s'adapta la naturalesa de l'aliment a les necessitats del medi intern sembla realment un coneixement innat, quelcom que brolla d'un baix-fons tenebrós, com un acte espontani. Aquest punt de vista o aquesta posició lògica són falsos; aquest coneixement ens sembla espontani quan el deslliguem de les causes que el determinen; però quan encadenen *aquest efecte a la seva causa,* semblant espontaneïtat desapareix com per miracle. Aquí passa que ens trobem amb fets, l'existència dels quals és indiscutible, que no hi ha manera d'explicar-se tant com no es conegui llur condició causal, i s'acudeix a una causa amagada per a trobar-hi una raó que ens satisfaci, mal sigui només que provisionalment. Quan diem que mengem per instint, que l'instint ens avisa de si un aliment és nociu, etc., etc., parlem per parlar, perquè això val tant com dir *que no sabem per què triem els aliments o per què sabem que aquest o l'altre són nocius.*

N'hi ha prou de conèixer les experiències per les quals hem arribat a saber que aquest o l'altre aliment satisfà una necessitat, o aquelles amb les quals hem sabut que és nociu, per a no valer-nos ja d'una força instintiva a fi d'explicar l'origen d'aquest coneixement. Tots els fenòmens del món ens semblen espontanis quan desconeixem les llurs condicions determinants. Els antics vitalistes, admirats de veure que l'estómac sabia digerir amb tanta perfecció els aliments, adaptant-se a llur especial naturalesa, imaginaven en aquesta víscera un *arqueum,* que comparaven a un cuiner expertíssim, el qual prepara les viandes segons les llurs especials qualitats. De Spallanzani a Pavlov, el progrés de la ciència ha anat destruint implacablement aquestes explicacions il·lusòries. L'instint tròfic és també un *arqueum* inútil, del qual es fa necessari prescindir, deixant-lo al marge de la ruta, a l'estudiar el conjunt de fenòmens als quals és reductible i al temptejar la manera de relligar-los uns amb altres, mitjançant el mecanisme que l'encadena.

III. AUTOREGULACIÓ DE LES SENSACIONS TRÒFIQUES

La ració alimentícia

L'excitació tròfica, en condicions fisiològiques, no fineix d'actuar damunt de les terminacions perifèriques fins i tant que el medi intern s'ha refet de les pèrdues sofertes amb el desgast nutritiu. D'aquí ve que la sensació que determina sigui tant més intensa com major sigui la deficiència substancial en el medi intern, i tant més llarga com més trigui a ingressar en el dit medi la ració alimentícia que ha de restablir la uniformitat de la seva composició, saturant les aviditats químiques dels elements cel·lulars. De la mateixa manera que la sensibilitat tèrmica no acusa la temperatura ambient quan és uniforme i inalterable i sí les seves variacions, la sensibilitat tròfica no acusa la uniformitat de la composició química del medi intern, sinó les seves deficiències substancials. Aquestes deficiències, determinades pel consum, són majors o menors segons siguin les substàncies consumides, i d'això prové que la fam de cada una d'elles sigui acusada en els centres tròfics amb intensitat proporcional al consum i amb una persistència igual al temps que triga en ingressar en el medi intern la substància que hi manca. Si anomenem *ració alimentícia* a la suma de materials que han de reparar les pèrdues sofertes, advertirem de seguida que aquesta suma està composta per un conjunt de sumands de distint valor. La ració alimentícia que correspon a la sal, a l'aigua, a les proteïnes i als hidrocarbonats, és molt variada. Amb uns quants grams de sal o amb uns quants més de proteïnes, n'hi ha prou per a saturar les deficiències d'aquestes substàncies; en canvi, la quantitat creix quan es tracta dels hidrats de carboni i encara més quan es tracta de l'aigua. Rigorosament, doncs, no existeix *una ració alimentícia,* sinó una suma de racions alimentícies, fixades quantitativament per a cada un dels aliments, segons sigui la seva naturalesa química. D'això resulta que l'impuls que ens mou a menjar un aliment que contingui sal, ens mou a ingerir-lo en tal manera que en contingui determinada quantitat, així com el que mou l'herbívor a menjar herba verda, desitja que contingui determinada quantitat d'aigua. Cas de no haver-hi un i altre element en la quantitat deguda, queda en el medi intern una deficiència a reparar i en els elements cel·lulars una avidità química a saturar, i apareix isoladament la sensació de la manca d'aquestes substàncies, com ja s'ha explicat abans. Igual pot afirmar-se respecte de les racions alimentícies que corresponen a totes les deficiències substancials del medi intern, que tan vagament coneixem avui dia.

La fixació de la mesura alimentícia, preestablerta en els centres psico-tròfics per l'excitació perifèrica, pot sofrir pertorbacions quantitatives pel pler de donar gust al paladar. Hi ha qui troba forts aliments que per a d'altres estan en bon punt de sal; hi ha qui estima fluixa una alimentació que per a d'altres resulta excessivament nitrogenada. Aquestes pertorbacions en la mesura alimentícia prefixada en els centres psico-tròfics del propi organisme, estan determinades per l'*apetit,* del qual parlarem en temps i lloc oportuns. Per ara limitem-nos a estudiar la mesura alimentícia tal com es prefixa en els ganglis basals per l'excitació perifèrica, prescindint de les modificacions que pot sofrir, al juntar-se aquestes tendències tròfiques amb els centres sensorials externs.

Plantejat el problema en aquests termes, reconeixem que en els dits centres s'hi fixen les mides alimentícies segons siguin les necessitats del medi intern i no en més ni en menys. Aquestes sensacions ens impulsen a menjar de cada aliment la quantitat necessària per a refer les pèrdues sofertes i no deixem de menjar-ne fins que aquestes deficiències són reparades. D'aquí ve que la ració que ingerim es regula per la ració alimentícia que se'n pot treure un cop preparada convenientment per al seu ingrés en el medi intern. Amb un pes relativament petit de carn n'hi ha prou per a reparar les pèrdues sofertes i, en canvi,
 perquè la mateixa ració alimentícia surti d'un ingeriment

de farratges, se'n necessita un pes enorme, comparat amb l'anterior.

La quantitat d'herba que menja un herbívor per a subvenir a les necessitats de la seva nutrició, és molt gran. D'aquesta primera matèria, sumada a la que proporciona la respiració, surten totes les substàncies que integren la màquina fisiològica i mantenen la seva potència energètica. Com que l'herba conté tan sols virtualment aquestes futures substàncies, i en quantitat relativament escassa, l'animal ha d'assenyalar-se una ració d'ingesta molt grossa, perquè li doni la ració alimentícia que, a l'ingressar en el medi intern, calmarà l'excitació perifèrica. D'aquí ve la persistència de la fam en aquests animals, que dura hores i hores. Aquesta persistència s'escurça quan en lloc de fer-los pasturar, se'ls donen farratges secs, que, per una mateixa unitat de pes, contenen major quantitat de matèria nutritiva, i s'escurça encara més a mida que augmenta aquest coeficient nutritiu si se'ls dóna civada, faves, ordi, moresc, segó, etc. Llavors s'adverteix que, prescindint de les causes pertorbadores esmentades abans, la ració alimentícia de cada un d'aquests aliments tendeix a fixar-se espontàniament segons el seu valor nutritiu, tal com la fixaria amb el càlcul el zootècnic. Un cavall, per exemple, regula la seva ració de palla, sègle, garrofes, favons, etc., com si conegués per l'anàlisi química llur valor nutritiu; el pinso que els dóna un bon establer, s'adapta, per a cada un d'aquests aliments, a la quantitat diferenciada que se'n prendria el mateix cavall.

La ració d'ingesta que es marquen els animals carnívors és relativament petita, i és tan abundosa la ració alimentícia que n'extreuen, que amb una sola menjada solen tenir-ne prou per a tot el dia, al revés dels herbívors, que es veuen obligats a menjar diferents vegades. Aquesta ració s'aprofita en gran part, deixant residus excrementicis reduïts, en comparança dels que deixen els herbívors; en canvi, l'excreció urinària dels carnívors és més concentrada que la d'aquells.

En els animals omnívors observem que de cada cos alimentici se serveixen la ració que correspon al seu consum. N'hi ha prou de fixar l'atenció en la quantitat de verdures, llegums secs o tendres, carn, ous, etc., que se serveix l'home, per a comprovar que es guia per la preintuïció, adquirida amb la pràctica constant, de llur valor nutritiu, en relació amb les necessitats del desgast orgànic. Mentres per a les primeres mostra l'afició d'un rumiant, és ja més sobri respecte de les segones, i aquesta sobrietat augmenta amb els proteics, dels quals se serveix una ració mínima comparada amb la d'arròs, mongetes, cigrons, patates, bròquil o enciam.

En resum: de tal manera s'han organitzat les experiències en els centres psico-tròfics, que l'home i els demés animals, en veient una vianda, ja saben per endavant quina ració han de prendre'n, com si ja tinguessin provat el seu valor alimentici. Aquests coneixements no neixen de l'educació o d'una ensenyança externa, sinó de l'experimentació interna, que ha fixat aquests valors en el sensori. Així veiem que no és la mare la que mesura la llet al fill, sinó el fill qui per si mateix se la mesura: no és per un pacte convencional que es mengi carn, mongetes o bledes en proporcions tan diferents: és el subjecte qui, *spônte sue,* ha prefixat aquestes proporcions, i així ve succeint de temps immemorial. Un mecanisme fisiològic ha prefixat la ració d'acord amb les necessitats del medi intern i la repetició d'aquests actes ha elaborat records en els centres psico-tròfics; i per aquests records, en veient un aliment determinat, ja sabem la quantitat que n'hem de prendre.

Modificació de les condicions del moviment nutritiu

Aquesta organització primitiva, veritable tornaveu de les deficiències del medi intern, subsisteix inalterable mentres no canvien les condicions del moviment nutritiu que la crearen; però quan aquestes condicions canvien i s'evoquen noves tendències fins llavors desconegudes, gradualment, insensiblement, naix la fam per a altra classe d'aliments o bé s'augmenta la ració dels antics fins a un punt que hauria repugnat abans. Llavors es recullen i organitzen noves experiències, esborrant-se les antigues, els gustos canvien, i s'estableix l'adaptació a un nou règim alimentici. Recordi's, com a exemple, què li succeeix a qui passa d'una regió tropical a una de freda. De bon començament es troba com desorientat; no sap què ha de menjar ni la ració que ha de servir-se; ni sap avenir-se als menjars del nou país on viu, ni li vénen tampoc de gust
 els antics, perquè no deixen satisfetes les seves necessitats

actuals. Poc a poc s'estableix una transacció entre el nou i el vell règim; però com que li manquen les experiències vives que han d'ensenyar-li el valor nodrimentiu dels nous aliments, es queda com dubtós i irresolut a llur davant. Aquesta incertesa tròfica es manifesta, més que en res, en les modificacions que sofreix el ritme de la fam. En el seu país la fam se li despertava cada sis hores, per exemple, i en el nou país, sense saber com, li reapareix cada quatre. Totes aquestes pertorbacions i aquestes incerteses desapareixeran de mica en mica, a mida que s'organitzin noves experiències, per intermedi de les quals vagi adquirint el coneixement del veritable valor nutritiu dels aliments que ingereixi, amb relació a les condicions de la seva nutrició, que s'han modificat profundament. Així és com es van creant les seves preferències carnívores i la seva desmesurada afició a les grasses; així és també com es crearen en el seu país els seus gustos sobris i les seves preferències vegetarianes. A primera vista sembla que el règim alimentici se subordina a certes i determinades sensacions externes que ens agrada provocar; però, examinant la qüestió a fons, es reconeix que tot se subordina fonamentalment a la composició química de les substàncies ingerides, que ha de ser com la demanen les exigències del medi intern, i per això comprovem que, quan les condicions de la nutrició canvien, canvien alhora els gustos, *readaptant-los a l'imperatiu intern,* que s'imposa d'una manera incontrastable. Aquesta readaptació és lenta, per ser resultat d'una nova reorganització d'experiències tròfiques.

Hem vist com, per l'abstinència d'un producte determinat, s'especialitza el sentiment del mateix; ara podem advertir com alhora s'especialitza quantitativament, assenyalant-se'n el subjecte una ració en harmonia amb el *quantum* de la seva manca en el medi intern. La sal, les proteïnes, l'aigua, són exemples vius que demostren empíricament la veritat d'aquesta afirmació. Si l'abans suposada abstinència de les dites substàncies s'allarga, els mecanismes trofi-reguladors economitzen llur consum; els teixits sembla que es tornin avars de l'aigua que contenen, com el ronyó, emuntori natural de la sal, es tanca, gelós de retenir-la i no malgastar-la inútilment; en certes diabetis greus, la molècula proteica sembla com que tingui la intuïció de conservar l'element nitrogen i desprèn de si els hidrocarbonats, procurant retenir aquell tant com li és possible. Per aquesta raó ni la set ni la fam dels proteics o de la sal segueixen una creixença progressiva, sinó que aviat s'atenuen i vibren en un to més baix. L'assedegat de tres dies no pren una ració d'aigua molt inferior a la que pren un assedegat de dotze dies; els negres de l'interior de l'Àfrica no senten la fam de la sal com la sentim nosaltres i com la sentiran el dia que la civilització hagi adaptat la llur nutrició a les mateixes condicions en les quals s'efectua la nostra; la fam de proteics, en els que s'han adaptat a la llur abstinència parcial, no és de molt tan acusada com la que sentiríem els que estem acostumats al règim llur. De tot això se'n desprèn que la ració que ens assignem d'un producte determinat no ha d'avaluar-se barroerament per la quantitat que en manca a l'organisme, sinó per l'energia del moviment nutritiu, que és en realitat la que acusa la dita manca. A mida que l'intercanvi de l'element cel·lular amb el medi on visqui es debilita, les deficiències del segon són també sentides d'una manera més dèbil i, com a conseqüència, les excitacions tròfiques evoquen en els centres superiors sensacions més sordes.

L'adaptació gradual de la nutrició cel·lular a la pobresa del medi intern, obtinguda per una abstinència forçada, es fa també així mateix quan es debilita la vivesa funcional dels centres psico-tròfics, ja sigui per una causa accidental, ja sigui per trastorns patològics. Si desapareixen aquesta causa o aquests trastorns, mal que les deficiències substancials siguin grosses, no reapareix immediatament una fam viva, sinó que la gana segueix a mida que s'intensifica l'energia del moviment nutritiu.

Quan una preocupació mental ens obsessiona per algun temps o ens afecten greus disgustos morals, sembla que els centres psico-tròfics s'inhibeixen i les necessitats del medi intern no desperten el sentiment de la fam. Si es menja en aquestes condicions, és de mala gana. Aquesta alimentació insuficient i la manca de gana afebleixen l'organisme, que viu a despeses de si mateix, i en poc temps es poden perdre alguns quilograms. A primera vista sembla natural que, al desvanèixer-se aquest estat d'inhibició central, hagi d'aparèixer la fam en harmonia amb les deficiències del medi intern; mes no succeeix d'aquesta manera, perquè l'energia del moviment nutritiu s'ha afeblit, per haver-se adaptat les aviditats químiques dels elements cel·lulars a l'empobriment del medi. Malgrat això la fam s'acusa, induint el subjecte a no oblidar-se de menjar com abans; gradualment, a mida que el medi intern s'enriqueix, es desperten les energies cel·lulars amb inoïda vigorositat, àvides de reintegrar-se les cèl·lules de tot quant han perdut, i llavors és quan es desperta una fam viva, que persisteix fins i tant que l'organisme adquireix de nou el seu estat normal.

Igual els succeeix als individus sotmesos a un règim insuficient; amb més o menys treballs, acaben adaptant-se a la dita penúria; però si se'ls muda la sort i la ració millora, poc a poc es redrecen les energies nutritives i se'ls desperta una gana intensa, que perdura fins que l'organisme s'ha rescabalat de les seves pèrdues.

En les convalescències de les malalties agudes, quan s'extingeixen les pertorbacions morboses que feien estar com endormiscades les activitats dels centres psico-tròfics, reapareix la gana d'una manera vaga i insinuant; però, a mida que reviuen les energies nutritives de l'organisme depauperat, la fam es desperta cada dia més vehement, fins a tocar els seus límits màxims. Com que la ració que ingressa en el medi intern és consumida més ràpidament que en les condicions normals, s'acusa la necessitat de sovintejar els àpats, fins que, restablert ja l'organisme, la fam reprèn el seu antic ritme. En el fons, el mecanisme d'aquesta exaltació tròfica és el mateix que en la d'aquells que s'han adaptat a una abstinència parcial, així com el d'una i altra és el mateix de la fam que apareix en els períodes de creixença. Sabut és que els infants mengen a proporció molt més que els homes fets; aquest fenomen s'acusa més encara a l'arribar el desenrotllament propi de la pubertat. Es comprèn que així sigui, ja que de la ració alimentícia n'han de sortir, no tan sols els materials que mantenen l'activitat de la màquina fisiològica, sinó els materials que l'organisme s'integra, com a manera de reserves potencials, augmentant el seu pes fabulosament. Aquesta activitat i aquest emmagatzematge de matèria viva no podrien realitzar-se si el medi intern no estigués més abundosament proveït de racions alimentícies, per una ingesta més abundosa, la mida de la qual serva una perfecta harmonia amb la hiperactivitat cel·lular.

Veiem, doncs, que sempre i en totes ocasions, deixant per un moment de banda les pertorbacions secundàries de l'apetit, la fam es regula intensivament, global i parcial, per l'energia del moviment nutritiu. Quan aquest es desenrotlla en una tonalitat uniforme, per no haver-hi en l'ordre extern ni en l'ordre intern causes que el reforcin o l'afebleixin, l'animal porta ja, per les experiències adquirides, prefixada en la memòria dels centres psico-tròfics la ració deguda que de cada aliment ha de marcar-se, procedint amb un entenimentat autonomisme. Si una causa externa, com el fred, activa el fogar orgànic, de poc o de res li serveixen ja els coneixements adquirits, i és necessari que s'estableixin noves experiències per l'acció persistent d'excitacions perifèriques; i sense que hi posi la seva voluntat, com obeint a una suggestió que se li imposa des de dintre, l'individu adverteix que els seus gustos canvien, i menja aliments de major potència termògena, al començament en quantitats petites, comparades amb les que menjarà més endavant, quan sàpiga fixar la seva veritable ració alimentícia. Tot el contrari li passarà quan en lloc de modificar la seva nutrició el fred ambient, sigui la calor que la modifiqui; llavors s'inclinarà gradualment a un règim de poc valor termogen, fins a fixar la seva mida exacta. Si la causa que modifica el metabolisme és interna i no externa, la fam es regula sempre igualment d'acord amb les variacions del moviment nutritiu. Quan no es proporcionen a l'organisme elements de reparació necessaris, ja sigui per no funcionar normalment els centres psico-tròfics, ja sigui per una abstinència parcial imposada, la nutrició cel·lular acaba adaptant-se a la pobresa del medi intern i la fam ja no es regula per la quantitat de les deficiències substancials del dit medi, comparades amb les que existien abans, sinó per l'energia actual del moviment nutritiu. Amb tot això es veu que la cosa que regula la pobresa o la riquesa del medi intern és la cèl·lula, ja que d'ella brolla sempre l'excitació que provoca, en una esfera inferior, el reflex tròfic, més o menys simple o complex, que restableix la uniformitat de composició del dit medi, i, en una esfera superior, la sensació de la fam, gràcies a la qual han de ser compensades, qualitativament i quantitativament, totes les pèrdues que hagi sofert l'organisme.

IV. L'EXPERIÈNCIA TRÒFICA

La prensió dels aliments

L'organisme, per l'intermedi de la sensibilitat tròfica, acusa la deficiència de les substàncies que li manquen, i apareixen la fam i la set. Si tot acabés en això, aquestes reaccions sensorials mancarien de finalitat, caràcter distintiu del fenomen psíquic. Indubtablement la set és una sensació específica, com ho és la fam d'aquesta o l'altra determinada substància, però entre l'aparició d'aquestes sensacions o necessitats elementals i el coneixement dels cossos que poden restablir la composició del medi intern i extingir-les, hi ha un procés, l'estudi del qual ens interessa emprendre.

L'experiència ens ensenya que l'animal, al venir al món, porta ancestralment preestablertes certes coordinacions motrius, que estan íntimament lligades a certs estímuls tròfics. El nascut de nou executa espontanis moviments de succió, coordinant també les contraccions musculars de les quals en resulta l'acte de la deglució. La niuada obre la boca, i, així que sent el contacte de l'aliment que la cura maternal hi diposita, l'engoleix amb facilitat meravellosa. Els gossos cadells, i en general tots els mamífers, per la influència d'estímuls tròfics nadius, allarguen el morro com si cerquessin quelcom que està fora de llur organisme, molt abans que els sentits externs els hagin enterat de l'existència d'aquest quelcom exterior. Com observa atinadament Helmholtz, l'animal arribat de fresc al món hi porta tendències que són anteriors a tota experiència efectiva. La necessitat tròfica preexisteix a tota relació exterior i ella és qui impulsa a animal a establir un comerç actiu amb el medi ambient. Per a aquest fi utilitza els sentits, mitjançant els quals s'acusa la presència del dit medi; però, suposant que els sentits no existissin, aquest impuls transcendent es manifestaria de la mateixa manera. El gos descervellat de Goltz menjava i bevia com en els seus millors temps; s'han vist rumiants que tenien extenses i profundes lesions en llurs masses encefàliques, sense que per això es pertorbés el ritme de la fam ni el mecanisme fisiològic que preestableix la prensió. Amb això es demostra que la poderosa força que impulsa l'organisme vers el món exterior, no brolla dels sentits, com es diu, sinó del mateix organisme. Aquesta predisposició nadiua o fisiològica, deslligada de tota impressió externa, incapacitaria el subjecte per a cercar allò que li manca, ja que la seva presència no s'acusaria per la seva olor, saborositat o color; així i tot, mentres hi hagi una mà previsora que supleixi la seva inexperiència, posant-li a tret els aliments que necessita, les seves pèrdues nutritives són reparades i s'endormisca temporalment aquest *primum movens* de la vida psíquica.

Com que no s'estudien els processos psico-fisiològics des d'un punt de vista genètic o sigui segons l'ordre de llur successió, al classificar-los d'una manera més o menys arbitrària, segons un vagorós empirisme els mostra a l'observador, es cometen gravíssims errors i s'obscureixen les qüestions més clares. Així es ve suposant que l'animal coneix intuïtivament allò que li convé, confonent allò que és obra de l'experiència amb la predisposició a la prensió, coses que convé aclarir i destriar, en lloc d'atribuir-les a aquest *Deus ex machina* que anomenem instint.

Les predisposicions filogenètiques faciliten en tanta manera les experiències, que en alguns casos especials es fa difícil explicar certs fenòmens, de tant que realment semblen innats; però, quan es resisteix a la suggestió del meravellós, que tant ens complau, i s'examinen fredament els fets, no es triga a descobrir que, en aquesta qüestió, sense que sigui possible explicar-ho tot, s'exagera molt. S'assegura, per exemple, que els pollets naixen coneixent les coses alimentoses. Jo els he observat d'així que comencen a picar la clova de l'ou fins que saben equilibrar-se i caminar, i m'he convençut que el dit coneixement és obra d'un aprenentatge. El poll pica la clova, pica enlaire, pica el sòl, amb la mateixa inconsciència que l'infant un cop nascut executa moviments de succió. Durant aquests primers exercicis no distingeix els grans de sèmola, de blat o de sorra; ignora el lloc on estan situats aquests objectes i no els coneix per la llur forma, sinó per llur color. Així s'observa que de bon començament pica a l'atzar i s'equivoca molt sovint. El mateix acte de picar, en lloc de ser nadiu, suposa un previ aprenentatge, durant el qual advertim que resulta molt costós saber medir les distàncies. Respecte d'aquest punt, l'observador pateix del prejudici de considerar que aquests moviments, a la primeria inadaptats a llur objecte, estan orientats per la imatge visual, que es figura tan excèntrica en aquests primers períodes de la vida, com ho serà més endavant, essent així que, examinat el cas a consciència, és relativament fàcil convèncer-se que són aquests moviments, sumats a la consciència de les contraccions dels músculs motors de l'ull i a la del múscul ciliar que regula la convexitat del cristal·lí, els que projecten la imatge retiniana al lloc de l'espai on es troba situada. En els primers temps de la seva vida, el poll sembla cec; comença a donar-se compte que les seves imatges visuals corresponen a coses externes, a mida que, amb els seus moviments, va aprenent que aquestes coses calmen la seva fam; llavors és quan tendeix a situar les seves imatges retinianes en el lloc que ocupen les corresponents coses. Deixi's el pollet, al sortir de la clova, en un sòl de color blau o vermell, damunt del qual s'escampen petits grans de sèmola, i s'adverteix que comença picant indistintament en els grans i en el sòl; poc tarda, però, en projectar les imatges que corresponen als cossos i en dirigir per tant els seus moviments al lloc que ocupen. Si en aquestes condicions es porta l'animal damunt d'una superfície d'un gris groguenc semblant al de la sèmola, s'observa que ja no distingeix els grans d'aquesta fècula i torna a picar a l'atzar, com si no tingués la visió del relleu; però aviat els estímuls tròfics l'indueixen a fixar la seva atenció en la forma d'aquestes partícules, veient-les destacar damunt d'un fons que, poc abans, quan es guiava tan sols pel color, no arribava a distingir. Si els grans de sèmola es barregen amb grans d'arròs o de blat, el pollet es dirigeix electivament a picar els primers, com si hagués adquirit, per l'experiència, el coneixement de ser aquests i no els segons els veritablement alimentosos; i aquesta operació és la que li ensenyarà que també ho són els últims.

Poden fer-se sobre aquest punt moltes i variades experiències, i de totes elles se'n traurà la conclusió que no és per un coneixement innat o instintiu que es coneixen els cossos alimentosos, sinó per obra d'un aprenentatge, i que, de més a més, és molt dubtós que els animals naixin veient-hi, això es, projectant les imatges retinianes, ja que tot inclina a creure que, mentres no saben moure's coordinadament i d'una manera adaptada a un fi, es comporten com si fossin cecs, malgrat la impressionabilitat de llur retina. Els que contradeien la genial intuïció de Berkelei respecte a la naturalesa de la percepció visual i asseguraven que els pollets tot just nascuts agafen les mosques al vol, no sabien que els dits animals no naixen ni tan sols amb el sentit de l'equilibri preformat, com hi naixen altres, condició precisa per a la possibilitat del moviment voluntari.

He assistit al naixement de vedells i cabrits i mai he pogut comprovar que coneguessin la mamella de la mare, com diuen els que asseguren que la coneixen per instint. Una vegada deslliurats del claustre matern, la mare els llepa seguidament, amorosament, durant quinze o vint minuts; mentres dura aquesta operació es desentumeixen, sembla com si centressin llur equilibri, i al final temptegen enlaire amb el morro. No és cap imatge visual la que els orienta; aquest moviment espontani ve fixat per la impressió tàctil, ja que en la fosquedat es comporten de la mateixa manera que amb claror. Si topen amb la mamella, hi enfonsen el morro en direcció rectilínia, igual que si topen amb el ventre de la mare, sense que res ens indiqui que coneixen nadiuament el mugró; però, com sigui que l'impuls tròfic que estimula a fer aquests moviments no queda satisfet mentres no s'encerta la font nutritiva, d'aquí en resulta una tendència innata al tempteig incert i vagorós. Els moviments de la mare faciliten el resultat final, si bé algunes vegades devé necessària la intervenció de l'home per a arribar-hi. Realitzada la prensió del mugró, el moviment queda fixat mentres vagi seguit de la deglució, com si l'impuls motor que determina el primer s'iniciés amb la finalitat de que darrera d'ell ha de venir l'impuls que innerva els músculs que determinen la segona, moviments consecutius que semblen precoordinats pels estímuls tròfics.

Al contrari dels vedells i cabrits, que obren els ulls poc després de nàixer, els gossos cadells no els obren fins al cap d'un parell de setmanes; però en la prensió del mugró i en la deglució procedeixen d'idèntica manera que els primers. Al començament no el coneixen per la seva forma, de manera que si es posa davant de la mamella un coixí, hi enfonsen el morro desesperadament, amb una insistència que prova que no es donen compte pel contacte de tractar-se d'un objecte diferent; de la cosa que sí tenen consciència clara és de que no engoleixen, car no fixen llur moviment.

Examinant atentament aquests actes instintius, hi descobrim un impuls orgànic o purament fisiològic, anterior a tota experiència externa, que incita a la prensió i a la deglució i que ve a ser com una predisposició de certs nuclis neuronals a reaccionar gràcies a certs estímuls tròfics; però aquest acte primitiu no ha de confondre's amb el coneixement de la cosa alimentosa, ja que l'animal comença a ingerir com el gos descervellat o el rumiant que ha perdut els seus centres psíquics: sense donar-se compte que allò que ingereix és quelcom que està fora del seu propi organisme. Aquest coneixement vindrà després d'aquests actes purament maquinals. Els que altra cosa afirmen, admetent que aquests primers coneixements són nadiuament intuïtius, són víctimes d'una il·lusió que convé posar en evidència. Quan un veu l'infant que executa dolços moviments de succió, el vedell o el cadell que allarguen el morro com si busquessin alguna cosa que els és revelada intuïtivament en la intel·ligència, als aucells de niu badar ansiosament la boca com si ja sabessin que hi ha de ser posat l'aliment que l'organisme reclama, l'observador, caient en manifest error, creu que aquests animals executen els dits moviments moguts per les impressions que en pervindran en el tacte, en el gust, en la sensibilitat tèrmica, o sigui tal com més endavant han d'executar-los; però, com que mai el mugró ha tingut contacte amb la boca ni mai han rebut una impressió de saborositat ni d'olor, de calor ni de fred, és clar que aquests moviments els executen sense que la consciència pugui preveure cap d'aquestes impressions. D'altra manera fóra necessari admetre que l'animal coneix les impressions externes abans que per les terminacions tàctils perifèriques s'hagi acusat la forma del mugró, abans que pels nervis olfactoris i gustatius s'hagi acusat la qualitat sensorial que tan sols una impressió exterior pot despertar. Semblant preintuïció ni existeix ni pot existir; constitueix *per se* un enunciat absurd. En l'acte d'obrir-se a la vida de relació el psiquisme tròfic, el subjecte no posseeix la previsió del fenomen nou que acusaran els nervis sensorials; tot està admirablement predisposat per a la seva recepció, sobreentenent-se que aquesta predisposició no constitueix sinó un dels factors dels quals ha de resultarne l'experiència, així que el complementi el factor extern. La cosa que hi ha innata o preestablerta és l'impuls que mou a la prensió; mes els coneixements que en resulten són fills de l'experiència i no d'intuïcions originals.

L'impuls que mou a la prensió tampoc podem concebre'l com a espontani, sinó com a despertat per les sensacions tròfiques que acusen en la consciència les deficiències substancials dels elements cel·lulars. Ja hem parlat de la naturalesa específica d'aquestes deficiències. Indubtablement la fam de sal, de proteics o d'hidrats de carboni, com la necessitat de portar aigua al medi intern, vénen determinades per excitacions orgàniques; i encara que no puguem dir que aquestes excitacions diferenciades siguin conduïdes fins al nucli receptor superior per nervis especials, com ho diem de les sensibilitats externes, és cert que les tendències que desperten en la consciència són distintes unes d'altres, ja que alguna cosa ha de tenir de propi o qualitatiu la set quan impulsa a ingerir aigua i res més que aigua, com alguna cosa d'específicament diferenciat ha de preexistir en la fam de la sal o dels proteics, quan impulsa electivament vers els cossos que poden facilitar al medi intern les substàncies que li convenen i reclama. Fisiològicament nosaltres hem de concebre els centres psico-tròfics com a centres que responen a les excitacions perifèriques rebudes, sigui el que es vulgui el mecanisme de llur conducció. De la mateixa manera que és inconcebible l'activitat dels centres de la sensibilitat externa si no se la considera lligada a l'acció perifèrica que la desperta, no ens és possible concebre les funcions dels centres psico-tròfics sinó com el tornaveu de les accions excitatrius que la nutrició hi exerceix damunt. Introspectivament resulta difícil imaginar què és la set o la fam de sal, deslligades del conjunt d'imatges externes amb les quals les representem, ja que la introspecció acusa les experiències integrades, siguin simples o complexes, i no els elements isolats de les quals resulten; però és evident que l'estat que denominem fam, global o especial, preexisteix, cronològicament, al coneixement de les imatges que ens enteren de l'existència dels cossos amb la ingestió dels quals la satisfem. D'altra banda comprovem que amb l'ablació dels centres de la sensibilitat externa no s'altera la integritat funcional dels centres psico-tròfics ni es pertorba el ritme de la fam. El sentiment de les substàncies que manquen en l'organisme és, doncs, anterior a tota experiència externa, i fins podríem afegir que constitueix la condició determinant de les experiències que s'estableixen en les primeres èpoques de la vida.

L'experiència tròfica

Psicològicament pot concretar-se la significació de la paraula fam, dient que és *la consciència de la manca de les substàncies en les quals el metabolisme nutritiu ha empobrit l'organisme.* Amb la seva aparició es desperten tendències al moviment, com si els centres psico-tròfics estiguessin íntimament lligats amb els psico-motors, i d'ells partissin inicialment les incitacions que desperten l'activitat dels segons. Així observem que en el nascut de nou, cabrit o vedell, com en els demés vertebrats, l'estímul verament central que els incita al moviment procedeix de la fam, com a força que els impulsa a transcendir damunt del món exterior amb el manifest designi d'assimilar-se'l. Aquesta força irresistible comença essent cega. L'infant nascut de nou, com el cadell, va vers l'exterior amb la inconsciència de qui no sap encara quins cossos són els que li han de fer profit i calmar les seves ànsies tròfiques. El primer xucla amb el mateix desig el dit que se li posa entre els llavis, que el mugró de la mare; el segon enfonsa amb la mateixa fúria el morro famolenc en el coixí que se li presenta, que en la tova mamella. Un i altre ignoren que han de trobar alguna cosa que calmi el seu impuls, per no tenir cap idea de l'aliment. Quan el vedell s'agafa a la mamella, no sap que hi hagi un líquid que ha de nodrir-lo, igualment com la niuada que obre la boca i engoleix allò que la mare hi diposita, ignora que amb semblant operació s'extingirà la seva fam. Per arribar a conèixer què ha de succeir després d'aquestes operacions, la finalitat de les quals li és desconeguda, cal que llurs efectes s'acusin en la consciènciacia; i per a arribar a saber que la cosa que determina aquests efectes és allò mateix que produeix una impressió tàctil en els seus llavis i llengua acanalada, una sensació olorosa en el seu nas, i una impressió tèrmica o tàctil en certes regions de la seva pell i de les seves mucoses, cal que estableixi una connexió central entre les manques que s'acusen en els seus centres psico-tròfics i les imatges que l'acció del món exterior evoca en els centres de la sensibilitat externa; solament aleshores arriba a saber que la fam no s'extingeix mentres no es manifestin certes i determinades impressions odorants, gustatives o tèrmiques i començarà a tenir esma del que és un aliment. Per l'acció isolada de la sensibilitat tròfica, el subjecte no sabria mai que en el món exterior hi ha coses que poden saturar les necessitats del seu organisme, com tampoc arribaria a saber que allò que impressiona els seus sentits en una forma determinada, conté quelcom que les aplaca; perquè pugui formular-se aquesta inducció en la intel·ligència, és necessari que s'estableixi una relació interior entre els fets sensorials acusats d'una banda per la sensibilitat tròfica i de l'altra pels centres de la sensibilitat externa. Aquesta inducció primordial, la més fonamental de la vida psíquica, constitueix, en els seus termes més generals, allò que designem amb el nom d'*experiència tròfica,* per la qual sabem quins cossos són els que, portats del món exterior a dintre l'organisme, saturen tal deficiència substancial i no una altra.

L'home, com els animals, sap que hi ha cossos que són alimentosos. És clar que mai podrà atribuir-se aquesta qualitat a un cos, si no s'han acusat sensorialment les seves qualitats en la consciència; però és igualment cert que les experiències segons les quals es coneix la necessitat tròfica que satisfà un aliment, no són els sentits que les proporcionen. El carnívor que es marca la seva ració de carn o abandona les sobres o les guarda per a altra ocasió, procedeix com si conegués el coeficient alimentici que ha de donar-li l'esmentada ració, molt abans que aquest coeficient hagi ingressat en el medi intern; aquest coneixement ve de records anteriors, i encara que aquests records siguin evocats per una excitació perifèrica, quan l'animal ingereix 200 grams de carn, per exemple, obra com si ja sabés que d'aquesta quantitat ha de sortir-ne una ració alimentícia capaç de compensar les

 pèrdues que ha sofert, i això moltes hores abans que realment les compensi. Els nens que al menjar bledes augmenten previsorament llur ració de pa, procedeixen com si sabessin per endavant que les bledes no poden proporcionar-los la ració de proteics i fins d'hidrocarbonats que exigeix l'economia, car igual les bledes que el pa trigaran encara llargues hores a ingressar en el medi intern. Fins l'assedegat que satisfà la seva set, no ho fa per a apagar l'excitació perifèrica que l'evoca en la consciència, ja que l'aigua no passa immediatament al medi intern. L'animal, doncs, a l'ingerir un aliment, coneix, per records o experiències anteriors, quina classe de necessitat tròfica satura i quina ració alimentícia li proporciona.

Com s'adquireixen semblants coneixements?

Dels dos factors integrals de l'experiència tròfica hem de començar per l'estudi del factor intern. Per a aconseguir-ho n'hi haurà prou proporcionant al subjecte un aliment que cregui idèntic a aquell al qual està acostumat, i no ho sigui per haver disminuït o augmentat el seu coeficient nutritiu; observant després com la consciència tròfica adverteix la diferència, ens posarem en condicions de comprendre el mecanisme que forja aquests coneixements.

Suposem que l'infant ha fixat en deu grams la seva ració de llet, extingint-se per tres hores la seva fam, hores que passa dormint o abandonat als efectes de l'eufòria fisiològica. Si aquesta llet es dilueix en doble volum d'aigua, les sals minerals, la caseïna, la lactosa i els glòbuls de grassa, donen a l'organisme, pel mateix volum, la meitat del coeficient alimentici que abans li donaven. Suposant que el subjecte no adverteixi pel gust o pel tacte o per qualsevol altra impressió sensorial, la diferència entre una i altra llet, car en aquesta època de la seva vida és molt poca la finesa dels seus sentits, se n'assenyalarà la mateixa ració d'abans, guiant-se per les experiències anteriors. Ara bé: mentres aquesta llet és preparada per la digestió gàstrica, la duodenal i l'enteroquinàsica, les racions que havia ingerit anteriorment proporcionen, com una font, els materials reparadors que necessita, de la mateixa manera que la circulació placentària els hi proporcionava durant la vida intrauterina; però arriba el moment d'ésser utilitzada l'última ració per l'absorció intestinal, i com que únicament facilita la meitat dels principis fixos de les anteriors, és natural que el medi intern acusi en la consciència la manca d'aquests productes abans que les altres vegades, ja que el consum és el mateix. La fam, doncs, reapareix en un espai de temps molt més curt. Suposant que la mare acudeixi a satisfer la necessitat cada vegada que el fet es repeteixi, s'haurà alterat el ritme de la fam, i el nen, en lloc de mamar cada tres hores, haurà de fer-ho molt més sovint. És clar que aquest ritme no és reductible a espais fixos, ja que el fenomen fisiològic que el determina és massa complex per a no presentar variacions; però, així i tot, n'hi ha prou de poder establir que el ritme de la fam s'escurça, per a comprendre com i de quina manera es fixa en la consciència el valor del coeficient nutritiu de la llet aigualida.

L'experiència descrita no és una invenció: és un fet conegut de tothom, que experimentalment podem provocar sempre que ens plagui. En ella el subjecte procedeix com si conegués un fenomen extern, l'empobriment de la llet en principis fixos, sense que hagi tingut necessitat d'acudir a demanar el concurs dels sentits, ja que, fins en el supòsit que no en tingués, el fenomen es produiria de la mateixa manera, si bé aleshores ignoraria quina cosa del món exterior determina aquests efectes. D'aquesta experiència se'n desprèn que la sensibilitat tròfica, independentment dels sentits externs, facilita un dels elements de coneixement integrants de l'experiència tròfica.

Suposant que la mare no va en auxili de l'infant, quan aquest acusa la insuficiència nutritiva de la llet aigualida, i espera que passin les tres hores segons el costum establert, la fam de la criatura creixerà progressivament i quan arribi el moment de mamar prendrà una ració de llet molt superior a la que s'assenyalava abans. La mare quedarà estranyada del cas, per no saber allò que sap el nen: la modificació química que ha sofert la composició de la seva llet.

Anem ara a invertir l'experiment: augmentem, per una mateixa unitat de volum, el coeficient nutritiu de la llet i imaginem que aquesta modificació passa inadvertida a la torpesa del tacte, que no troba que és més pastosa, i a la poca finor del gust, que no repara l'augment de saborositat. En aquestes condicions l'infant s'assigna la mateixa ració a la qual estava acostumat, ignorant que en tindria prou amb una de més petita. Com que les seves forces digestives s'adapten a aquesta major riquesa química del producte, quan arriba l'hora de que aquest aliment proporcioni al medi intern la deguda ració alimentícia, essent igual el consum, se satisfan per més espai de temps les pèrdues sofertes i el ritme de la fam es retarda, per les mateixes raons que abans determinaven el seu apressament. La repetició d'aquests mateixos actes forma estat en el sensori tròfic, i el subjecte acabarà prenent d'aquesta llet la ració que correspon a la seva riquesa química, procedint d'una manera molt distinta de com procedí amb l'aigualida. D'aquesta i de l'altra en coneix el valor nutritiu, no pels efectes que determina en l'organisme la llur respectiva ingestió actual, sinó pels que determinaren en experiències anteriors, i així és com molt abans de venir aquests efectes, l'infant ja procedeix com si els conegués, i això per existir en el record la previsió d'allò que ha de succeir.

Les primeres vegades que els nens d'una família pobra s'atipen de bledes, no se'ls desperta l'impuls d'associar-hi l'oli i el pa, per ignorar que les bledes no donen substàncies que puguin saturar la necessitat de grassa i d'albúmina; però, com que l'excitació cel·lular acusa en la consciència el sentiment de la manca d'aquelles dues substàncies, aquesta força, inicialment tròfica, els indueix a provar què pot satisfer la dita manca, i si ho encerten, sigui per l'ensenyança agena, sigui per tempteig, afegint a les bledes pa, oli o altres cossos que produeixin els mateixos efectes, aquesta experiència deixa en la memòria dels infants un rastre tant més viu com més la repeteixen. En aquestes noves condicions, les dites criatures es troben en la mateixa situació del nen de cria quan fixa la ració que correspon a la llet espessa i a l'aigualida. L'excitació perifèrica ja no evoca com abans una sensació global, indefinida, sinó el record del coeficient de les bledes, del pa i de la grassa, i associa aquests tres productes, fixant, com pot, la ració que els correspon a cada un. De la mateixa manera un cavall acostumat als farratges coneix perfectament la quantitat que ha de menjar-ne, perquè li donin la ració alimentícia que necessita; però si s'acostuma a menjar civada o garrofes, aviat es fixa la ració alimentícia que correspon a cada un d'aquests productes. El dia que té farratges es passa menjant llargues hores, mentres que el dia que troba en l'estable abundosa ració de civada o de garrofes, escurça la quantitat de menjar ingerida, per quedar satisfeta molt més aviat la seva fam.

En tots aquests experiments, que podríem multiplicar a l'infinit, comprovem el fet de regular-se la ingesta per les experiències adquirides o sigui pels records. La cosa que desperta aquests records és sempre l'excitació perifèrica, i per això és aquesta la que regula la llur intensitat. Així veiem que l'infant comença assignant-se la mateixa quantitat de la llet aigualida que de la bona, confiant que aquella li donarà la mateixa ració alimentícia que aquesta; però quan arriba el moment de la seva utilització, l'excitació cel·lular li adverteix que és fals el seu supòsit i acusa la manca de productes de reparació en sentit progressivament creixent. Llavors té apetit del mateix aliment, perquè no en coneix d'altre, però tendint a augmentar en quantitat allò que ha perdut en qualitat, sense que, en aquest període d'assaigs del qual naix l'experiència, pugui resoldre aquest problema: ¿en quina quantitat ha de trasbalsar-se la llet a l'estómac perquè, quan arribi l'hora de ser utilitzada en la nutrició, doni la ració alimentícia que l'organisme demana? Mentres s'estableix aquesta experiència, el ritme de la fam es troba fondament pertorbat; l'infant comença augmentant la ració d'ingesta, i amb aquest augment retrassa una mica la seva reaparició, fins que, en successives provatures, arriba un moment que l'excitació cel·lular reapareix cada dues hores, per exemple, i aquest ritme perifèric fixa el record i, despertant-lo amb una determinada intensitat, mou el subjecte a ingerir la llet en una quantitat fixa. Si bé ho reparem, aquest record, psicològicament, no és sinó el sentiment o el coneixement del coeficient nutritiu de la llet, ja que per ell se sap que la quantitat que és trasbalsada a l'estómac en el moment *a,* proporcionarà al medi intern una ració alimentícia per satisfer les seves necessitats durant dues hores a comptar del moment *b.*

Per un procediment idèntic s'adquireix el coneixement del coeficient nutritiu que correspon a una llet més rica en principis fixos. Quan aquests coneixements no existeixen, per no haver-los fixat l'experiència cel·lular, també l'excitació perifèrica desperta l'activitat dels centres psico-tròfics, evocant el sentiment específic de necessitats que no se sap amb què s'han de saturar. Aquest és el cas de l'infant que menja bledes: la fam especial de les grasses i dels proteics subsisteix viva, i per a arribar a saber que són els cossos que contenen aquestes substàncies els que poden extingir-la, és necessari que es provi de menjar-ne; solament llavors els elements vius acusaran la presència d'aquelles substàncies, establint-se una íntima successió entre aquest ingrés i l'extinció de l'excitació perifèrica que despertava la fam. Perquè això vingui, és necessari que aquests productes ingressin en el medi intern en una quantitat prefixada pel metabolisme nutritiu; si aquesta quantitat és menor que la deguda, l'excitació cel·lular persisteix. Llavors cal augmentar la ingesta, perquè augmenti la ració alimentícia portada al medi intern i d'aquí vénen les provatures en la ració d'ingesta, fins que s'encerta la que fa desaparèixer el turment de la fam. Ara bé: com que el menjar que s'ingereix en deu, quinze, vint minuts, al passar per les mil transformacions que sofreix, ja en el conducte gastro-intestinal, ja en l'interior dels teixits, va reparant les pèrdues del medi intern d'una manera molt lenta, posant-hi un espai de temps molt més llarg del necessari per la ingestió, i com aquesta reparació té un terme en l'agotament total o parcial dels principis que integren la composició de la ració alimentícia, d'aquí ve que al cap d'un cert temps torni a presentar-se la fam. En condicions de normalitat és natural que una mateixa ingesta doni una mateixa ració alimentícia: en igualtat de condicions fisiològiques, és natural també que una mateixa ració alimentícia sigui agotada en la mateixa unitat de temps que l'anterior; i essent així es comprèn que la fam reaparegui amb un cert ritme, en espais de temps fixos, iguals entre si, que no variaran mentres no variïn les condicions del moviment nutritiu d'una banda i de l'altra les condicions de la ingesta.

Existeix, doncs, un mecanisme fisiològic que predetermina els fenòmens que acusa en la consciència la sensació de la fam. L'animal, a l'ingerir els aliments, mogut d'un impuls tan cec com desaforat, comença fins ignorant que ho siguin; a mida que experimenta llurs efectes, va descobrint-hi una virtut que poc abans desconeixia. No sap quines necessitats tròfiques saturen, segons sigui llur composició química; però com que la necessitat que no és satisfeta continua vibrant dolorosament en la consciència, l'animal no para fins que topa amb la substància que ha de satisfer-la. Així és com arriba a enterar-se de les virtuts nutritives de l'aigua, de la sal, del pa, de la carn, de la llet, etc. Amb tot, segueix encara ignorant en quina mida saturen les dites necessitats i és necessari que aquesta mesura li sigui proporcionada sensorialment. Del cos que, com la sal, pres en petita quantitat satisfà la necessitat que la seva manca evocava en el sensori tròfic, se n'assenyala una ració molt petita; en canvi, del cos que, com l'aigua, no apaga la set sinó beguda en abundància, se n'assenyala una ració molt grossa. Igualment amb les grasses, els hidrocarbonats i les proteïnes. Realment, en l'elaboració de totes aquestes experiències, *el subjecte no és actiu,* sinó que es graven en el seu sensori tròfic per l'acció perifèrica, de la mateixa manera que la imatge lluminosa es forma en la retina per l'acció d'un agent exterior. D'aquesta faisó l'animal es troba que coneix la qualitat alimentícia dels cossos que ingereix, sense donar-se compte del mecanisme fisiològic que li ha suggerit aquell coneixement; d'aquesta manera es troba també que coneix el coeficient d'aquesta qualitat i segons ell regula la seva ració d'ingesta; tot li ve imposat per l'excitació cel·lular. De totes aquestes experiències organitzades en els centres psico-tròfics se'n desprèn un coneixement bàsic o fonamental, una creença que res pot desarrelar del fons de l'intel·lecte, i és que els cossos alimentosos posseeixen alguna cosa que no és coneguda gràcies als sentits externs, perquè únicament la sensibilitat tròfica ho acusa en la consciència.

Les diferenciacions tròfiques que hem esmentat corresponen a diferenciacions externes. Al definir l'experiència tròfica hem dit que està composta de dos elements essencials: un intern, pel qual es coneix la qualitat de l'aliment o sigui la necessitat que satura, i altre extern, pel qual se sap quina cosa conté, immediata o virtualment, la substància que en una forma o altra ha d'ingressar en el medi intern. Si l'infant no tingués sentits, la ingestió d'una llet aigualida o d'una altra molt rica en principis fixos li produiria els mateixos efectes esmentats no fa gaire, però no li fóra possible distingir quina és l'una i quina és l'altra. Els farratges, la civada i les garrofes fixarien en el sensori tròfic del cavall els mateixos valors nutritius que ara fixen; però si li manquessin les impressions sensorials externes, li fóra impossible determinar a quins cossos corresponen. Establert aquest fet, queda plantejat un nou problema: com s'enllacen i corresponen les diferenciacions tròfiques amb certes diferenciacions sensorials externes? Com ens representem el cos alimentici?

Les funcions dels sentits

Arribats en aquest punt no podem envestir semblant qüestió sense lluitar amb un prejudici fondament arrelat. Tradicionalment hi ha el supòsit que les funcions dels sentits naixen *preformades* i que, per tant, l'acte de veure, d'assaborir, de tocar, d'oir i d'olorar, són actes nadius, immediats, espontanis, que evoca directament en la consciència l'acció externa. Contra semblant afirmació *nativista* ha sortit l'escola *genètica,* que sosté, principalment pel que diu al tacte i a la visió, que les sensacions no naixen espontàniament excèntriques, sinó que llur excentricitat resulta de processos psicològics que s'hi associen. Sense tocar ara aquesta qüestió, àmpliament estudiada en altra banda, em reduiré a fer constar que davant de l'observació empírica no pot sostenir-se sèriament que les funcions sensorials naixin preformades, sinó que els fets ens diuen amb incontrastable eloqüència que van formant-se lentament, per obra de l'experiència. Considerant els fenòmens tals com són i no com els ve interpretant una tradició secular, és indiscutible que no naixem oint, tactant, olorant, veient o assaborint; existeix en la vida un període remot en el qual les vàries impressions que rep la retina i tots els nervis sensorials, encara que siguin diferenciables les unes de les altres, no estan realment diferenciades. Així observem que l'infant té ulls i no hi veu, orelles i no hi sent, tacte, gust i odorat i no sap distingir les diferents impressions que aquests sentits acusen. Aquesta obra de diferenciació resulta d'un llarg aprenentatge. En les primeres èpoques de la vida l'estímul més poderós que impulsa a diferenciar les impressions que els sentits reben és de naturalesa tròfica. Se suposa que la vida psíquica comença amb el desenrotllament dels sentits i que, per tant, és una acció exterior la que la desperta. Res hi ha tan fals com aquest dogmàtic supòsit. Abans que la llum fereixi la retina, l'aroma l'odorat, l'ona sonora l'òrgan de Corti, preexisteixen en el sensori, diferenciades per la sensibilitat tròfica, tendències definides que l'empenyen cegament a la prensió de quelcom que li manca. En aquests períodes primitius, l'animal, com el nen, es mou vers les coses externes per ressorts que brollen del fons del seu organisme, i les diferenciacions que fixa, d'entre la pluralitat d'impressions que rep, són únicament aquelles que pot utilitzar com a medis per a distingir la presència de les coses que calmen la seva fam; les altres no l'interessen i resten condormides en els centres que les reben.

Prescindint, doncs, de supòsits dogmàtics, i atenent-nos a l'estricta observació, estudiem de quina manera a una diferenciació tròfica hi correspon una diferenciació sensorial que permeti al subjecte reconèixer la presència d'allò que aplaca la seva fam. Per a aconseguir-ho en tindrem prou descrivint els fets tal com van desenrotllant-se davant la mirada atenta, mentres ens haguem deslliurat del jou dels prejudicis que ens porten a veure els fenòmens d'una manera diferent de com són.

L'infant que comença assenyalant-se de la llet aigualida la mateixa ració que s'assenyalava de la bona, de seguida és avisat de l'engany que ha sofert per la sensibilitat tròfica. Mentres no conegui altra llet, procurarà llavors suplir les seves deficiències alimentícies augmentant-se la ració; però el dia que en conegui d'altra, se l'estimarà més. Com arribarà a conèixer-la? Heus aquí el problema que hem de resoldre.

Procedim experimentalment per a la seva solució, i a aquest fi suposem que la llet aigualida, A, és la de la seva mare i la llet bona, B, d'una veïna que li'n dóna diàriament dues mamades. La mare va vestida de blanc i la veïna de vermell; però les impressions retinianes que una i altra dona li produeixen, no l'han encara induït a diferenciar l'una de l'altra. En aquesta situació mama diverses vegades al dia; i mentres les dues que mama de la veïna allarguen el ritme de la fam, les altres l'escurcen. Semblants diferenciacions tròfiques són l'origen de l'estímul que l'impulsa a diferenciar dues impressions òptiques que fins aleshores havien passat davant dels seus ulls sense que hi reparés. A mida que per la repetició dels mateixos actes es vagi establint una connexió interneuronal entre la diferenciació tròfica que correspon a B i la impressió del color vermell, i, de la mateixa manera, entre el coeficient nutritiu i el color blanc que correspon a A, més clarament s'anirà destacant en aquesta intel·ligència naixent el coneixement de quina és la llet que més ha d'aplacar la seva fam, per tal com pot representar-se-la amb l'auxili d'una imatge sensorial. Mentres li mancava aquest element representatiu, havia d'esperar que la sensibilitat tròfica acusés els efectes dels dos aliments; però ha estat prou que prengués la impressió òptica com a senyal d'aquests efectes, perquè pogués diferenciar quina és la llet bona i quina la dolenta. Clarament manifesta posseir aquest coneixement al rebre amb alegria la presència de B i agafar avorriment al color A, per ser signe d'allò que no el satisfà. Pel que veiem, doncs, el mòbil d'aquesta diferenciació és profundament tròfic: altres colors han afectat amb més persistència la seva retina que els esmentats: el del dosser del bressol, el de les parets, per exemple, sense que aquestes excitacions externes l'hagin induït a una diferenciació clara i definida, perquè, com que no hi tenia cap interès, tot i brillant davant dels seus ulls, l'han deixat indiferent.

Tal com hem descrit que A i B arriben a diferenciar-se per l'intermedi de dos colors, podem descriure que es diferencien per l'intermedi de dos sons: per això n'hi haurà prou suposant que A porta sabates de goma i B sorollosos esclops de fusta. La impressió tàctil d'una i altra dona, l'olor que llancen, el gust d'una i altra llet, proporcionen a l'infant un conjunt d'imatges que ni destria ni analitza, i accepta tal com li vénen imposades per l'acció exterior, com a signes indiciaris d'una llet o d'altra. També poden prendre's com a indicis que anuncien la seva respectiva presència imatges que no corresponen a l'objecte portador de l'aliment. Així la campaneta que avisa l'arribada de la veïna anuncia a l'infant la presència d'allò que l'alimenta; i, suposant que la veïna li doni les dues mamades a la mateixa hora cada dia, tan sols per una interna mensuració del temps escolat ja arriba a adquirir la consciència aproximada de quan compareixerà la que calma la seva fam, revelant-se-li la seva presència per una suma d'impressions sensorials que espera adeleradament.

Imaginem ara que la llet ingerida, en lloc de ser un aliment complet, és deficient en un dels seus components, la lactosa, per exemple. Totes les pèrdues de la nutrició de l'infant són reparades, llevat de les que corresponen als hidrocarbonats; i com que queda subsistent la fam d'aquest producte, resta viu l'impuls a satisfer-la. Suposant, doncs, que topa amb un altre objecte que li proporciona bona llet de tant en tant, és natural que, amb la repetició d'uns mateixos actes, arribi a fixar una diferenciació entre aquest i l'objecte portador de la llet dolenta. Aquesta llet és natural que es refereixi a un conjunt d'impressions òptiques, acústiques, tàctils, olfactòries, per l'intermedi de les quals se li reveli la presència d'un i altre objecte; estudiem, però, el cas en el qual aquesta diferenciació es refereixi al gust.

La llet bona i la dolenta començaren determinant una sensació global o indistinta constituïda pel *gust de llet.* Aquesta impressió és comparable a la que produeix un vas de vi ranci en un paladar ineducat, ben diferent de la que desperta en un tastador professional; al primer no li suggereix elements d'anàlisi, mentres que al segon li dóna la percepció distinta de certa pastositat, dolçor o sequedat, o cert enranciament, que li permeten diferenciar-lo d'altre molt semblant, davant del qual el no acostumat quedaria indecís, i fins determinar els anys que té. Aquestes *qualitats distintes,* que analíticament descobreix en la sensació, existien també en el paladar del bevedor ineducat, encara que no les destriés, i n'és prova que, educant-lo degudament amb un seguit exercici, arribarà a ensinistrar-s'hi com l'altre. Això mateix comença passant-li al nen amb les dues llets, en les quals no distingeix cap nota diferencial; però quan la fam per la lactosa l'indueix a fixar-hi l'atenció, arribarà a descobrir que aquesta substància s'acusa sensorialment en forma de dolçor. Al destriar en la sensació global aquesta nota o qualitat especial, pròpia d'una de les dues llets, elabora una diferenciació externa moguda per una diferenciació interna preexistent, i des d'aquell punt s'adquireix un coneixement pel qual sap que a la llet que no és dolça li manca alguna cosa que el seu organisme reclama pel tornaveu psico-tròfic. No és que aquesta sensació tingui res que veure amb la virtualitat alimentícia de la lactosa; és senzillament un senyal indiciari, per l'intermedi del qual se sap quin és el cos que satisfà aquesta necessitat especial. Si la llet, en lloc de ser dolça, fos amargant, a mida que l'experiència tròfica es consolidés, l'infant sentiria la necessitat de provocar el gust amarg en la boca, com ara sent la de la dolçor, ja que per l'amargor s'anunciaria la presència d'allò que extingeix la necessitat interna. L'amargor resultaria llavors agradabilíssima al paladar, per les mateixes raons que la dolçor en resulta ara.

La mateixa connexió o associació inseparable que veiem establir-se entre la fam de la lactosa i la impressió que la representa, pot establir-se respecte de la caseïna i de la grassa. És difícil precisar com s'acusa en la sensació global la presència d'aquests compostos; però si la llet manqués d'un d'ells o no els contingués en la quantitat deguda, a mida que la fam s'especialitzés reclamant la llur ingestió, arribaria a distingir-se l'objecte que pot saturar-la per cert gust més fort, per certa olor o per certa pastositat.

El tacte bucal adquireix un poder discriminatiu prodigiós, per al reconeixement de les substàncies alimentoses. N'hi ha prou que allò que la prensió porta a la boca, contra l'experiència establerta per l'ús, es presenti més dur o més tou que de consuetud, perquè l'animal es mostri sorprès i faci una parada, com si dubtés de trobar-se realment en presència de l'aliment que desitja. Igual cosa pot dir-se de la sensibilitat tèrmica i l'olfactòria. Si inadvertidament ens fiquem a la boca una cullerada de sopa freda, no ens sembla sopa, per excel·lent que sigui; sembla que ens trobem en presència de quelcom el valor nodrimentiu del qual desconeixem, i precisament aquesta desconeixença inspira un sentiment de repugnància o desplaença. La sensació olfactòria, igual que la gustativa, comença essent amorfa, indiferenciada; però tal delicadesa pot adquirir l'odorat per l'acció dels estímuls tròfics, que en una mateixa sensació global arriba a discriminar sis, vuit o més flaires distintament. Les sensacions òptiques i acústiques solen ser en gran nombre d'animals les més tardanes en proporcionar elements indiciaris de la presència de l'aliment; però una vegada han estat utilitzades com a senyals del mateix, es reconeix la seva presència de la mateixa manera, com ja s'ha indicat, per una impressió de color o de so, com per una de gust o de flaire.

En les albes de la vida psíquica hi ha un problema que es posa davant de tot: la necessitat de subvenir a les despeses de la nutrició. L'animal no coneix els aliments i li és necessari conèixer-los com més aviat millor. Fisiològicament s'acusen les deficiències de l'organisme en els centres psico-tròfics en forma de sensacions específiques; però, per a saber quines coses del món exterior les saturen i en quina mida, cal ingerir aquestes coses i procedir a llur assaig. Aquest assaig no establirà mai una experiència tròfica, mentres no s'associï la sensació tròfica amb imatges externes: tan sols per l'intermedi d'aquesta connexió central arribarà a saber que allò que li satisfà la fam és allò mateix que s'acusa en els sentits amb una forma sensorial ja coneguda per actes anteriors. Cas de mancar aquest lligam entre les activitats dels centres psico-tròfics i els de la sensibilitat externa, és possible que la fam s'aplaqui amb la ingestió cega d'aliments, però l'animal no arribarà mai a formular aquell judici en virtut del qual s'afirma que *allò que aplaca la fam és allò mateix que els sentits acusen com a present*. En això consisteix l'operació més primitiva i elemental de la intel·ligència.

Els sentits poden acusar com a presents una multitud infinita d'impressions en el tegument extern: remors i colors que floten vagues i indistintes en el camp de la consciència, flairades desapercebudes, gustacions globals les qualitats de les quals no han estat distintament discriminades, ja que els nervis i centres sensorials reaccionen de la mateixa manera, sota l'acció del món exterior, quan evoquen imatges distintes, que quan llurs efectes són indistints, per no haver estat intel·lectivament diferenciats. Si, lliure de prejudicis l'intel·lecte i atenent-nos a allò que l'observació ens ensenya, ens preguntem quin mòbil empeny l'animal a diferenciar certes impressions amb preferència a d'altres, ens contestarem que és l'impuls tròfic; i si ens preguntem en què consisteix aquesta diferenciació, reconeixerem que està en prendre'ls com a signe de la cosa que nodreix. L'infant novellament nascut, com el gos cadell, xuclen cegament el mugró; quan adverteixen que amb aquest moviment provoquen certes impressions tàctils, tèrmiques i gustatives en la boca, certes impressions de flaire en el seu nas, gradualment, insensiblement, es troben que es preestableix un ordre de successió entre les sensacions tròfiques i les sensacions externes, i d'aquí ve que quan aquelles renaixen, es manifestin com un impuls irresistible a provocar les segones, per quant tenen après, gràcies a l'experiència d'uns mateixos actes, que la fam s'aplaca solament amb la condició que retornin aquestes impressions. Si falla, doncs, aquest ordre de successió preestablert per l'experiència, i en lloc d'aparèixer les impressions conegudes n'apareixen d'altres, aquestes imatges no indiquen res al subjecte, per no ser signes d'allò que aplaca la seva fam.

De quan comença la vida fins que fineix, l'home i els animals coneixen els aliments per l'intermedi de signes sensorials representatius d'efectes nutritius determinats. De la mateixa manera que el cec no pot representar-se el color per molt i bé que se li expliqui, tampoc és possible saber que un cos és alimentici sense haver-lo provat abans. El subjecte es guia sempre en la prensió per les experiències adquirides. Així l'infant vol que se li doni mamar amb les mateixes formes exteriors que té per acostumades; qualsevol variació l'estranya i el pertorba. Tan sols quan aquestes formes, representatives de l'aliment, no satisfan les seves necessitats, es desperten en el seu sensori tròfic noves tendències que l'indueixen a modificar el seu règim. Aquesta modificació no es fa d'un salt, sinó gradualment, creant noves experiències que permetin al subjecte conèixer les propietats d'altres aliments que, per ser-li desconeguts, no desitjava. Així observem que, en l'època de desmamar l'infant, no passa de cop i volta del règim lacti a d'altre més complex; cal començar la transició amb un règim mixt, tant més simple i uniforme com sigui possible. Si li posem davant unes sopes de llet, resta indiferent, i és necessari que les tasti una i altra vegada, *perquè s'hi vagi acostumant,* com diu la gent; tampoc sent ganes de menjar-ne davant d'una sopa de tapioca, i és natural que així sigui, ja que ni pel seu aspecte visual, ni per la seva olor o pel seu gust, ni per la impressió tàctil que li produeix en la boca, reconeix la presència de la cosa nutritiva, restant aquelles imatges com a signes sense cap significació tròfica. A mida que es fixen els records de llur coeficient nutritiu, les impressions sensorials que anuncien el nou aliment evoquen aquests records, es desperta amb ells una afició nova, i lentament es van esborrant de la memòria les antigues preferències. Perquè això succeeixi, és absolutament necessari que aquestes formes externes siguin uniformes, perquè si passa que unes vegades les sopes són clares i altres espesses, fredes o tèbies, amb olor variable o gust diferent, o bé són donades a l'infant ara en un plat de pisa blanca, ara en un de color, en lloc de consolidar-se, l'experiència tròfica queda pertorbada, per no poder relacionar un determinat conjunt d'impressions a un determinat conjunt de records tròfics fixos. En aquestes condicions, l'infant, inspirant-se en les experiències claríssimes que ja posseeix, enyora l'antic mamar, els efectes excel·lents del qual li són tan coneguts.

Alliçonades per l'observació, sembla que les mares posseeixin la intuïció de la psico-gènesi de la gana; elles comprenen que la millor manera de fer venir de gust a llurs fills el nou aliment que els ofereixen, consisteix en presentar-los-el sempre sota la mateixa forma; la llur finesa de comprensió és tan alta, que endevinen la raó dels gestos de desplaença que sorprenen en llurs fills i hi posen remei sense violentar llur voluntat. D'aquesta manera és com, associant un determinat conjunt d'impressions externes a una suma de records tròfics, faciliten la transició d'un règim a l'altre.

Insensiblement, la forma externa que anuncia la presència de l'aliment es modifica a mida que el nou règim va complicant-se. És prou que, per l'acumulament d'experiències, es vagi advertint que són proporcionades al medi intern les mateixes o més grosses racions alimentícies que les del règim lacti, perquè s'agafi a aquests nous aliments la mateixa afició que a aquell es tenia. El nombre d'assaigs que és necessari realitzar perquè això sigui, no cal comptar-los ni descriure'ls. La tasca psico-fisiològica que realitzen el nen i l'animal que es nodreixen amb una alimentació complexa és enorme i difícil. Els que atribueixen a l'instint i no a aquest treball experimental el coneixement intuïtiu del pa, de la carn, de cada un dels llegums i verdures, de l'aigua, de les sals, no es donen compte que, de ser tal com diuen, l'obra d'aquest instint que tan sàviament, tan providencialment, proveeix a totes les necessitats del nodriment, fóra superior a l'obra de la raó humana, ja que de tots els temps vindria resolent pràcticament problemes que la ciència no ha pogut resoldre encara.

Tal com l'infant s'adapta a un nou gènere d'alimentació, també s'hi adapta l'home fet. L'experiència tròfica sempre s'estableix de la mateixa manera. A la vista d'un menjar que no haguem tastat mai, per molt que se'ns ponderi la seva bondat i vegem que els demés en mengen, ens el mirem amb certa desconfiança, amb la inquietud que es mira allò que no es coneix. Si, seduïts pel seu aspecte visual o la seva olor, ens decidim a tastarlo, en el cas que aquestes impressions evoquin records tròfics, l'engolim amb gana, per inspirar-nos en experiències anteriors; però, en cas contrari, si aquesta visualitat o el seu gust no ens diuen res respecte de les seves virtuts alimentícies, ens resistim a menjar-ne, donant per raó que *no ens agrada,* que val tant com dir que no ens desperta cap apetència tròfica.

Una vegada, per a posar remei a la seva difícil situació, vaig donar entenent a una família pobra de menjar llevat de cervesa, que els era fàcil proporcionar-se. El pare i la mare no s'hi pogueren acostumar. Els processos tròfics-sensorials establerts són molt profunds i no es renoven tan fàcilment. Les criatures, en canvi, s'aficionaren tant a aquest aliment, que més endavant va sorprendre'm que se l'estimessin més que el pa blanc.

Els metges que recepten el dit producte dessecat per al tractament de la *furoncolosi* i altres malalties, han observat que les criatures dòcils, que no es neguen a prendre'l, s'hi acostumen després d'algunes provatures i en acabat els agrada.

Quan vaig provar d'elaborar un sèrum contra les infeccions estofilocòciques i estreptocòciques amb la ingestió als cavalls de grans quantitats de llevat sec, llur repugnància olfactòria em resultà invencible, fins que se m'acudí esmussar-los aquest sentit amb una atmosfera d'aquella olor. Prudentment vaig barrejar després amb el pinso petites quantitats del producte i alguns d'aquests animals, ja acostumats, hi han pres una tal afició, que la seva sola presència els provoca una abundant salivera. La psicogènia d'aquesta mudança és un de tants casos pràctics de la formació de l'apetit. A mida que els nens i els cavalls experimenten els efectes nutritius del llevat i serven memòria d'aquests efectes, que l'organisme acusa en el sensori tròfic, es lliguen aquests records amb les imatges que revelen la seva presència davant dels sentits i els ve llavors de gana, perquè saben que la necessitat d'albúmines, d'hidrocarbonats, etc., que acusa la fam, serà satisfeta amb allò que s'acusa per l'intermedi d'aquestes imatges.

Els factors de l'experiència tròfica

El desconeixement dels factors components de l'experiència tròfica indueix la majoria de la gent a creure que als demés els han d'agradar els aliments que a nosaltres ens agraden i repugnar els que ens repugnen. En això es fonamenta la guerra veritablement crudel que, per a uniformar el règim alimentici de les famílies, sostenen els grans amb els petits. A fi de corregir llurs *viciosos capricis,* els obliguen a establir noves experiències i així aconsegueixen adaptar-los a un mateix gènere d'alimentació. La força més poderosa que s'usa per a aconseguir-ho és la de sotmetre'ls a una obligatòria abstinència.

A mida que creix la fam, més intens és l'impuls que mou a la ingestió, prescindint de les experiències adquirides i tendint per tant a establir-ne de noves; aquest impuls es fa cada vegada més vehement i si ve que s'exagera fins al *màximum,* com passa en els que moren de fam, llavors es prescindeix de tots els coneixements adquirits, extingint-se l'apetit i renaixent la fam cel·lular pura, amb els mateixos caràcters que hem descrit en la primera època de la vida; la prensió torna a ser cega i, de la mateixa manera que l'infant novell s'arrapa amb igual frenesí al dit o al mugró o el cadell enfonsa el morro en un coixí tou com a la mamella, el famolenc engoleix terra, herba, draps i tot quant pot agafar en el seu deliri tròfic.

Ja es comprèn que no cal arribar a aquests extrems, i molt se'n manca, per uniformar el règim alimentici de les famílies; n'hi ha prou d'intensificar els estímuls tròfics per a procedir a la diferenciació d'impressions externes que fins aleshores no havien estat considerades com a signes anunciadors de l'aliment. En realitat aquestes criatures, sota el comanament dels grans, es troben en les mateixes condicions a les quals estan sotmesos aquests últims, quan, fora de llur terra, es veuen obligats a reeducar-se i a formar-se un nou apetit per a adaptar-se al règim que impera en la llur nova estada. Els xinesos, com nosaltres, introdueixen en el medi intern una certa quantitat de grasses, de proteïnes, d'hidrocarbonats, de sals i d'aigua; però, per saber els cossos que virtualment ho contenen i la quantitat d'aquest contingut, és necessari haver lligat les sensacions tròfiques amb certes impressions externes que revelen la presència d'aquelles substàncies; i com que aquesta forma externa és diferent a la Xina de la nostra, el que hi arriba i veu que els cuinats de carn i de vegetals, pel gust i pel color llur i fins per la forma de presentar-los, no s'assemblen als d'aquí, es troba en presència d'aliments la virtualitat nutritiva dels quals desconeix, així com igualment la ració alimentícia que han de donar una vegada preparats per l'organisme, que és com si es trobés davant d'aliments que no sap que ho siguin. Al reeducar-se, creant en forma distinta un nou apetit, procedirà com les criatures. Cercarà en els replecs de la seva memòria allò que més s'assembli a les formes de la seva antiga alimentació i, com més hi coincideixi, més s'avivarà per allò el seu apetit; de les coses que res li recordin, començarà assenyalant-se'n una ració escassa, vencent, apretat per la fam o per altres motius, les seves naturals repugnàncies. A mida que estableixi noves experiències, aprenent per si mateix i no per consell d'altri, allò que ignorava, anirà augmentant la ració d'ingesta fins a readaptar-se.

Observant, doncs, amb l'atenció que es mereix la fondíssima pertorbació que porta un canvi de règim, és quan descobrim que l'apetit no naix espontàniament, sinó que es fa per l'intermedi d'experiències vives. Acostumat l'home o l'animal a un determinat règim, coneix les virtuts nodrimentrius de certs cossos, simbolitzant-les en un determinat conjunt d'impressions; però si, accidentalment, es troba que aquest conjunt varia, com que desconeix els nous símbols amb els quals s'anuncia la presència de l'aliment, res el mou a llur prensió, perquè ignora que sota d'aquestes noves formes sensorials hi ha quelcom que pot calmar la seva fam, de la mateixa manera que era calmada anteriorment; llavors no li queda altre recurs que establir entre aquests nous olors, colors, saborositats i tactacions, amb els quals s'acusen els dits aliments en els sentits, les mateixes connexions que establí entre els anteriors i arribar d'aquesta manera a saber que allò que satisfà les seves necessitats tròfiques sota la forma d'aquestes noves impressions, és allò mateix que les satisfeia abans, presentant-se als seus sentits d'altra manera. Així es forma i així es reforma l'apetit, prenent aquesta paraula, que Pavlov ha importat als dominis de la ciència, en la seva accepció vulgar. Hi ha en l'apetit quelcom d'estable i permanent i quelcom de contingent i mudable. Forçosament la cosa que s'ingereix ha de contenir, mal no sigui sinó virtualment, allò que l'organisme reclama; però els signes amb els quals s'acusa davant dels sentits poden variar de manera infinita, i de fet varien amb l'edat, els pobles, les latituds, les èpoques, quedant com a permanent a través de tantes mudances allò que satura la necessitat tròfica.

Amb l'organització de l'apetit l'impuls que mou a la prensió dels aliments deixa de ser cec, transformant-se en el desig o l'apetència de la cosa que el subjecte té simbòlicament representada per la imatge sensorial. Hem dit que la set, tal com és acusada en la consciència per la sensibilitat tròfica, malgrat ésser una sensació específica, resta indefinida i vaga fins i tant que al subjecte li és possible lligar-la amb la imatge de l'aigua. L'infant criat amb una llet escassa en caseïna, acusa el sentiment de la manca del dit producte; però tan sols acusarà aquesta substància com a present, quan pugui representar-se-la per un gust *sui generis,* per un color o per qualsevol altre signe sensorial. L'apetit, tal com brolla de la sensibilitat tròfica, es dirigeix a la cosa, a la substància, a allò que reclama l'organisme, independentment de la seva forma representativa, la qual no és sinó el signe que serveix al subjecte per a conèixer la seva presència; en aquest sentit diem que la dita sensació és específica, per quant tan sols allò que es presenta amb la forma de l'aigua té la virtut d'aplacar la set. En el desig de l'aigua, o sigui en la set, hi batega el sentiment diferenciat d'alguna cosa que no pot identificar-se amb el de la matèria proteica, el de la sal o el de la grassa, i aquesta sensació, que s'acusa com la consciència d'alguna cosa que manca en l'organisme, constitueix per si una fam cel·lular associada a una representació externa. Allò que anomenem, doncs, *apetit,* no és una fam distinta de la cel·lular: *és la mateixa fam cel·lular representativa de les coses alimentícies.*

En aquest període del procés concebem clarament que, encara que inicialment els centres psico-tròfics sols es desperten per l'acció cel·lular, els records que s'hi han integrat gràcies a la repetició d'excitacions idèntiques, poden ser també evocats per les representacions de coses alimentoses, invertint-se els termes del procés. Ningú ignora que la vista d'una vianda, la impressió sobtada d'una certa olor, poden despertar, amb els records tròfics de llurs efectes, les ganes de la dita olor o de la dita vianda. Indubtablement, en aquestes condicions, la gana no respon a una excitació orgànica sinó a un estímul extern; però aquesta inversió sols pot realitzar-se en tant que, per experiències anteriors, s'hagin preorganitzat els processos dels quals resulta l'apetit. Si a la vista d'un menjar o sota la impressió de la seva flaire sentim despertar-se l'impuls que ens mou a la seva prensió, és perquè a l'avança ens són conegudes les seves virtuts nutritives, car és clar que si el dit menjar no l'haguéssim tastat mai o la dita olor no fos el signe d'alguna cosa la significació de la qual ens és coneguda, restaríem sense venir-nos-en ganes. Així passa en els estats anorèxics, en els quals no és fàcil revifar els records tròfics; la vista de certes viandes o la presència de certes impressions de gust o de flaire que abans despertaven intensament les ganes de menjar, han perdut ara la llur virtut excitatriu; i si ens entossudim en voler que produeixin el mateix efecte, que abans tan naturalment produïen, en lloc de l'apetit provoquem l'aversió per aquells aliments. Tot això ens ensenya que les vies naturals d'excitació del sensori psico-tròfic són les cel·lulars; quan, per condicions patològiques, s'inhibeix l'activitat funcional d'aquests centres, els conjunts sensorials que abans eren representatius dels aliments deixen d'ésser-ho, perquè no són evocats els llurs efectes nutritius per la sensibilitat tròfica, la qual roman com sorda a llur presència.

El procés de l'experiència tròfica no acaba amb el reconeixement dels signes sensorials que revelen la presència d'allò que nodreix. Un gran nombre de cossos del món exterior posseeixen virtuts nutritives de les quals l'animal no podria aprofitar-se'n, si no fos capaç de mastegar-los i insalivar-los degudament per a poder engolir-los, reduint-los després a matèria soluble amb la digestió. D'aquí en ve la necessitat imperiosa de precoordinar els moviments dels quals resulta el mastegament, d'adaptar les secrecions salivals a les necessitats de l'engoliment, i de regular la quantitat i la qualitat del suc gàstric segons les racions alimentícies que les necessitats de l'organisme prefixen en el sensori psico-tròfic. La cosa que adapta les contraccions musculars de les quals resulta el mastegament al fi que es persegueix, és un estímul vingut de molt lluny, que, a l'evocar en la consciència la necessitat d'engolir, obliga a reobrar damunt de l'aliment de tal manera que la seva ingestió sigui possible; aquesta acció, adaptada a una finalitat, obra de la mateixa manera damunt de les glàndules salivals i les de la secreció gàstrica, tancant-se amb això el cicle de l'experiència tròfica.

Els reflexos condicionals

Pavlov ha demostrat d'una manera profunda i admirable, que la secreció de les glàndules salivals no està regulada per un reflexisme perifèric autònom, com ho és el de la secreció pancreàtica, per exemple, sinó que està sotmesa a una acció psíquica molt semblant o, si altre no, comparable a la que determina els moviments que, per a encaminar-se a l'assoliment d'una finalitat, anomenem voluntaris. A l'observar la quantitat de saliva excretada per les submaxil·lars o per les paròtides o per unes i altres a la vegada, valent-nos de l'artifici experimental ideat per Glinski, comprovem que la carn crua o cuita oferta a l'animal gairebé no excita la secreció; però si la carn és seca i ha estat feta pols, el fluir secretori resulta abundantíssim. Igual passa amb el pa tou i humit, i el pa sec i dur; mentres el primer amb prou feines provoca salivera, el segon la fa abundosa. Per aquestes i altres experiències del mateix estil advertim que la secreció s'adapta a l'estat físic del cos, a fi de facilitar que pugui ésser engolit. Aquesta finalitat o aquesta intenció no ens sembla voluntària o intel·lectiva, per tant que no ens sentim capaços d'evocar-la en la consciència, ja que resulta de processos preestablerts. Si reflexionem que els cossos secs introduïts en la boca no exciten la secreció salival sinó quan un mòbil o un interès intern indueix el subjecte a engolir-los, ens inclinarem a creure que és precisament el desig d'engolir-los la cosa que actua damunt del centre innervador d'aquestes secrecions, ja que quan hi manca aquest desig, els conductes excretors romanen secs, encara que persisteixi la mateixa impressió tàctil. Així observem que el pa sec produeix al gos afamat una abundant salivera, mentres aquest mateix pa no produeix semblant efecte al gos tip. Aquesta observació ens indica que la impressió tàctil es converteix en causa o condició de la secreció, en tant que anuncia l'existència d'un obstacle que dificulta el pas de l'aliment vers la cambra posterior de la boca i l'esòfag; tan sols aleshores s'exercirà damunt del centre d'innervació secretòria l'acció amb la qual es podrà vèncer aquest obstacle, reblanint de la manera deguda l'aliment dur. Es tracta, doncs, d'una veritable coneixença per la qual l'animal es dóna compte de no haver-n'hi prou en aquest cas de mastegar, com quan mastega carn o pa remullat, sinó que és necessari de més a més reblanir el cos que vol engolir, posant en joc el centre innervador de la secreció i reclamant el seu concurs.

No és natural que els fenòmens se succeeixin d'aquesta manera, sense raó ni motiu que justifiqui aquesta successió. Hi ha aquí un encadenament lògic; i així com consideraríem absurd que al ser ferida la tecla d'un piano ens donés el do de l'escala inferior i altra tecla més enllà ens donés igual nota de l'escala immediata sense respondre aquests fenòmens a un mecanisme que els predetermina, així hem de considerar també que aquesta acció central exercida damunt de les secrecions salivals respon a un mecanisme fisiològic, que unes vegades entra en joc i altres no. Si examinem, doncs, com es posa en marxa aquest mecanisme, advertirem de seguida que la impressió tàctil que correspon a un aliment sec i avisa que no podrà ser engolit, sembla ser la condició del reflex secretori, com si del centre on ha estat rebuda partís l'excitació que ha d'actuar damunt del centre innervador de les glàndules per una via col·lateral; aquesta via ha estat oberta per l'experiència, o sigui per la repetició dels mateixos actes. Milers de vegades s'ha observat que quan els aliments són secs, no n'hi havia prou del mastegament i la coordinació de contraccions musculars que inicien l'acte d'engolir per a la formació de la bola alimentícia, ja que amb aquestes operacions no s'aconsegueix sinó empastar els aliments a la boca; i com que el desig apassionat de la ingestió obligava a persistir implacablement en aquestes operacions, es provocaven impressions tèrmiques, tàctils i de gust, per l'intermedi de les quals se sabia que l'aliment estava en la boca i no podia passar-ne. ¿Què més natural, doncs, que dels centres sensorials atiats per l'excitació d'aquestes impressions se'n desprenguin les incitacions que han de commoure el centre secretori?

Una vegada obertes aquestes vies de comunicació, la seguida repetició d'uns mateixos actes farà tot el demés. A mida que, per la intensitat del contacte, s'avalua el grau de sequedat de l'aliment, es formularà intensivament l'excitació que ha de determinar el reflex central, regulant-se amb això la quantitat de saliva necessària per a la formació de la bola alimentícia; si es tracta, per exemple, de pa de vuit dies, la impressió acusada pels corpúsculs tàctils no és certament la mateixa que la que determina el pa tendre, i d'aquí ve que aquesta impressió perifèrica, causa de la reacció sensorial, autoreguli la intensitat de l'excitació que ha de despertar l'activitat secretòria. Quan, més tard, la repetició d'aquests actes hagi forjat estat remembratiu en els centres tàctils, n'hi haurà prou que s'evoqui llur record en la consciència perquè la boca s'ompli de saliva, encara que l'aliment sec no impressioni els corpúsculs tàctils; però si aquest record no és evocat en la mateixa forma que va forjar-se, si no va acompanyat alhora pel desig de la ingestió, si l'apetit no desperta la memòria viva dels moviments de mastegar, el record d'aquest contacte quedarà reclòs en el centre on fou rebuda la impressió, sense que transcendeixi damunt del centre secretori, per la bona raó d'ésser tan sols aquesta impressió un dels elements del procés complex que té per resultat la salivació psíquica, i és necessari el concurs de tots els elements que el constitueixen, perquè la dita salivació es produeixi.

La solidaritat que, segons acabem de mostrar descriptivament, s'estableix entre la impressió tàctil i la secreció salival, s'estableix de la mateixa manera respecte de totes les demés impressions externes que, per ser representatives de l'aliment, acusen la presència d'allò que es desitja engolir; com que l'experiència ensenya repetides vegades que aquest desig no pot satisfer-se per certes dificultats mecàniques i que aquestes dificultats és possible vèncer-les amb una oportuna insalivació, resulta d'aquí l'adaptació consecutiva de la secreció a les condicions físiques del cos que ha d'engolir-se. Així s'incorporen en els processos remembratius un nombre infinit de records, per l'intermedi dels quals queden establertes vies de comunicació col·laterals entre els centres de la sensibilitat externa i el centre innervador de les glàndules salivals. Gràcies a aquesta elaboració prèvia d'experiències, quan l'animal reconeix l'aliment pels seus signes representatius *se li omple la boca de salivera,* com diem a Catalunya, per saber de memòria que amb aquesta salivera podrà engolir allò que sense ella li fóra impossible en gran nombre de casos.

Pavlov ha anomenat aquests reflexos secretoris *reflexos condicionals,* per quant l'excitació és transmesa de la via centrípeta a la via centrífuga *per obra d'un cert treball o elaboració central.* Des del punt de vista fisiològic, aquests reflexos tenen quelcom d'anomalia, ja que en els reflexos ordinaris sempre observem que l'acció centrífuga respon a l'acció centrípeta, mentres que aquí comprovem que hi respon o deixa de respondre-hi segons que desperti o no un procés fixat anteriorment, o sigui un record. Un diria que és precisament aquest record la cosa que fixa la via que ha de recórrer l'excitació centrípeta, ja que de no haver-se elaborat prèviament aquest record o d'haver-se esborrat per l'acció del temps, a aquesta excitació li manca la via que ha de conduir-la fins al centre d'innervació. Pavlov i els seus deixebles han demostrat experimentalment l'existència dels *reflexos condicionals* d'una manera brillant i definitiva. És prou, en els gossos, que una impressió externa, sigui la que sigui, coincideixi amb l'aparició del menjar un cert nombre de vegades, que sol variar entre 10 i 100, de manera que estableixi una experiència tròfica tal com hem descrit anteriorment, perquè es determini una connexió interneuronal entre el centre sensorial i el d'innervació de les glàndules secretòries de la saliva i aquella impressió actuï damunt d'aquestes. El so d'una campana, un xiulet, l'olor de la càmfora, una impressió tèrmica, un color vermell, etc., que anunciïn al gos la vinguda del menjar, gràcies a un treball central previ pel qual ha pres aquestes impressions com a signe de l'aliment, provoquen automàticament la seva salivera. La memòria d'aquests signes és molt durable, ja que, quan deixen de repetir-se, es conserva per espai de dos a nou mesos. Observa Boldireff que, acostumant l'animal a rascar-li una determinada regió de la pell al donar-li menjar, també pren aquesta impressió com a signe de l'aliment, i n'hi ha prou de repetir-la perquè li vingui el fluir de la saliva; però si en lloc de rascar-li la mateixa regió li'n rasquen una altra, la salivació no es presenta. Aquesta localització, tan manifesta i diferenciada en les impressions tàctils, no es comprova d'igual manera amb les impressions tèrmiques; aquestes són preses per signe representatiu de l'aliment per llur valor qualitatiu, amb independència del lloc d'on procedeixen. Respecte de les impressions acústiques, s'observa que un mateix so, un quart més alt o un quart més baix, queda en els gossos sense efecte, com si l'un fos un signe diferenciat o conegut i no ho fos l'altre. Sense esforç podem comprendre que això pot estar subordinat al grau d'intel·ligència de l'animal, car inductivament poden prendre's per signes homòlegs els sons que sols estan separats per una lleugera variant d'altura. Així Krasnogorski ha demostrat enginyosament que les glàndules salivals dels nens majors de sis anys reaccionen amb tots els tons de la gamma.

En resum: el procés del qual resulta la insalivació psíquica, és obra de l'experiència. De la mateixa manera que hi ha una època remota de la vida en la qual el subjecte sent la fam cel·lular i no sap amb què ha d'aplacar-la, perquè desconeix els cossos que posseeixen aquesta virtut, fins que, per l'intermedi d'impressions sensorials fixes i diferenciades, arriba a conèixer-los, hi ha també una època en la qual la deglució i fins la mateixa acció de

mastegar estan cohibides o dificultades per certes condicions físiques de l'aliment. El desig de la seva ingestió subsisteix per una imposició brutal de l'organisme, i com que la persistència de l'aliment en la boca s'acusa per les sensacions tèrmiques, tàctils, sàpides i olfactòries que provoca, no és cap meravella que aquests signes de la cosa que no pot engolir-se actuïn a distància i per vies col·laterals damunt del centre d'innervació glangular. Queda llavors plantejat un problema que tan sols el tempteig o l'aprenentatge empíric pot resoldre: quin *quantum* d'innervació correspon al *quantum* d'excitació centrípeta per a reblanir el cos i facilitar la seva deglució? Únicament amb successives provatures s'arribarà a l'adaptació, i així resultarà que un cop s'hagin forjat una massa enormíssima de records en la memòria, al despertar-los la presència dels signes representatius de l'aliment que ve de gana, les glàndules salivals excretaran els seus sucs d'una manera admirable, com si naturalment fos sabut que aquesta salivació és necessària per a l'acte d'engolir, quan la veritat és que al venir al món res en sabíem. Semblants coneixements, com tots els altres, s'adquireixen amb l'acció d'un treball inductiu. *Induir és descobrir la relació que pot establir-se entre dos fenòmens isolats.* Entre els centres receptors de les impressions externes i el nucli o nuclis receptors de les excitacions perifèriques despreses de les masses glandulars, no existia cap relació nadiuament preestablerta; s'establí després, amb l'experiència o la repetició dels actes, i així és com, genèticament, es crearen aquests reflexos condicionals, que ensenyen l'animal a utilitzar la saliva per a poder engolir allò que desitja. Les necessitats tròfiques són les que imposen aquest aprenentatge d'una manera indefugible. En el fons aquest aprenentatge és de la mateixa naturalesa que el procés en virtut del qual preformulem intel·lectivament la quantitat d'esforç que hem de desenrotllar per a aixecar un pes conegut o saltar un obstacle. De la mateixa manera que aquesta avaluació motriu no és nadiua o espontània, sinó filla de provatures, per tant que com més ens exercitem en aixecar pesos o saltar, més bé sabrem regular la quantitat d'energia muscular que hem de desenrotllar per a adaptar-la al pes o a la distància, així també resulta d'anteriors provatures aquest acte pel qual, davant la impressió tàctil produïda per un crostó de
 pa de vuit dies, s'excreta una quantitat de saliva molt di-

ferent de la que s'excreta per impressió tàctil d'un crostó que tan sols tingui dos dies. Introspectivament no ens és possible avaluar un per un, en l'escenari de la consciència, els records d'aquestes innombrables experiències, com fins a cert punt podem fer-ho respecte de l'esforç, per ser aquesta intel·ligència més obscura de com es mostra en estadis més superiors; però això no demostra que els procediments que aplica en aquestes esferes més elevades deixin d'ésser els mateixos que aplica en aquells estadis inferiors.

Qui diu que els animals coneixen per instint allò que pot perjudicar-los o ser-los de profit, parla per parlar; la gènesi d'aquests coneixements és inductiva, encara que sigui molt difícil l'exposició dels antecedents lògics dels quals procedeixen. Els aliments, de l'eficàcia dels quals estem segurs, són mastegats i ensalivats amb pler imponderable; però si, de sobte, un contacte inesperat, un gust anormal, una olor coneguda, desperten el record d'una ingesta que resultà nociva per a l'organisme, sigui exacte o inexacte el judici, el subjecte, sense necessitat de reflexionar-hi, se sent impulsat a llençar de la boca la bola alimentícia, netejant-se aquella com més de pressa pot amb una abundosa salivera. Aquest coneixement inferior, que resulta de l'experiència tròfica, igualment actua damunt dels centres d'innervació, excretant saliva per a facilitar l'engoliment de la bola alimentícia, que per a expel·lir-la quan hi ha dubte respecte de les seves virtuts; si el record de la seva possible nocivitat persisteix, el subjecte continua salivant i escopint amb una insistència que indica fins a quin punt es revifà en la consciència la memòria de quelcom que resultà nociu. Agudament observa Pavlov que el sentiment de repugnància produït en moltes persones per l'aspecte de la saliva, potser no vingui d'altra cosa que l'esmentada.

Coneguts són els efectes que determina en la glàndula submaxil·lar la presència d'un líquid molt àcid o d'una solució càustica. Sembla que el subjecte tingui plena coneixença que li cal neutralitzar de pressa el primer i diluir la segona per a prevenir llurs efectes. És clar que és una excitació la que avisa al *sensorium* de la necessitat imperiosa d'obrar d'aquesta manera; però, si pel concurs d'innombrables experiències no hagués averiguat que *aquest fi s'aconsegueix amb aquest medi,* l'esmentada adaptació, de naturalesa intel·lectiva, no es realitzaria. Dipositi's en la llengua d'un gos, en període d'alletament encara, una solució àcida, i compari's la salivació que determina amb la d'un gos fet, sotmès al mateix tractament, i comprovarem que el primer és un inadaptat, mentres que el segon reacciona com si sabés el que ha de fer per a defensar-se de l'acció de l'àcid.

És natural creure, encara que no hagi estat experimentalment comprovat, que tots els *reflexos condicionals* que exciten la secreció salival, per tant que evoquen la imatge de la cosa alimentosa, provocarien una excitació de defensa en el cas que evoquessin la imatge-signe de quelcom nociu. Fonamentem la nostra presumpció en ésser prou el record d'un aliment descompost o nociu, perquè la innervació central actuï damunt de les glàndules salivals defensivament. Com que en els reflexos condicionals no es fa sinó despertar el record d'una cosa que ve de gana, és lògic creure que si es despertés la imatge d'una cosa que inspiri repugnància, la secreció salival obraria com ara obra en les seves secrecions de defensa.

La dependència de les secrecions de les glàndules salivals de les experiències tròfiques que el subjecte porta establertes, és encara més manifesta en quant a la secreció gàstrica. La congestió activa de la mucosa gàstrica, la seva hiperactivitat secretòria i la seva adaptació motriu al contingut alimentici, vénen condicionades per una innervació central, despertada ella mateixa per la suma d'experiències que formen allò que en diem *apetit*. Les parets internes de l'estómac romanen seques quan es pateix fam; s'humitegen únicament quan els sentits externs denuncien la presència de les coses alimentoses. En l'experiment del menjar fictici, tan fecund per a la ciència, únicament les imatges externes que per experiències anteriors s'ha arribat a saber que són representatives de la cosa alimentosa, provoquen la secreció; les altres resten sense cap efecte. Aquesta secreció és proporcional a l'energia de l'apetit tròfic, de manera que un mateix aliment determina major o mejor quantitat de suc digestiu segons és més o menys desitjat.

"Si sotmetem l'animal —diu Pavlov— a un dejuni de dos o tres dies, al donar-li un aliment qualsevulga, en l'experiment del menjar fictici (carn crua, pa, clara d'ou, etc.), obtenim sempre una abundosa secreció de suc gàstric. Però si el gos no ha estat sotmès prèviament a aquest dejuni i rep el seu menjar fictici al cap de quinze a vint hores de l'última menjada, es porta com si conegués perfectament els aliments que engoleix; la seva avidítat pels uns és major que pels altres i n'hi ha que el deixen indiferent; les qualitats i la quantitat del suc gàstric segregat estan en harmonia amb aquests estats. Com més gran és l'afany amb què menja l'animal, més abundós és el suc i més ric en potència digestiva. La majoria de gossos s'estimen més la carn que el pa, i per això observem que, quan se'ls dóna pa, el suc, sota la influència d'aquest aliment, és menys abundós i d'un poder digestiu més dèbil que quan se'ls dóna carn. Hi ha casos, però, que als gossos els agrada més el pa que la carn, i aleshores comprovem que la potència digestiva i la quantitat del suc gàstric obtingut sota la influència del pa, en l'àpat fictici, són més elevades que amb la de la carn. Doneu al vostre gos carn cuita, distribuint-li els trossos en intervals de temps determinats; i si observeu que no els agafa amb deler, al cap de quinze o vint minuts advertireu que ja no pren els que li aneu oferint. Paral·lelament observareu que la secreció gàstrica no es presenta tot d'un plegat, sinó que reapareix amb intervals que s'espaien més i més, fins a ser molt escassa. Esperant que s'hagi estroncat del tot, o bé al matí vinent, doneu al mateix gos trossos de carn crua d'igual pes i a intervals regulars, procedint de la mateixa manera que amb la carn cuita. Com que la carn crua és més del gust de l'animal i en menja fictíciament durant hores enteres, la secreció gàstrica comença al cap de cinc minuts i continua fluint molt abundosament. En altre gos que s'estimi més la carn bullida que la crua, succeeix tot diferentment. El brou, la sopa, la llet, aliments pels quals els gossos es mostren més indiferents que pels sòlids que se'ls donen en la menjada fictícia, no provoquen la més petita secreció, i, si aquesta apareix, és en molt petita quantitat, mal que el brou, per exemple, els doni les qualitats saboroses de la carn."

De les transcrites observacions del gran fisiòleg rus se'n desprèn clarament que l'avidítat o la fam que l'animal mostra pels aliments que li presenten, no depèn del valor nutritiu que en si tinguin, sinó del valor que se'ls concedeixi per experiències anteriors. Per aquesta raó dèiem que, per bo que sigui en si mateix un aliment, per al subjecte que no n'ha fet la prova és igual que un cos inert. Aquesta veritat empírica adquireix la força d'un fet experimental, examinada a la llum que donen les descobertes de Pavlov. La carn crua o la carn cuita, el coeficient nutritiu de les quals és sensiblement el mateix, determinen una quantitat de suc psíquic gran o petita, segons sigui o no conegut el dit coeficient. Si aquest coneixement manca, cap acció és exercida damunt el centre d'innervació secretòria de l'estómac; si és obscur, la dita acció és dèbil; en canvi, quan s'ha fet la prova de l'aliment repetides vegades i es guarda memòria viva dels seus efectes, al despertar-la l'excitació cel·lular i ajuntar-se al conjunt d'impressions amb les quals es reconeix la presència del cos productor d'aquells efectes, desvetlla un apetit vehement i aquest provoca una quantitat de suc gàstric que li és adequada i d'una potència digestiva també major. Igual pot dir-se del pa, dels ous, etc.; constantment comprovem que el suc psíquic s'adapta quantitativament i qualitativament, no a la naturalesa de l'aliment ingerit, sinó a allò que es coneix d'aquesta naturalesa per experiències anteriors. Aquest coneixement ve acusat, per una banda, per la sensibilitat tròfica i, de l'altra, per la impressió sensorial que revela la presència de la cosa que determinarà aquella, sigui aquesta cosa un so, una llum, un contacte o un conjunt d'imatges diferenciades que corresponen a aquell efecte i no a un altre. Cas que en aquest conjunt hi sobrevingui una variació, el subjecte vacil·la; i mentres per l'aspecte visual o tàctil, per exemple, tendeix a creure que no es troba en presència de la cosa que determina l'efecte tròfic conegut, per l'olor, tendeix a creure tot el contrari. Aquesta és la situació del gos davant del brou. Pel gust i per l'olor reconeix les propietats tròfiques de la carn; però és tan distinta la impressió tàctil, tèrmica i visual, que en aquest estat dubitatiu no sap quin determini prendre. Si, seduït per l'olor o pel gust, es decideix a tastar-lo, es predisposa a repetir la prova altres vegades, i així arribarà un moment que desitjarà el brou amb el mateix deler que desitjava la carn.

En aquestes adaptacions el gos procedeix com si sabés quina quantitat de suc psíquic ha de buidar damunt dels aliments per a emprendre l'estómac el seu treball digestiu en bones condicions, de la mateixa manera que en la insalivació procedia com si conegués la quantitat de saliva necessària per a reblanir certs cossos i afavorir llur engoliment. Si desitja la ingestió de 100 grams de carn, sota la influencia d'una acció psíquica, l'estómac buidarà en la seva cavitat una quantitat de suc digestiu molt superior a la que hi farà rajar quan sols desitgi una ingestió de 50 grams, sense que sigui necessari que aquestes dues quantitats hagin ingressat en l'estómac; n'hi ha prou de pensar-ho. ¿Com sap l'animal que 100 grams de carn són més que 50 i que per això la impulsió inicial que cal imprimir a la víscera ha de ser més grossa per a la digestió de la primera quantitat que per a la de la segona? Indubtablement la condició causal o determinant d'aquest fenomen secretori no és perifèrica; i veient com veiem que amb tots els aliments que li són coneguts procedeix amb aquesta sabiduria, i no hi procedeix amb aquells que desconeix o que ha provat imperfectament, és clar que aquesta acció central no és nadiua, sinó filla de l'experiència o de l'aprenentatge. ¿En virtut, doncs, de quines experiències s'adapta el suc psíquic als aliments coneguts i no s'adapta als que no han estat provats?

Hi ha molt de meravellós en l'adaptació psíquica de la secreció salival a les condicions físiques del cos que ha d'engolir-se, mentres desconeixem l'interès que el subjecte té en efectuar el dit engoliment, interès nascut de la coneixença; sorprèn també que el suc psíquic s'adapti a l'apetit mentres no descobrim l'enllaç que pot existir entre el centre de la secreció gàstrica i les ganes de menjar, però és prou posar de manifest aquest enllaç mecànic perquè el cas deixi d'admirar-nos. El fenomen meravellós passa a ser un fenomen natural, quan advertim el mecanisme del qual és efecte. Anem a veure, doncs, quin pot ser el mecanisme d'aquesta adaptació.

Amb una riquesa d'experiments que convencen al més entercat, Pavlov ha demostrat que les terminacions perifèriques dels nervis de la mucosa gàstrica reaccionen tan sols amb els estímuls propis o específics del medi on s'implanten, quedant insensibles a tota excitació mecànica o física. La hipòtesi de la *indiferència funcional dels nervis de la sensibilitat orgànica* és insostenible. Independentment de tota acció central, quan se sotmet l'estómac a l'acció de certs estímuls, es comprova que reacciona davant dels mateixos d'una manera més o menys activa, segons ells siguin, i en canvi roman indiferent a l'acció d'altres. Així veiem que l'aigua, els principis extractius de la carn, la peptona, etc., exciten la sensibilitat secretòria, com la pressió excita els corpuscles de Meisner o les ones sonores el nervi acústic, mentres que el midó, la majoria de compostos minerals, la deixen tan insensible com les excitacions físiques. Suposades aquestes condicions de la sensibilitat gàstrica (prou conegudes perquè hi haguem d'insistir), és clar que, aixís com les masses parotídies, submaxil·lars o sublinguals, per la naturalesa especial del medi, exciten també d'una manera especial les terminacions nervioses que en elles s'implanten i creen en el sensori un centre que reacciona davant d'aquests estímuls específics, probablement relligat amb altres centres subalterns, així també la sensibilitat gàstrica crea centres receptors d'aquestes excitacions específiques, davant de les quals exclusivament reacciona (essent-nos desconeguda la topografia d'aquests centres), i un nucli de recepció central, on s'acusen sensorialment. Quan diem, doncs, que l'apetit determina damunt de l'estómac un reflex secretori, en realitat no és que creï en el *sensorium* una funció nova, sinó que actua damunt d'una funció ja creada pels estímuls perifèrics als quals deu el seu origen.

La secreció gàstrica, isolada de tota influència estranya, tendeix a adaptar-se qualitativament i quantitativament a la naturalesa del contingut alimentici, ja que són les excitacions externes (i usem la paraula externes en el mateix sentit que Pavlov) les que adapten l'acció centrífuga a l'acció centrípeta. De la mateixa manera, doncs, que l'estómac digereix la carn que ha estat introduïda en la seva cavitat per una fístula, per contenir aquesta carn els estímuls naturals que determinen la secreció, aixís el mamífer durant les primeres mamades, quan ingereix per la prensió cega, o l'aucellet que introdueix en el seu interior les gramínies o els bocins de carn que la mare li deixa en la boca, posen l'estómac en les mateixes condicions que acabem d'indicar, ja que aquests animals no coneixen encara els signes per l'intermedi dels quals la fam es fa representativa. Com ho veurem més endavant, encara que l'animal desconegui la forma sensorial amb la qual pot representar-se la cosa ingerida, és una veritat de fet irrecusable que *l'estómac acusa la presència d'aquella cosa en la consciència*. Ben aviat també (com s'ha explicat al descriure la primera fase de l'experiència tròfica) les impressions externes són avaluades com a signes d'aquella cosa mateixa que acusa la sensibilitat gàstrica, ja que, una vegada són conegudes del subjecte, li anticipen la presència de la dita cosa en un moment anterior del que l'acusa aquella; i així és com per l'intermedi d'un conjunt d'impressions sensorials representatives d'aquella cosa absent que aplaca la fam, s'arriba a tenir esment de trobar-se present abans que aquesta presència sigui acusada per l'estómac. Suposats aquest enllaç i aquesta successió dels fenòmens, sembla que tot es relliga i coopera per a arribar a una conclusió: la de que l'estómac acusi com a present allò que la sensibilitat tròfica acusa encara com a absent. Mentres manquen les imatges signes de l'aliment, manca l'element intermedi que encadena el desig tròfic amb la seva satisfacció; també en aquest cas la fam pot aplacar-se, però el subjecte ignora què l'ha aplacada i com s'aconsegueix aquest efecte. Introduïm en l'estómac d'un gos, per una fístula, 200 grams de carn trinxada, després d'una abstinència de dos o tres dies, i l'animal, després de l'operació, es troba que la fam que el turmentava ha desaparegut com per art miraculós; no es dóna compte del que li ha passat, per mancar en la seva consciència el terme intermedi que relliga un i altre fenomen. En canvi, si anticipadament l'animal ha reconegut la presència de la carn per la seva olor, pel seu gust, per la seva tova tactació, pels moviments voluntaris amb els quals l'ha mastegada i engolida, llavors es dóna compte lògicament que la cosa que impressionava de tal manera els seus sentits, és allò que l'estómac li acusa en la consciència com a present. De la mateixa manera, doncs, que s'ensaliva l'aliment dur, amb la intenció manifesta de poder-lo engolir, així també són evocades i relligades amb la necessitat tròfica les imatges-signes, *amb la intenció lògica* de que produeixi en l'estómac el seu efecte allò que per l'intermedi d'aquelles imatges es representa el subjecte, com si en fossin l'anunci.

Ara bé: la cosa que fixa la durada o la persistència de les imatges-signes és l'apetència tròfica, la fam cel·lular. La ració d'ingesta, hem dit en el lloc corresponent, es mesura per la ració alimentícia que proporciona al medi intern; sigui quin sigui el valor nodrimentiu que químicament tingui, la part d'aquest valor que coneix el sensori psico-tròfic és la part aprofitada al regenerar el medi intern i donar a l'element cel·lular els elements de recomposició que necessita. D'aquí resulta que el gos que ha experimentat els bons efectes de la carn repetides vegades, en guarda la memòria, i quan l'excitació cel·lular desperta aquest record, ho fa amb una determinada intensitat, que es regula per la quantia de les deficiències en el medi intern de tots els productes que ha reposat altres vegades la seva ració alimentícia; i així és com es preformula en l'enteniment tròfic un *quantum* d'apetit per a la carn, una mida, una tassa; en canvi no succeeix igual respecte del pa, si n'ha tastat solament poques vegades; en aquest cas els records són boirosos, insegurs, i el subjecte ignora quina ració d'ingesta ha d'assenyalar-se perquè saturi les deficiències del medi intern.

Prefixada per l'apetència tròfica la ració d'ingesta, la seva presència exterior la revelen les imatges-signes per les quals la coneixem i la seva presència interior les sensacions gàstriques que l'acusen en la consciència. El gust, l'olor, el contacte, la impressió tèrmica amb els quals es coneix la carn, si es tracta d'aquest aliment, persistiran tant temps com se'n necessiti per a incorporar-ne amb la prensió la quantitat preformulada pels centres psico-tròfics, i, fins que aquesta quantitat hagi estat ingerida, no extingirà l'apetit que mou a la seva ingestió, mentres l'estómac la va rebent i va acusant en la consciència la seva presència. D'aquestes imatges creades per l'excitació externa en els sentits, la persistència de les quals s'amida per l'apetència o el desig de la cosa que amb elles ens representem, brollen incitacions que actuen damunt del centre psíquic d'innervació gàstrica. De la mateixa manera que en els reflexos condicionals de la secreció salival hem vist que el record persistent obria la via col·lateral per on havia de passar l'excitació que actua damunt del centre corresponent, així també els centres sensorials externs es converteixen en fogars d'excitació del centre innervador de la secreció gàstrica. Com més vehement i més durable és l'impuls que mou a la ingestió de la carn, responent al sentiment de la ració alimentícia que ha estat preformulada per l'excitació cel·lular, més vives i persistents seran aquestes imatges-signes amb les quals es revela la ració d'ingesta i més intenses les excitacions que actuen damunt del centre secretori. Al contrari: si aquesta ració d'ingesta, per referir-se al pa, que ha estat tastat poques vegades, ha quedat vagament fixada, l'impuls que mou a fixar les imatges-signes és dèbil i incert, i per aquesta raó l'animal ara el pren, ara el deixa, ple de dubtes i vacil·lacions, i el suc psíquic secretat s'adapta a la curva d'aquestes incerteses. Aquest mateix animal, però, s'habitua a menjar pa; la repetició dels actes forja estat commemoratiu en els seus centres psico-tròfics, i a mida que es defineix la consciència del seu valor nutritiu, brolla amb ell la noció de la quantitat que ha d'ingerir-se'n perquè doni la ració alimentícia que es té experimentada tantes voltes, i llavors el suc psíquic que per la seva simple visió se secreta en la cavitat gàstrica és qualitativament més potent i quantitativament més abundós. Del cas extrem en el qual el pa sigui un aliment desconegut per complet, no provocant el seu apetit altre suc que el que pot provocar una pedra, fins al cas oposat en el qual desperta el major apetit, hi va una gamma infinita d'adaptacions a les qualitats nutritives del pa que són conegudes per la sensibilitat tròfica.

El mecanisme, doncs, que autoregula la quantitat i la qualitat de suc psíquic pervé del coneixement previ que es té del valor nutritiu de la ració d'ingesta.

Arribem amb això a la qüestió més alta de l'experiència tròfica, al seu objectiu final, a la conclusió lògica a la qual tendeix des de que s'inicia, i que no és altra que la d'extingir la fam.

L'experiència preformula en la consciència la quantitat d'aliments que han d'ingerir-se perquè puguin ser saturades les deficiències del medi intern, o sigui la ració d'ingesta que és necessària per a aconseguir-ho; l'experiència preformula també la quantitat de suc psíquic i la seva potència digestiva que calen perquè aquesta ració pugui ser degudament preparada, en benefici de la propulsió inicial que des del centre actua damunt de l'estómac. La víscera ha rebut, per exemple, cinc quilograms de farratges o 200 grams de carn, després d'haver arribat a saber prèviament, primer, que per l'intermedi de certs signes era possible conèixer aquelles i aquesta; en acabat, que per l'intermedi del mastegament i de l'ensalivament a propòsit era possible facilitar llur engoliment, i, més endavant, que per l'intermedi del suc psíquic es preparaven unes i altra perquè poguessin produir llurs respectius efectes completament, acabant el procés de llur digestió per l'intermedi d'un reflexisme exclusivament perifèric i sense la intervenció de causes psíquiques de cap classe. Llavors el subjecte es dóna per satisfet; ha aconseguit el fi que es proposava: extingir la seva fam. I aquí precisament està el gran misteri: per què s'ha extingit la fam? És una excitació cel·lular dependent de les deficiències del medi intern la que l'evoca en els centres psico-tròfics i aquesta ració d'ingesta duta a l'estómac trigarà llargues hores en poder ingressar el seu *quantum* alimentici en el medi intern, saturant les seves deficiències i parant l'acció cel·lular que n'és vinguda... I malgrat això, el fet és que la fam s'aplaca. Sembla que el subjecte descansa per obra d'un raonament que podria formular-se així: "sabut que les deficiències substancials en les quals el metabolisme nutritiu ha empobrit l'organisme són *a, b, c, d,* i que cada una d'elles té un valor de tant; sabut ademés que la ració ingerida donarà *a, b, c, d,* en la mateixa mida que manquen, segons s'ha comprovat infinites vegades per l'experiència, no sento ja la fam per tenir seguretat que l'organisme es rescabalarà del que li manca, quan utilitzi els elements introduïts en l'estómac."

En aquest raonament, arbitràriament imaginat, hi ha un gran fons de veritat; solament en un punt falla i és el següent: l'herbívor que s'assenyala cinc quilograms de farratges o el carnívor que s'assenyala 200 grams de carn, poden saber perfectament, pels resultats experimentals que s'acusen en la llur consciència, que d'aquestes racions sortirà la ració alimentícia que un i altre necessiten; la cosa que no poden saber pel que fins ara portem inquirit, és quan hauran ingerit els cinc quilograms o els 200 grams d'un i altre aliment. Què acusa aquesta mesura a la consciència? Què amida la ració d'ingesta? En altres termes: si la ració alimentícia prefixa la ració d'ingesta, en virtut de què s'amida el *quantum* d'aquesta última? Aparentment es deixa de menjar perquè no es té més fam; però, examinant bé la cosa, es descobreix que no és així, sinó tot el contrari: no es té més fam perquè hi ha alguna cosa que acusa en la consciència que ja s'ha menjat prou, fixant la mida de la ingesta.

Quina cosa és la que acusa en la consciència la ració d'ingesta?

En l'experiment de la menjada fictícia, per ser l'aliment portat a l'exterior en lloc d'ingressar en l'estómac, l'animal segueix menjant hores i hores sense que arribi a tenir consciència de la quantitat ingerida. D'altra banda, independentment de tota experiència tròfica, arriba un moment en el qual l'animal se sent satisfet; no sap com s'ha efectuat aquest canvi d'estat, com hem dit anteriorment, però el fet és que la fam ha desaparegut. En els processos que fins aquí portem descrits, l'animal aplaca la seva fam sabent com i de quina manera ho aconsegueix; per tal efecte fixa signes, aprèn de mastegar, d'ensalivar, d'engolir, de regular el suc psíquic, i amb totes aquestes operacions d'ordre intel·lectiu no es proposa altra cosa que provocar en l'estómac un estat que apareix en la consciència com a terme o conclusió lògica d'aquest procés. Cert que aquest estat de l'estómac determina l'extinció de la fam, quan els aliments ingressen en el seu interior d'una manera artificiosa, sense l'animal saber com; però, per la raó mateixa de succeir això, una vegada advertida intel·lectivament l'existència d'aquest fenomen, tot el procés de l'experiència tròfica es forja amb l'intent de provocar-lo o determinar la seva reaparició.

Fiant-se de la introspecció, els judicis de la qual solen ser arbitraris per desconèixer-se la condició fisiològica que els fonamenta, podria creure's que l'estómac acusa la mesura d'ingesta com un estat de replecció mecànica. Aquest supòsit és inadmissible: primer, perquè les substàncies inertes no calmen la fam; segon, perquè l'estómac determina la fi de la fam d'una manera adaptada a la naturalesa de l'aliment, i així veiem que mentres 100 grams de carn poden extingir-la, 100 grams d'arròs cuit o de mongetes no produeixen el mateix efecte. Sense negar que la sensació d'un cert pes pot influir en el determini d'aquest fenomen, és de creure que la seva veritable causa està en excitacions de naturalesa química. Judicant per la quantitat i la potència digestiva del suc segregat, la sensibilitat gàstrica diferencia perfectament la presència de certs principis davant dels quals es mostra molt sensible; altres n'hi ha que la deixen completament insensible; n'hi ha també que provoquen un reflex inhibitori; però una vegada en marxa la digestió, per l'acció del suc psíquic que fa el seu efecte damunt de tots ells d'una manera uniforme, gràcies a les modificacions sofertes per la seva composició química i fins pel seu estat físic, la sensibilitat gàstrica es mostra sensible a tots ells. Sobre aquest punt són molt instructius els treballs acumulats per l'escola de Pavlov. Tot ens decanta a pensar que la sensibilitat gàstrica acusa, per acció centrípeta, en aquesta consciència obscuríssima, en la qual ens és tan difícil penetrar amb l'anàlisi, la presència dels aliments d'una manera qualitativa i específica, i així és com es comprèn que una ració de carn relativament de poc pes i volum comparada amb una altra de pa, ens deixa tan o més satisfets que aquesta; el sentiment d'aquesta plenitud no és certament de naturalesa mecànica.

Ara bé; ja que la fam desapareix quan els aliments han

estat introduïts en l'estómac, igual en el cas d'haver estat portats fins a la dita cavitat d'una manera conscient o intel·lectiva que si ho han estat d'una manera inconscient; ja que a partir d'aquest moment fineix l'activitat funcional dels centres psico-tròfics, malgrat persistir l'excitació cel·lular que la desperta, fisiològicament no podem explicar-nos aquest fenomen sinó admetent la hipòtesi de que la sensibilitat gàstrica exerceix una acció reflexa inhibitòria damunt d'aquells centres. A mida que aquesta activitat posterior transcendeix damunt d'aquesta activitat anterior, establint connexions interneuronals amb els centres de la sensibilitat externa i amb els centres d'innervació de les secrecions salival i gàstrica, podem imaginar que les connexions dentrítiques que mantenen articulats els centres psico-tròfics amb els centres subalterns es desarticulen un cop l'estómac anuncia que ha aconseguit *el fi que es proposava*. En aquestes condicions l'organisme viu a despeses de si mateix; les deficiències del medi intern són reposades per intermedi de les accions reflexes electivament excitades pels centres subalterns; a mida que els elements cel·lulars s'empobreixen es fa més difícil la regeneració del medi intern, fins que arriba el moment que l'excitació cel·lular, estenent-se cada vegada a centres més superiors, es fa sentir en els psicotròfics, i llavors reapareix la fam, demanant les racions alimentícies en les quals hagin estat empobrits els elements cel·lulars al satisfer els uns les necessitats dels altres.

Avui per avui no podem explicar-nos l'encadenament de les reaccions nervioses sinó amb raonaments teleològics. Ens expliquem, per exemple, que la replecció cardíaca consecutiva a una vinguda desmesurada de sang excita el nervi depressor a fi que, exercint una acció dilatant en els vasos de les grans cavitats esplàgniques, engorgui el corrent sanguini i moderi la seva pressió. De la mateixa manera ens expliquem que l'excitació cel·lular desperti la fam i en vingui la sèrie de fenòmens que han de trasbalsar a l'estómac els materials capaços de reparar les pèrdues de l'organisme al cap de cert temps; i quan ens preguntem per virtut de quina cosa aquesta excitació cel·lular es calma abans que les racions alimentícies hagin pogut reparar les dites pèrdues, imaginem també una acció inhibitòria que moderi i apagui, un cop fixada la ració total d'ingesta, l'acció que dels centres subalterns exercia aquella excitació damunt dels centres superiors, i això tan sols perquè *la fam ja no té raó de ser, per haver aconseguit el seu fi.*

Conclusió

Com a coronament i conclusió de tot el que portem exposat en aquest capítol, observem que, per l'intermedi de l'experiència tròfica, s'organitza en les regions inferiors de la vida psíquica un enteniment que proveeix l'organisme de tot quant necessita per a les despeses del consum i les de la creixença. Els problemes que resol aquesta intel·ligència rudimentària són d'extremada importància. Suposant que a l'animal no li fos possible descobrir empíricament quines coses són les que han de proporcionar a l'organisme les substàncies consumides i en quina mesura les contenen virtualment, la nutrició no podria regular-se amb una ingesta apropiada. Que jo ho sàpiga, ningú s'ha preocupat fins ara d'inquirir com coneixem les coses alimentoses, mal que aquest coneixement sigui indispensable per al manteniment de la vida i hagi de pressuposar-se com la condició de tot altre coneixement ulterior.

Des de temps immemorial ve admetent-se que la vida intel·lectiva es desperta sota l'acció dels excitants externs; aquesta acció és la que crea en la intel·ligència, que originàriament és *sicud tabula rasa in qua nihil est scriptum,* les imatges amb les quals ens representem les coses del món exterior, donant amb elles la primera matèria elaborable de tota posterior operació intel·lectiva. Davant d'una propulsió externa, diuen, reacciona la retina i consecutivament el centre òptic, i la imatge visual es fa representativa d'una cosa que en si mateixa no és lluminosa, ja que la llum s'ha creat en el fons dels ulls com per manera d'un *fiat*; davant d'una propulsió externa rebuda en l'expansió perifèrica dels nervis sensorials, brolla en la consciència l'olor i la saborositat, la calor i el fred, la pressió i el so, i totes aquestes imatges es fan representatives de les coses exteriors, o bé per una virtut excèntrica nadiua, o bé amb el concurs de processos motrius, o bé per l'acció de formes preexistents en la intel·ligència que hi són aplicades i gràcies a les quals poden ser interpretades. Els orígens del coneixement, expliquin-se per la tesi especulativa, expliquin-se per la tesi empírica, sempre resulten del conflicte dels sentits amb la cosa externa, fins al punt que si aquest conflicte no vingués, la intel·ligència dormiria eternament a la manera d'una força latent.

Un cop adoptat aquest punt de vista, desarticulem, per dir-ho així, les funcions de la sensibilitat tròfica de les funcions de la sensibilitat externa, com si les unes no tinguessin res que veure amb les altres. El *sensorium* és partit en dos grans segments: *un anterior* que obeeix a l'acció del món exterior i crea les funcions de la vida de relació, i *altre posterior* que obeeix a l'acció del món interior o orgànic, creant les funcions de la vida vegetativa.

Trencada d'aquesta manera la unitat estructural i fisiològica del sistema nerviós, queda trencada també la unitat indivisa de la consciència, venint-se a suposar amb aquest extraordinari invent que el *subjecte que pensa* res té que veure amb el *subjecte que menja.* Mutilat així *el sensorium* i *el subjecte,* ni s'arriba a sospitar tan sols que la sensibilitat tròfica pugui proporcionar elements intel·lectius de gran vàlua; com un dogma incommovible, com un postulat que no pot discutir-se es dóna per suposat que tot quant descobreix la intel·ligència, o procedeix directament dels sentits, o la intel·ligència ho extreu de si mateixa gràcies a *formes* o *principis* que hi preexisteixen d'una manera immanent.

L'observació, lliure de prejudicis, ens mostra clarament que el *subjecte que menja és el mateix que pensa,* ja que per a subvenir a les necessitats de l'organisme necessita saber abans de tot quines són aquestes necessitats i conèixer quins són els cossos del món exterior que poden satisfer-les. La ingestió no és un acte que pugui realitzar-se com la secreció renal o la funció glucogènica; no és un acte maquinal, sinó intel·lectiu. En els seus orígens la intel·ligència arranca de les coses inferiors, de la part orgànica, d'allò que es preformula en la sensibilitat tròfica en forma de sensacions de fam. Mentres aquestes activitats són despertades per estímuls interns, les excitacions externes, actuant damunt dels sentits, evoquen imatges la causa de les quals s'ignora, ja que abans de projectar la llum al cos que l'emet és sentida en la retina com una sensació interna, i la saborositat i l'olor són sentides en la boca i en el nas abans que puguin ser atribuïdes a les causes que les provoquen. Deslligades les funcions de la sensibilitat externa de les pròpies dels centres psico-tròfics, no hi ha cap raó que pugui moure a creure que les excitacions determinades per aquestes imatges desperten amb elles un impuls que força a referir-les al món exterior. El nervi òptic, com els nervis tàctils, reaccionen igual que els filets sensibles del pneumo-gàstric; al rebre la impressió acusen un canvi d'estat, res més que un canvi d'estat. Els que suposen que els nervis de la sensibilitat externa tenen la propietat d'evocar aquest canvi d'estat en la consciència, evocant-hi ademés el sentiment de la causa que l'ha provocat, cosa que no passa amb els nervis de la sensibilitat orgànica o general, els atribueixen una propietat fisiològica absurda, car no hi ha condició material que la determini. D'aquesta suposada virtut excèntrica amb la qual haurien de nàixer les sensacions externes en la consciència, deia Voltaire que constituïa un veritable miracle. Així és en efecte; mes per a destruir aquests miracles s'ha creat l'observació experimental, i ella ens mostra que no és cert que les impressions rebudes en els centres de la sensibilitat externa brollin nadiuament excèntriques, gràcies a una força misteriosa que les objectivi. Aquesta propulsió ve de dintre, de la sensibilitat tròfica, que comença prenent-les com a signes de la cosa que nodreix; i com aquests signes no apareixen sinó quan la cosa que nodreix es fa present, li són atribuïts més tard com a la llur veritable condició causal. Entre la sensació tròfica, la sensació externa i la sensació gàstrica, s'estableix per l'experiència un tramat íntim i pregon; així la primera acusa l'absència d'alguna cosa; la segona, per l'intermedi de certs signes, delata la seva presència; i la tercera acusa amb el sentiment d'aquesta presència la realitat d'allò que per l'intermedi dels esmentats signes ens fou anticipat. La intel·ligència comença per aquí. El subjecte que menja sap amb què calmarà la seva fam, quines coses del món exterior són les que posseeixen aquesta virtut; mai hauria fet tan important descoberta, si en els seus centres sensorials no existissin impressions que no sap com i d'on brollaren, però que, a l'observar una i altra vegada que aquestes imatges no reapareixen mentres allò que aplaca la seva fam no determina en la seva boca una impressió tàctil, saborosa i tèrmica, en el seu nas una odoració, en els seus ulls una impressió de color i en les seves orelles un so, acaba creient, per obra d'un procés inductiu els termes del qual se li donen com a preestablerts, que aquestes impressions no brollen espontàniament en els seus sentits, sinó que la seva reaparició està indissolublement lligada a aquesta cosa que l'estómac acusa com a present a l'extingir-se la fam.

Doncs bé: si en lloc de reintegrar el *sensorium* en la seva unitat funcional, observant com es relliguen les seves funcions psico-tròfiques amb les de la sensibilitat externa i gàstrica, el mutilem barroerament, i suposem que els centres sensorials funcionen d'una manera autònoma des de la primeria, ens trobem llavors que les imatges són atribuïdes a coses donant-los un valor objectiu; i si ens preguntem en virtut de què, hem de respondre com Voltaire: per un miracle! Si, d'altra banda, observem que ingerim els aliments d'una manera tan adaptada a les necessitats de l'organisme, que meravella com la gallina busca la calç en l'època de la posta, o com tots els animals temptegen la millor manera de completar llurs racions d'ingesta quan els resulten deficients, al preguntarnos com pot ser que hi hagi tanta saviesa i una lògica tan profunda i admirable en aquesta manera de procedir, tampoc sortirem del pas atribuint aquestes meravelles a un altre miracle que anomenem instint. Però, un cop restablerta la unitat funcional del *sensorium,* per l'intermedi d'aquest treball difícil que l'animal emprèn a l'establir l'experiència tròfica, la més fonamental de la vida intel·lectiva, les coses es posen en clar i els misteris s'esvaeixen com les boires desfetes pel sol; ella ens posa a les mans elements de judici fins ara ignorats, que ens permeten escometre qüestions obscuríssimes des de nóus punts de vista.

V. ORIGEN DEL CONEIXEMENT DE LA REALITAT EXTERIOR

Percepció dels aliments i percepció externa

L'observació ens ensenya que en el món exterior distingim els aliments d'una manera molt distinta de com distingim els objectes individualitzats. Quan no en sentim apetit, el pa ens apareix com una cosa situada en l'espai, a la qual atribuïm, com a predicat, una certa olor o saborositat, un cert color i una certa resistència; totes aquestes imatges estan lligades entre si, com a pròpies d'aquest cos o *inherents a aquest objecte,* i en el supòsit que alguna d'elles canviï, seguim tenint-lo per tant pa com abans; així succeeix, per exemple, quan una gota d'èter o de qualsevol essència l'impregna d'una olor diferent de la que li és pròpia. No passa igual quan en tenim apetit o el distingim com a aliment. Totes i cada una de les abans citades impressions estan isoladament fixades a la fam que del pa sentim; i si ve que una sola d'aquestes imatges que evoquen la seva presència apareix d'altra manera de com fou diferenciada en l'experiència tròfica, no se'ns apareix ja com un aliment, sinó com una cosa que no sabem si ho és. És prou que el pa s'hagi impregnat d'una olor que no és la seva, perquè deixi de venir de gana; i si voluntàriament volem engolir-lo, per estar certs que és el mateix d'abans, ens repugna. Coneguérem que el pa nodria per certa olor, per certa saborositat, per cert color, per cert nombre d'impressions cada una de les quals fou diferenciada i relligada a l'efecte nutritiu que produí en l'organisme, sense preocupar-nos, en l'acte d'elaborar aquesta experiència, de si les dites imatges eren referibles a un sol cos o a diversos cossos; i quan en aquest conjunt panoràmic d'impressions n'apareix una, com l'olor, que no és la mateixa diferenciada abans, ens trobem en presència d'un cos que no sabem si és alimentós, per no haver-ne fet la provatura amb aquest nou signe.

Si se'ns serveix l'àpat quotidià amb la taula coberta d'un drap negre en lloc de les blanques estovalles de consuetud, això ens pertorba fondament. Comprenem clar que la sopa que fuma en la sopera és la mateixa sopa de sempre; però el coneixement d'aquesta identidad no ens convenç i el tenim per incongruent, per tal com l'espectacle de la taula coberta amb estovalles blanques avivava el nostre apetit pels records tròfics que despertava, mentres que ara no els desperta a conseqüència d'aparèixer-hi una impressió nova, la del color negre, que no és per a nosaltres el signe de cap qualitat alimentícia. Si volem, inspirant-nos en els consells de la raó, revifar l'apetit suspès, la primera cosa que procurarem serà prescindir d'aquesta nota pertorbadora i despertar-lo excitant, impressió per impressió, els signes per l'intermedi dels quals la sopa ens és coneguda, aspirant la seva olor, tastant-la amb pler, evocant amb força el conjunt de les impressions que ens la feren familiar. Un raonador empedreït, de la casta dels que prescindeixen dels fets quan els destorben, dirà triomfalment que la sopa és tan substanciosa damunt del drap negre com damunt de les estovalles blanques; però, argumentant pretensiosament d'aquesta manera, no advertirà que la percepció de les seves qualitats alimentícies està vinculada en un cert nombre de signes que no tenen relació amb l'objecte exterior, considerat en si mateix, sinó amb els records tròfics que el seu assaig ha gravat en el sensori, i, com ara no són despertats, aquest resta inapetent, és a dir, no percep la presència de l'aliment.

Suposant que un químic analitzés la composició d'un arròs vermell, importat d'un país llunyà, i la trobés idèntica a la del riquíssim arròs de València, quan li posessin a taula un plat del primer, no es decidiria a menjar-ne sinó fent-se violència, perquè tròficament desconeixeria les seves virtuts nutritives. Si la seva olor i el seu gust li recordessin l'arròs al qual està acostumat, s'ajudaria d'aquests records per a vèncer la seva repugnància; però si fossin altres el seu gust i la seva flaire, la seva repugnància augmentaria. Sense encertar la raó de tal cosa, furgaria en la memòria, cercant les experiències antigues que el poguessin haver instruït del seu valor nutritiu, revisant-les una per una elementalment, i, com que no les trobaria, es quedaria davant d'aquest arròs nou com el cec davant del color o el sord davant la sonoritat. Pretendre percebre la presència de l'aliment pels resultats que l'anàlisi li féu evidents, li semblaria tan absurd com pretendre que un sord hi oís exposant-li les condicions físiques del so; així com al sord li manca en la consciència l'aparició del fenomen que determina les vibracions acústiques, així li mancaria al nostre químic l'apetència del nou producte, és a dir, la percepció interior de les seves qualitats alimentícies.

Vegi's, doncs, amb aquests exemples, com és cert que els aliments no són percebuts de la mateixa manera que distingim els objectes externs. En aquest últim cas les qualitats *a, b, c, d, n,* són atribuïdes a una cosa exterior que ens representem com el *subjecte d'aquests atributs*; en el primer cas prenem aquests atributs com a signes dels efectes que la dita cosa determina en l'interior del nostre organisme. Aliment que no apeteixi no és realment percebut, per quant no esclaten en la consciència els records vius dels seus efectes. Els filòsofs de totes les escoles han distingit aquestes dues classes de relacions que s'estableixen amb les coses exteriors: unes es relacionen amb l'objecte i altres amb el subjecte. Les segones són agradables o desagradables, segons satisfacin o no les apetències orgàniques; són sempre interessades, com deia Kant. En canvi les primeres, com que llur valor representatiu no va fixat al record dels efectes orgànics que hagin produït, sinó als efectes que determinen en els sentits externs, constitueixen el veritable element del *judici estètic,* que és sempre desinteressat, com establí el filòsof de Könisberg. Unes i altres, però, ens posen en presència de la cosa exterior. Sense cap mena de dubte, el nen que s'atura davant l'aparador d'una dolceria i el contempla abstret i afanyós, sap perfectament que es troba davant de quelcom els efectes tròfics del qual coneix; aquest mateix nen, ja tip, quan contempla el dit aparador distretament i sense apetit, sap també que té davant dels ulls una realitat exterior que subsisteix independentment dels seus efectes tròfics. Són dues maneres de percebre una mateixa i sola cosa.

La percepció de les coses exteriors per l'efecte tròfic que determinen, precedeix la percepció exterior pròpiament dita. N'hi ha prou de descompondre, introspectivament, els elements integrals de la percepció d'una taronja, per a comprendre que hi hagué un temps en el qual es distingí el seu color sense que el subjecte es donés compte que allò que impressionava la seva retina era allò mateix que impressionava el seu tacte, i que allò que produïa en la seva sensibilitat tèrmica una sensació de frescor, era la mateixa cosa que s'acusava en el seu nas com una flaire. Totes aquestes impressions existeixen isoladament en el sensori, abans que la conjugació de la qual resulta la percepció simultània del conjunt. Amb aquesta forma elemental les objectiva l'experiència tròfica. Així hem vist que el nen no referia el color blanc i el color vermell a dos objectes diferents, sinó a dos aliments diferents, com no referia la sonoritat que li anunciava la presència d'aquests a la campaneta, ni la tactació al mugró, ni la saborositat a la llet; tots aquests objectes individualitzats li eren llavors completament desconeguts, i aquest conjunt d'impressions no tenia per a ell altre valor representatiu que el d'anunciar-li l'arribada d'allò que havia d'aplacar la seva fam. Al descriure anteriorment la manera com es formen les experiències tròfiques, diguérem que el nen rep una impressió tàctil i saborosa en la seva boca, una olor en el seu nas, impressions visuals i acústiques, que, si de bell antuvi li passen inadvertides, són després fixades com a signes reveladors d'allò que nodreix. Evidentment aquests signes no ho són ni del mugró, ni del vestit, ni de la dona que dóna mamar, ni de la llet, per quant aquestes individiccions objectives resulten ulteriorment de l'associació que lliga entre elles aquesta suma d'impressions elementals, atribuint-les separadament als objectes als quals pertanyen. En aquest primer moment de la vida psíquica es diferencien les coses segons els efectes que en la nutrició determinen, independentment de les imatges amb les quals, més enllà, es caracteritzaran un per un els objectes, percebent-les com a qualitats que els són inherents. El nen està molt lluny de saber que la cosa que el nodreix és la llet, com ho sabrà més tard; solament sap que allò que aplaca la seva fam es denuncia davant dels seus ulls per certa impressió visual, davant del seu oït per certa impressió acústica, i així en tots els demés sentits. Al diferenciar la llet aigualida de la bona pel color dels vestits, ni tan sols es pregunta si aquests colors són propis o privatius d'una i d'altra; els distingeix com a simples indicis d'una i d'altra; i el dia que aquests colors es trastoquin, a mida que l'experiència li vagi advertint que el que corresponia a la bona correspon ara a la dolenta, i al contrari, seguirà igual que abans distingint-los com a signes dels efectes tròfics que una i altra determinen. La mateixa cosa li passa al gos que coneix la carn pel seu aspecte visual, per la seva tova tactació, per la seva olor i per la seva saborositat; des del punt de vista de la percepció alimentícia, aquestes qualitats, pròpies a la percepció externa pròpiament dita i tan inherents a la mateixa que per elles se sap que la carn és carn i no altra cosa, són mudables sense que l'aliment deixi de ser el mateix. N'hi ha prou de pintar la carn d'un altre color, disfressar la seva olor o la seva saborositat, o assecar-la, perquè, un cop tastada en aquesta nova forma sensorial, brolli en la intel·ligència del gos el coneixement de que és la mateixa cosa d'abans, ja que en sentirà el mateix afanyós apetit i se'n servirà la mateixa ració que abans se'n servia.

No és així com es procedeix en l'elaboració de l'experiència externa pròpiament dita. Quan diem que el plom és un cos que té tal densitat, que és soluble en tal reactiu, fusible a tal temperatura, fixem els seus caràcters amb tanta estabilitat, que en cas de mancar-li alguna d'aquestes qualitats o concebre'l en altra forma, de seguida diríem que no és plom. Els objectes que ens representem són tals i no altres, precisament perquè llur timbre, llur color, llur olor o llur saborositat, així com llurs resistències, els són tan propis que no podem imaginar-los d'altra manera de com se'ns presenten; els aliments, al contrari, són tinguts per idèntics sempre que saturin una mateixa necessitat tròfica, i com a diferents sempre que en saturin una altra, sigui la que es vulgui la forma amb la qual ens els representem.

Ja es comprèn que, per la mateixa naturalesa de l'experiència tròfica, els records del coeficient nutritiu dels aliments van lligats a un conjunt d'impressions que sempre solen ésser les mateixes. La repetició d'aquests actes predisposa insensiblement a la individualització dels objectes. Cada dia s'adverteix amb més claredat i precisió que la sopa fumeja dins la sopera, al mig de la taula, dotada de certa olor i de certa temperatura, que els plats van i vénen, que la superfície de la taula, coberta amb les estovalles, roman estable, que les copes són transparents i que sempre serveixen les mateixes culleres i demés estris de l'àpat; diàriament es repeteix d'una manera uniforme el fet de que allò que impressiona els ulls amb un determinat color, impressiona també el tacte, el gust, l'odorat i l'oït, produint les mateixes invariables imatges; i no és meravella que allò que començà provocant en cada sentit una nota especial, deslligada de les demés, amb la repetició d'uns mateixos actes, s'acabi associant-les unes amb altres, i poc a poc s'adquireixi la consciència perceptiva dels objectes individualitzats, als quals aquestes notes corresponen. La nota visual corresponent a la copa o al plat adquireix una connexió íntima amb la nota acústica que correspon a llurs timbres respectius i amb la que correspon a la impressió tèrmica i tàctil que un i altre objecte determinen. Llavors sorgeix una percepció complexa, integrada per la síntesi dels elements components, i així és com es destaca en la intel·ligència, com a unitat conjunta, el coneixement d'allò que és propi a la copa o d'allò que és propi del plat, fent-se presents alhora les diferents notes amb les quals aquests objectes s'acusen davant de diversos sentits. Per les experiències acumulades se sap com han de sonar en l'oït un i altre objecte al picar-los, com han d'impressionar el tegument extern i en quina forma ha de presentar-los la visió.

Res tan fàcil com representar-nos el món exterior tal com resulta de la percepció externa. Els processos commemoratius ens suggereixen el sentiment de la nostra capacitat per a anar referint cada imatge sensorial a l'objecte al qual correspon. Tal com ara trobem organitzada la funció visual, cada impressió retiniana és projectada al lloc de l'espai que li correspon; cada impressió gustativa o olfactòria es referida a la seva causa; i la mateixa cosa pot dir-se dels demés sentits. Com que aquestes qualitats sensorials són filles de l'especificitat del nervi i centre excitants, i no còpies de coses externes, segons demostrà Johannes Muller, l'exterior, en si mateix, és la superfície on projectem les imatges que sols existeixen en la nostra intel·ligència. Però quan tractem de representarnos el món exterior tal com se'ns mostra en l'experiència tròfica, retroactant-nos al període en el qual les impressions no són agrupades pels lligams de l'associació i referides a unitats externes separades les unes de les altres, el nostre propòsit resulta irrealitzable. Quan les imatges no són referides als objectes *a, b, c, n,* sinó als efectes tròfics que les prengueren com a signe propi, no són representatives del mon exterior, tal com ho són en la percepció externa. Són, però, representatives d'alguna cosa, la presència de la qual s'acusa en l'estómac, d'allò que sabem per experiències anteriors que produirà un determinat efecte en l'organisme.

De la diferenciació tròfica a l'externa

Què es, doncs, la cosa que es coneix del món exterior per l'intermedi de l'experiència tròfica? Al considerar la qüestió des d'aquest punt de vista, tot seguit es nota que el subjecte no pren la imatge com a instrument de diferenciació externa, sinó com un terme de diferenciació tròfica. Se simbolitza la llet bona per un color vermell i la dolenta per un color blanc, segons hem vist a l'estudiar la manera com s'estableixen aquestes experiències. Però ni un ni altre color tenen res que veure amb aquest cos especial que en el món exterior anomenem llet; amb la cosa que tenen una estreta relació és amb l'efecte tròfic que una i altra llet determinen. Aquesta relació ve predeterminada per una acció externa, perquè, si no hagués succeït que una i altra vegada la impressió del color blanc i la del color vermell haguessin coincidit amb els dolents i bons efectes de les dues llets, mai hauria pogut establir-se l'experiència per la qual s'han pres els dits colors com a signes distintius de l'una i de l'altra. Aquests signes, doncs, no són arbitraris; el subjecte sap perfectament que quan apareix un d'ells la fam s'aplaca per molt curt espai de temps i per més llarg quan apareix l'altre, i ho sap anticipadament, pel record del que ha succeït altres vegades. Amb això es veu clarament que cada un d'aquests signes correspon a una diferenciació tròfica determinada.

Si en lloc de simplificar el problema plantejant-lo com una sensació elemental, el plantegem en la seva natural complexitat, reconeixerem que passa igual. El conjunt d'impressions per l'intermedi de les quals distingim el pa, l'aigua, la carn, són, com el color blanc i vermell de l'exemple anterior, senzills signes dels efectes tròfics que han de pervenir de les dites substàncies, els records dels quals vibren vius en la consciència; inspirant-se en aquests records, el subjecte confia que tornarà a repetir-se allò mateix que ha succeït sempre.

Per a comprendre ara el veritable valor intel·lectiu d'aquests signes, no hem de fer sinó deslligar-los mentalment del valor tròfic. Sorgeix al·lucinadament en la consciència de l'infant la imatge del color vermell o en la de l'home fet aquest conjunt d'impressions amb les quals s'acusa la presència del pa o de l'aigua. Aquest estat és com el d'un somni; i en aquestes condicions el subjecte és incapaç de distingir si aquestes imatges anuncien o no la presència d'allò que aplaca la fam. Però quan, en lloc de destravar la imatge del record tròfic, imaginem que l'infant sent la fam o l'home fet està assedegat, evidentment hi ha quelcom en el sensori de l'un que acusa l'absència de l'aliment i en el de l'altre l'absència d'allò que calma la set. Què són, doncs, aquestes imatges al·lucinatòries? Signes d'una cosa que no és, pures il·lusions dels sentits. Què són, en canvi, quan anuncien la presència de l'aliment o de l'aigua? Signes d'una cosa la realitat de la qual acusa la sensibilitat gàstrica a l'inscriure en els centres psico-tròfics el sentiment de la seva absència.

De la mateixa manera la ingesta que satura totes les necessitats fora d'una, la de la sal, per exemple, o la de les proteïnes, extingeix la fam global, però aviat s'acusa l'absència de quelcom especial que durant cert temps no se sap en què consisteix; quan s'ha diferenciat el signe, és quan es reconeix la sal per una impressió gustativa o la carn per una olor o un color; llavors se sap que aquestes imatges corresponen a quelcom real, no pel que acusen els sentits, sinó pel fet irrecusable que acusa en la consciència la sensibilitat tròfica. Si diem, doncs, que la sensació de salabror correspon a quelcom real i la d'una certa olor o color a una matèria proteica, és perquè experimentem els corresponents efectes en l'organisme i en guardem memòria inesborrable; suposant que ens mangués aquest coneixement original, no arribaríem mai a saber per què creiem que les dites impressions no brollen en els sentits d'una manera espontània. Ara no ens és possible dubtar que la salabror correspon a una cosa especial, per quant la necessitat d'aquesta cosa s'ha acusat una i mil vegades en la consciència d'una manera viva, ja en la sensació de la fam global, ja en la sensació isolada o distinta, i sempre s'ha comprovat d'una manera experimental, tan rigorosa que no admet rèplica, que allò que l'organisme reclama s'acusa en el gust per una certa saborositat, o en altre sentit, per una certa impressió diferenciada. Com dubtar, doncs, de la correspondència que s'estableix entre la impressió i la cosa els efectes de la qual experimentem? Sempre s'ha comprovat que la cosa que es mostra davant dels sentits amb l'aspecte d'aigua és la cosa que calma la set. Si se'ns presenta en forma de vi, no sabem ja si la calma o no, per quant no hem establert entre aquest nou color, aquesta nova saborositat i aquesta nova olor, la mateixa correspondència que establírem entre les impressions amb les quals coneguérem l'aigua i la necessitat tròfica que saturaven; però un cop s'hi hagin relligat aquestes noves impressions de la mateixa manera que es féu amb les altres, la nostra certesa serà tan ferma pel que diu a les segones com pel que diu a les primeres. Diferenciar una imatge en els centres sensorials per l'intermedi de la sensibilitat tròfica equival a inquirir a quina diferenciació tròfica correspon; i com que aquesta diferenciació acusa en la consciència l'absència d'alguna cosa, d'aquí resulta que *aquesta imatge correspon a quelcom que mostra com a present davant del sentit, allò que la sensació tròfica acusa com a absent.* Quan se'ns pregunta, doncs, com sabem que en l'aigua hi ha quelcom que en si mateix no és fred, ni és color, ni és olor, ni és so, i que malgrat això, subsisteix com una cosa real independentment de totes aquestes impressions exclusivament nostres, ja que brollen de les qualitats específiques dels nostres nervis sensorials, contestarem senzillament: ho sabem perquè l'experiència ens ha ensenyat que allò que impressiona els nostres nervis d'aquesta manera és allò que calma la nostra set. Dubtar que aquestes correspondències entre els nostres sentits i la cosa en si existeixen, és igual que dubtar que *aquesta cosa* sigui la que mata la set, i això fóra ja posar en entredit les conclusions de l'experiència interna que així ens ho ha mostrat.

La vida intel·lectiva comença pel coneixement de la realitat. En la percepció dels aliments ens hem esforçat a demostrar que la intel·ligència no distingeix objectes individualitzats sinó impressions, deslligades les unes de les altres, que no tenen relació amb els objectes *a, b, c, d, n,* sinó amb la cosa que produeix en l'organisme determinats efectes nutritius. Abans que s'estableixin els processos de la percepció externa pròpiament dita, s'estableixen processos més profunds, pels quals se sap, en primer terme, que a l'organisme li manca alguna cosa i, en segon terme, que aquesta cosa podem descobrir-la fent servir les impressions que trobem en els centres de la sensibilitat externa. Llavors és quan s'observa que hi ha un cert ordre de successió, preestablert per condicions fisiològiques, entre l'impuls que mou a mamar i les impressions externes que l'acte de mamar determina en les terminacions tàctils, gustatives i olfactòries, i s'obre el cicle d'aquest treball fecund pel qual es relacionen certes diferenciacions externes amb certes diferenciacions internes preexistents. A mida que se soliden aquestes primeres experiències de la vida psíquica i a mida que s'amplien i multipliquen, amb més viva claredat s'adverteix, d'una banda, que tota diferenciació interna correspon a determinades diferenciacions externes, el nombre de les quals, migrat a la primeria, creix extraordinàriament després, i, d'altra banda, que aquestes impressions externes no apareixen espontàniament, sinó per obra de quelcom independent del desig; d'aquí ve que es prenguin com a signe d'aquest quelcom en el moment que sorgeixen. L'animal, sigui la que sigui la seva jerarquia, es dóna perfecte compte que la reaparició de les dites impressions és deguda a una acció exterior, perquè es calma la seva fam. Si aquesta reaparició no calma la seva fam, les té per il·lusòries; si no la calma de la mateixa manera, n'indueix que no corresponen com abans a les diferenciacions tròfiques preexistents i llavors les considera falses, procedint a la llur rectificació; tan sols quan els fenòmens se succeeixen segons estan previstos per experiències anteriors, considera que les dites impressions són veritables. D'aquesta manera és com se sedimenten les experiències en el subsòl de la intel·ligència, preformulant-se el postulat que li serveix de fonament i d'on arranca, com el seu punt de partida inicial, tota mena de procés intel·lectiu ulterior: *la imatge sensorial correspon a quelcom exterior; si no hi correspon és il·lusòria; si hi correspon malament és falsa.* Aquest coneixement bàsic no és innat, ni ens és donat per un acte espontani d'una virtut o d'un principi intel·lectius irreductibles a fenomen experimentable, per considerar-se com la font d'on procedeixen els fenòmens; aquest coneixement pervé de l'experiència tròfica, i fins a tal punt, que si l'animal ignorés que s'alimenta, la seva intel·ligència no arribaria mai a saber que existeix a la realitat.

Partint d'aquesta veritat primitiva, aquestes impressions elementals s'associen unes amb altres, agrupant-se conjuntament i atribuint-se unes a l'objecte *a* i altres a l'objecte *b*. Els processos de la percepció externa pròpiament dita comencen amb això i els objectes ens són coneguts, diferenciant-los uns dels altres i individualitzant-los. Com es forgen aquests processos? Com el sentit visual, cec a la primeria, comença a distingir la impressió de la llum, a donar-se compte dels colors i a elaborar la imatge distinta que projecta a un lloc determinat i no a altre? Com el tacte, que s'inicià en la part anterior de la boca d'una manera distinta, sense existir encara en les demés parts del tegument extern, es va desenrotllant progressivament i perfeccionant-se, fins a assolir les meravelles intel·lectives que mostra en els cecs de naixença? Com l'oït, que de bella primeria acusà el so com una mena de soroll intern, tal com l'acusen els sords, arriba a orientar-lo amb tanta precisió després, i a determinar qualitats tan clares i distintes que permeten diferenciar la pisa del crestall, el vent de la ressaga? Com el gust i l'olfat, que inicialment acusen tan sols sensacions globals i amorfes, adquireixen més endavant un poder analític tan admirable, que en una sola de les dites sensacions s'hi distingeix l'existència dels components d'una barreja? Totes aquestes altes qüestions no ens interessen en aquest moment. Sigui quin sigui el mecanisme que determina el desenrotllament funcional dels sentits, un fet comú a tots ells se'n destaca: tota diferenciació perceptiva pressuposa sempre una vinculació a quelcom de real que resta i subsisteix com una cosa que en si no és percebuda. La imatge visual és projectada segons una certa direcció a un lloc donat de l'espai, i en aquest moment no ens interessa saber com hi és projectada: l'única cosa que ara ens convé fer constar, és que la intel·ligència té la profunda persuasió (que les crítiques de tots els savis no aconseguiran mai trontollar per molt que s'hi esforcin) que en aquell lloc on se situa la percepció hi ha quelcom que en si mateix no serà color ni forma, però que existeix. Cert que l'objecte posat en contacte del tegument extern transmet pels nervis tàctics una impressió que és pròpia exclusivament de la funció d'aquests nervis, però n'és també igual que aquesta impressió, de naturalesa subjectiva, la intel·ligència no la considera com una pura reacció fisiològica, sinò com l'indici que acusa la presència de quelcom real. Cert també que la imatge acústica, olfactòria, tèrmica, gustativa, són de la mateixa naturalesa que la impressió tàctil; però la intel·ligència, com fascinada pel sentiment preexistent de la realitat, mai creu que brollin espontàniament del nervi respectiu, sinó que dóna per suposat que corresponen a una acció exterior, a una cosa que en si mateixa no sona, ni és saborosa, ni freda o calenta, ni flairosa. Sense la subsistència d'aquesta cosa, ni tan sols es concep que els nervis sensorials reaccionin ni acusin en la consciència la modificació o canvi d'estat que se'n segueix.

Així són els fets; així apareixen les percepcions externes en la consciència. D'on ha deduït la intel·ligència que les imatges sensorials corresponen a una cosa real? Com sap que aquesta cosa existeix com a condició *sine qua non* de tota percepció possible, si aquesta cosa no és donada en l'efecte o sigui en la impressió, si, com deia Johannes Muller amb frase gràfica, *els nervis no transmeten qualitats, sinó llurs canvis d'estat propis*? Doncs ho sap perquè, abans que se li acudís referir l'efecte a la seva causa, la reacció a l'acció, establí una suma enorme d'experiències per l'intermedi de les quals vingué a tenir exacte esment que aquestes sensacions no s'havien enterat de la presència de les coses reals, fins a l'hora feliç en la qual descobrí que sempre que la fam s'aplacava apareixia cert conjunt de les dites sensacions en els sentits, i, comprovant una i altra vegada que així se succeeixen els fenòmens en la sensibilitat externa i en la sensibilitat interna, malgrat ser de tan diferent naturalesa, se li acudí pensar que podia prendre els primers com a senyal dels segons, i quan la fam l'apretava, esperava que reapareguessin aquells, i en el mateix moment que apareixien pogué dir-se: "aquí tinc allò que calma la fam". Encaminada d'aquesta manera la intel·ligència, pogué comprovar també que cada fam especial podia ser diferenciada per signes igualment especials, i així cada cosa especial que reclamava l'organisme fou reconeguda per l'intermedi del signe que li corresponia. I si d'aquesta manera començà el treball intel·lectiu; si, preocupada la intel·ligència en primer terme de conèixer els aliments amb els quals havia de mantenir-se la nutrició de l'organisme, s'aplicà exclusivament a referir el signe a la cosa que satisfeia realment les necessitats tròfiques, ¿no és natural i lògic que, més tard, al referir aquests signes al món exterior, seguís considerant-los com a representants legítims de la realitat? Podia per ventura considerar-los d'altra manera?

Les imatges sensorials corresponen a la realitat

Les gèneres humanes han cregut sempre que les imatges sensorials no són il·lusòries; això mateix creuen tots els animals de la creació. Aquesta creença és tan universal, tan irreflexible i tan ferma, que sol confondre's, per insuficiència analítica, la representació amb la cosa representada, el signe de la cosa amb la cosa mateixa, suposant-se, per exemple, que la imatge visual no ha estat creada en l'expansió retiniana per una acció externa, sinó que és aquesta mateixa acció, o que la dolçor del sucre o l'olor de la rosa no naixen de la reacció del nervi, sinó que són representació viva de la cosa en si mateixa. De Johannes Muller ençà aquest problema s'ha desproblematitzat, que diria Avenarius. Avui ningú pot sostenir sèriament que les imatges siguin còpies o calcs de coses exteriors, així com els termes de l'equació $a = a$; entossudir-se en aquesta tesi ingènua és viure en altre ambient del creat per la ciència experimental.

La concepció subjectivista de la naturalesa de la imatge no ha anul·lat ni ha afeblit la creença en que la dita imatge correspon a la realitat. Tan sols, en l'esfera purament lògica, han dubtat d'aquest postulat fonamental de la intel·ligència, en tots els temps i en una o altra forma, aquells homes superiors, genis de l'anàlisi, coneguts pel nom d'escèptics. Aquests dubtes, malgrat ésser formals, no han transcendit mai a la vida pràctica. El psiquisme inferior imposa a aquells homes una certesa, els orígens de la qual no encerten a descobrir per l'intermedi del raonament; d'aquí ve que no dubtin sincerament, i en la vida ordinària es portin com els creients en la realitat. Es comprèn bé que Pirró, per exemple, no estaria gaire segur de si els demés homes existien o no, quan tractava de convèncer-los. El dubte de la realitat no és compatible amb la vida. Vacil·laria en beure el que dubtés de la presència de l'aigua; els moviments de qui camina s'aturarien si dubtés dels seus passos. Tots els actes de la vida psíquica pressuposen sempre la creença que els sentits no ens enganyen. Suposada la possibilitat de poder-se dubtar de si la impressió sensorial correspon a una cosa real i per tant que el món dels fenòmens és una aparença, ens moriríem. Quan Descartes, afanyós d'establir el seu primer principi, admetia, mal fos provisionalment només, aquesta possibilitat, ni per un instant arribà a dubtar de la veracitat dels seus sentits, perquè, de no haver estat així, no hauria pogut escriure la *Meditació* on exposava els seus dubtes. Convenim, doncs, que és molt distinta cosa raonar formalment sobre si les imatges són o no il·lusòries, o creure sincerament que ho siguin, ni per un sol moment; d'aquest últim extrem ni n'ha dubtat ni en pot dubtar ningú.

Els escèptics de tots els temps s'han trobat amb el fet indiscutible que atribuïm les imatges a una acció exterior, i al preguntar-se com sabem que estan lligades a aquesta acció o a la realitat, no han pogut resoldre el problema. Tampoc han pogut resoldre'l els que no són escèptics, però aquests no es donen compte que el problema existeix, i creuen en la realitat ja d'un punt de vista objectiu, ja d'un punt de vista subjectiu o idealista, sense que s'hagin preguntat quins són els orígens d'aquesta fe interior. Mentres els primers asseguren que ignorem *com sabem que la realitat existeix,* els segons admeten semblant creença com una veritat dogmàtica. Deia Kant que *dogmàtic és tot allò que s'admet sense haver esbrinat com la intel·ligència hi arriba.* Aplicant, doncs, la definició, que tenim per excel·lent, fins a un punt que l'autor no imaginava, hem de convenir que tots els que admeten que la realitat exterior existeix sense haver esbrinat com la intel·ligència arriba a saber-ho, admeten un supòsit purament dogmàtic. L'escepticisme, sortint en defensa dels furs de la lliure investigació, està en el seu perfecte dret revoltant-se contra semblant imposició.

Les causes de per què aquest antic plet no pot bonament fallar-se en un sentit o altre, resolent la qüestió d'una manera definitiva, depenen del punt de vista adoptat. S'admet com una afirmació indiscutible d'ençà que l'home atinà en pensar sobre si mateix, que res es coneix del món exterior sinó allò que ens en suggereixen els sentits; mes allò que naix del sentit no és la còpia d'un original que està fora del mateix i no té per tant més que un valor purament subjectiu. Quan ens aturem a inquirir genèticament com i de quina manera aquesta modificació interna és objectivada i examinem els fenòmens tal com actualment els trobem establerts, topem amb el fet sorprenent que una modificació sensorial purament interna, tal com una fantasma dotada de poder màgic, es projecta a l'exterior, situant-se en un lloc de l'espai on suposem demora la cosa real a la qual correspon. Admetent com a punt inicial del coneixement empíric aquesta excentricitat espontània, nosaltres creiem en les qualitats que atribuïm als objectes per una força misteriosa que ens imposa interiorment aquesta creença. Com diu Taine, quan afirmem, en aquests judicis elementals que ens proporciona la percepció immediata, que la neu és blanca, dolça la mel, flairosa la rosa, obeïm a un poder al·lucinatori que ens fascina. Amb tot això es veu palpablement que l'observació empírica, tal com brolla dels sentits, no es fonamenta sinó en una fe interior, completament il·lògica i cega, tant com ens encastellem en aquest punt de vista. Mentres no ens preguntem en què fonamentem la nostra afirmació i l'admetem cegament, fiant-nos de la fe interior que ens obliga a creure-hi, el judici ens sembla incontrovertible i així és en efecte; però quan ens interroguem sobre allò que volem dir a l'enunciar aquest judici simplicíssim, advertim que aquesta blancor, nascuda en la retina, és projectada a una cosa que demora fora dels ulls, i que per l'intermedi d'aquella blancor arribem a representar-nos. Llavors se'ns acudeix preguntar-nos: com sabem que correspon a aquesta cosa? Del punt de vista *nativista* hem de confessar amb sinceritat que *no sabem com ho sabem,* malgrat afirmar-ho rodonament. Heu-nos aquí, doncs, amb un coneixement il·lògic. En l'esfera de la intel·ligència tenim per lògic *tot allò que naix de l'antecedent que ho determina,* i per això vivim convençuts que el fenomen que apareix en la consciència en el moment *b,* no hi apareixeria si altre fenomen no l'hagués precedit en el moment *a*; la cosa lògica és sempre la successió lligada, l'etern encadenar-se dels antecedents i conseqüents. Al trobar-nos, doncs, amb un fenomen espontani, ens trobem davant d'un fenomen incondicionat, és a dir, amb quelcom que no és possible encadenar en una sèrie i que és per tant d'una naturalesa distinta de les coses lògiques. Tal és el cas del judici empíric més elemental. A l'atribuir la qualitat sensorial al seu objecte, establim una relació entre allò que aparegué en el sentit i la cosa de la qual ho considerem atribut, com si sabéssim en efecte que aquesta qualitat ha de referir-se a aquesta cosa; però del punt que l'empirisme assegura que aquesta correspondència no s'estableix perquè s'averiguà que existia per processos molt profunds de l'enteniment, forjats, com tots, segons un mecanisme lògic, sinó que ho fem per una virtualitat oculta, per una força misteriosa que ens empeny a creure en aquella correspondència, no procedim lògicament, sinó d'una manera arbitrària. Si l'excentricitat sensorial és nadiuament espontània, aquest fenomen és incondicionat, mancat d'antecedents determinants, i cal convenir que ni sabem com sabem que la blancor correspon a la neu o la dolçor a la mel, ni podrem mai saber-ho. D'ésser així les coses, totes les ciències d'observació, tot allò que hi ha de més fonamental i sòlid en la intel·ligència, s'inspira en una fe intuïtiva primordial que ens ha estat donada per art de màgia.

Ningú creu en semblant miracle. De l'últim vertebrat fins a l'home més savi. tots tenen la certesa lògica que és la neu la que és blanca i la mel la que és dolça. Podran no donar-se compte dels processos lògics d'on es desprèn aquesta certesa; però la conclusió final resplendeix tan clara en llur consciència, que viuen convençuts que no s'erren. Discursivament no podran dir com ho saben; però el fet és que ho saben. Es troben en condicions anàlogues a les del matemàtic que hagués perdut la memòria dels teoremes que precedeixen al de Pitàgores i no encertés a demostrar-lo, malgrat comprendre que és cert, o a les d'aquell que recorda l'última síl·laba d'un nom i ha oblidat les anteriors. Així com aquests tenen consciència dels teoremes precedents o de les síl·labes que manquen, encara que no en tinguin el record viu, així vivim convençuts que no obeïm a una espontaneïtat cega quan atribuïm la blancor a la neu o la dolçor a la mel, sinó a un raonament lògic que ens obliga a creure en aquesta correspondència.

Helmholtz, que si no és el fundador de l'escola genètica, anomenada també empírica, és qui l'ha exposada amb major amplitud i claredat, sobretot pel que toca a les percepcions òptiques, refusa a la sensació aquesta virtut excèntrica que el nativisme li atribueix hipotèticament. En el seu sentir *la sensació és un signe que la intel·ligència ha d'interpretar*; mentres no ha estat interpretat, aquest signe manca de significació exterior, així com una escriptura per a qui no sap de llegir, cosa que equival a dir que la sensació comença essent una modificació interna. Si més tard adquireix una significació objectiva, és per obra d'un *raonament inconscient* forjat amb resultats que proporciona l'experiència; aquests resultats els proporciona el moviment. Prenent la funció visual, no tal com comença a organitzar-se en el nen o en el cec de naixença que recobra la vista amb una intervenció quirúrgica afortunada, sinó tal com la tenim després de tan llarg i difícil aprenentatge, evidentment en el camp visual d'un paisatge, per exemple, posseïm el sentiment o la consciència de les coses que estan a la dreta o a l'esquerra, a dalt i a baix. Si ens preguntem (sense necessitat de ficar-nos en més profundes disquisicions que foren ara impròpies d'aquest lloc) en virtut de què posseïm el sentiment d'aquestes direccions cardinals, ens respondrem que és en virtut de la capacitat que hem adquirit de girar els ulls d'una banda a l'altra en primer terme, de girar el cap en segon i fins el cos en tercer. Però nosaltres no posseïm únicament la capacitat de moure'ns en quatre direccions; a la vista del paisatge ens sentim l'aptitud de fixar la mirada en cada un dels punts, infinits en nombre, dels quals es compon el camp visual, transformant-los en *punt visual. Fixar la mirada* val tant com dir *predeterminar la visió en llocs o signes donats de la retina per l'intermedi del sentiment d'innervació.* Localitzar de cop el conjunt d'imatges de les quals es compon el paisatge, és, doncs, igual que posseir la memòria viva dels moviments que s'han de fer per a veure-les en el lloc al qual són projectades.

Si en lloc de plantejar la qüestió en els termes d'una visió tan complexa, resultat d'un tan gran nombre d'experiències, la simplifiquem plantejant-la respecte d'una senzilla taca pigmentària, intuïtivament comprendrem que la impressió lumínica que acusa la terminació nerviosa serà purament interna mentres l'animal no disposi d'altres elements de judici que el que proporciona aquesta pura impressió; però si l'animal es mou i té consciència del camí fet, a mida que s'acumulin les experiències d'aquests moviments, per força ha de venir un instant en el qual adverteixi que la llum que eixia de l'objecte *a,* i que relluïa com a cinc, és la mateixa llum que relluu com a dos quan l'animal està més lluny del dit objecte; per formular aquest judici d'identitat n'hi ha prou que l'animal tingui la consciència del moviment que ha de fer perquè torni a relluir com a cinc i acusar la seva presència. Suposant que l'animal estigués completament immòbil, es trobaria incapacitat per a judicar de les distàncies, per tal com li mancaria el factor moviment amb les quals les medeix.

Heus aquí, en brevíssim compendi, l'origen de l'excentricitat visual. Del factor sensorial pur no pot inferir-se'n la direcció ni molt menys la distància, que no és altre que un *quantum* de direcció o una mesura de la mateixa. La terminació nerviosa, específicament diferenciada, acusarà la llum segons la intensitat de l'excitant; però aquest més i aquest menys d'intensitat no acusaran mai per si mateixos proximitat o allunyament, mentres per obra del moviment no s'adquireixi la consciència de l'espai intermedi. Solament llavors, amb la síntesi dels dos factors, sensorial i motor, podrà formular-se el judici de la direcció i de la distància a la qual l'objecte lluminós es troba.

En el fons l'excentricitat visual d'aquest ull rudimentari és la mateixa que acusen les funcions visuals dels vertebrats superiors, salvant sempre l'enorme complexitat del fenomen en aquests últims. El nativisme s'entossudeix en considerar aquesta excentricitat com a espontània o no adquirida per experiències de moviment i per aquesta raó ens apareix com a il·lògica, car prescindeix de l'element lògic en el qual es fonamenta. Sabem ara quina és l'estrella polar, per tal com posseïm en el fons de la nostra memòria la coneixença del moviment que hem de donar als nostres ulls perquè aquesta estrella impressioni la nostra retina; si en la nostra memòria motriu hi manqués el coneixement d'aquests moviments, no sabríem ja quina és l'estrella polar, encara que relluís en el fons dels nostres ulls. De la mateixa manera sabem que els colors *a, b, c, d, n,* pertanyen als objectes corresponents, en quant ens sentim amb aptitud per a enfocar-los successivament o conjuntament en un camp visual profund; suprimim mentalment el moviment de les direccions, dissociem la funció retiniana del domini de la innervació psico-motriu, i els objectes *a, b, c, d, n,* podran afectar la retina igual que abans, però no sabrem què són diferenciadament, perquè ignorarem on estan.

No diguem, doncs, que creiem que la neu és blanca per una virtut espontània de l'enteniment que ens hi inclina; ho sabem per un aprenentatge experimental del qual som autors. La blancor del floc de neu que es destaca damunt del bru de la terra o de la verdor de l'herba, pressuposa una diferenciació entre el seu color i tots els colors que no són com el de la neu, i aquesta diferenciació pressuposa alhora el coneixement de les direccions adjuntes als signes locals retinians, per l'acció dels quals sabem que la impressió que es predetermina distintament és tal i no altra. No podem dubtar que cada color correspon al seu objecte, per quant això fóra dubtar de la nostra aptitud voluntària per a provocar la visió en uns llocs de la retina i no en altres.

La certesa incommovible que tenim de que les correspondències externes no són arbitràries ni es desprenen d'una acció espontània que ens les imposi, pervé d'aquest treball previ pel qual s'adquireix la consciència claríssima dels signes locals que han d'ésser afectats segons siguin les diferenciacions motrius que prefixen la llur excitació. D'aquí que la visió sigui sempre el resultat d'una experimentació íntima: la innervació psico-motriu predetermina les condicions en les quals el fenomen ha de produir-se; la sensibilitat òptica, sota la influència del món exterior, crea el fenomen en si, independentment en absolut del moviment voluntari.

Reflexionant-ho bé, s'adverteix que, contràriament al que imagina el nativisme, veure-hi no és rebre la impressió de la llum, ja que aquesta impressió pot rebre's sense que sigui vista o percebuda; veure-hi és sentir la llum i projectar-la, establint una correspondència entre aquesta reacció específica i la causa que l'evoca. Aquesta relació no està preestablerta misteriosament; cal descobrir-la per l'intermedi de l'experiència, i d'aquí ve que l'acte de veure-hi constitueixi una veritable intel·lecció, resultat d'un procés lògic que es pressuposa com la seva condició genètica. La veritat o la falsedat d'aquest judici, o sigui d'aquesta relació, depèn de les condicions com es forja aquest procés. És prou que un dels músculs motors de l'ull es trobi sobtadament atacat de parèsia, perquè, a l'evocar els records psico-motrius que perifèricament forjà quan no ho estava, sigui projectada la imatge a un lloc de l'espai on realment no es troba l'objecte al qual correspon; i això perquè judiquem que l'aparell motor de l'ull funciona com abans i, inspirant-nos en els records antics, situem la imatge en el mateix lloc on abans se situava; i ens equivoquem no perquè la retina s'enganyi;

qui s'enganya som nosaltres, que donem per suposat que l'experiment d'aquesta visió es realitza en les mateixes condicions que abans, havent variat. A mida que el tacte ens vagi demostrant que aquesta projecció és il·lusòria, recomençarem de cap i de nou el treball experimental degut i l'error serà rectificat. Què és necessari per a aconseguir-ho? Medir la quantitat d'esforç que cal desenrotllar en aquest múscul parèsic, perquè la imatge projectada més a prop del que ho era en condicions normals, ho sigui a major distància.

De la mateixa manera: induïm originàriament que els cossos es mouen, quan, a força d'observar que desapareixen del nostre camp visual, temptegem la manera de seguir-los en l'espai amb el moviment dels nostres ulls, aconseguint així que la llur imatge persisteixi en la retina, tal com hi persisteix sense necessitat d'aquest esforç quan estan immòbils. La percepció del moviment pervé d'aquest judici inductiu pel qual arribem a convèncer-nos que la imatge persistirà *mentres persisteixi el sentiment d'innervació que fa voltar els ulls o el cap i acomoda el cristal·lí a la causa que actua damunt de la retina*. El coneixement de la condició determinant d'aquest fenomen visual és el que dóna valor a l'objectivació del moviment. Suposem ara que davant de la nina immòbil hi passa un cos i desapareix; aquest pas evoca el record de tots els exercicis motors per l'intermedi del qual formulem aquest judici: *cos que es mou*. La veritat del judici depèn de que la impressió sensorial sigui donada en la retina en les mateixes condicions en les quals fou donada quan s'induí el fenomen moviment; així és que el judici podrà formular-se amb plena certesa experimental sempre que tinguem en compte les condicions en les quals la visió és donada; quan ens inspirem en els records passats, suposant que és donada en les mateixes condicions, el judici serà cert si aquesta suposició és certa, fals si no ho és. Suposem, per exemple, que no és el cos el que passa, sinó el subjecte vident, com succeeix quan viatgem en ferrocarril o que ens enlairem en un aeròstat; en aquest cas la funció visual ens enganya. És que varia la funció fotoscòpica? No: roman inalterable, reacciona com abans; solament que abans persistia la imatge mitjançant l'acció voluntària del moviment dels nostres ulls i per això distingíem que el cos ocupava successivament llocs distints de l'espai i ara la imatge no persisteix, però no per causa anàloga, sinó per altra de diferent, i com suposem que deixa de persistir per aquella, d'aquí ve que l'error no està en els nostres ulls, sinó en allò que intel·lectivament *suposem*.

Quan Galileo distingí *el moviment aparent del moviment real*, en el fons sostenia aquesta tesi: la imatge visual manca de valor objectiu, mentres no existeixin experimentalment en la consciència les condicions d'innervació en les quals aquesta imatge és donada. Tant és així, que, si donem per suposat que la terra és fixa, el sol fa camí per l'espai; però si ens entra dubte d'aquest supòsit, ja no estem certs si és el sol o la terra o tots dos alhora els cossos que es mouen, destruint-se la nostra fe en allò que el nostre sentit ens mostra d'una manera tan imperativa.

Vegi's, doncs, fins a quin punt és indiscutible que l'acte de veure-hi és resultat d'un procés lògic preestablert per l'experiència. Com reconeixem que podem equivocar-nos en el raonament discursiu, reconeixem també que allò que el sentit ens imposa pot sotmetre's a rectificació, perquè hi ha quelcom en el fons de la nostra consciència que ens diu que l'acte de veure-hi, o sigui projectar la imatge al seu objecte, és un judici errat o veritable segons sigui l'estimació de les condicions en les quals la imatge és donada, de la mateixa manera que el raonament discursiu ens porta a l'error o a la veritat segons siguin les condicions de la sèrie antecedents de la qual es desprenen la sèrie de conseqüents. El que diferencia una i altra cosa és que en l'últim cas se'ns fa possible acusar les sèries en la consciència com a presents, tal com si desfilessin les unes darrera les altres, mentres que en el primer cas són tan profunds i tan llunyans els estrats commemoratius on es guarden els resultats dels quals pervé la intel·lecció i han adquirit els records tal grau d'automatisme, que davant de l'anàlisi instropectiva semblen estar fora de la consciència, mal que això sigui una pura il·lusió. Helmholtz anomenà aquests judicis elementals raonaments inconscients. La veritat és que el matemàtic no posa en la resolució dels seus problemes una atenció més porfidiosa que la que posa el nen en les seves provatures de projecció visual, durant el llarg període de la vida en el qual tracta de prendre les impressions òptiques com a signes objectius. Com que el savi d'Heidelberg creu que l'organització de la funció visual resulta d'un treball intel·lectiu, és clar que no usa la paraula *inconscient* ni en sentit metafísic ni designa amb ella el trasfons fisiològic, sinó senzillament l'acte plenament conscient que ha devingut automàtic amb la repetició.

De totes les demés sensacions externes pot dir-se igual que s'ha dit de les òptiques. *Percebre és referir la imatge a la seva condició externa, fent-la excèntrica.* Perquè aquesta operació sigui factible, llevat d'implorar l'auxili d'una potència oculta, és necessari esbrinar on demora aquesta condició. A l'atribuir la flaire a les roses, la dolçor a la mel, el so al cos vibrant, es dóna una mostra palesa que se sap que són les excitacions eixides d'aquests objectes les que han afectat el nervi olfactori, gustatiu o acústic. Això, que indubtablement ho porta sabut el subjecte, com ha arribat a saber-ho?

Per a tots els que admeten que la intuïció sensible és un acte espontani de la intel·ligència, no és possible ni tan sols plantejar el problema que tan decididament plantejà Helmholtz pel que toca a les percepcions òptiques. Aquesta impotència s'explica per la posició adoptada pel *nativisme intuïcionista.* Del moment que es dóna per segur que tots els fenòmens de les sensibilitats externes no estan sotmesos a més condicions que les que reben del món exterior, cal reconèixer que si llur acció determina els colors en la retina i centres òptics, la pressió en la perifèria tegumentària i centres receptors, la saborositat en la boca i nuclis centrals, etc., l'acte en virtut del qual la *species impresa* és referida a la seva causa respon a aquesta acció com l'eco respon al so amb les seves ones de retorn. De semblant punt de vista es comprèn que existeixi entre el subjecte i l'objecte *una harmonia preestablerta,* comparable a la que existeix entre les tecles del piano i el so que donen les cordes del seu interior quan els martellets les fereixen.

Com indica Helmholtz, amb certa despitada ironia, això no és explicar un fenomen: és senzillament una manera hàbil de tancar la porta a tota discussió. Amb aquesta hipótesi no es resol el problema: es defuig de gairell la seva solució. A primera vista la hipòtesi sembla inspirar-se en l'observació; mes aquesta és tan incompleta i deficient, que la seva interpretació s'esvaneix com una pura aparença quan se l'esbrina més profundament i se la completa amb els factors que li manquen.

No és cert que l'animal vingui al món a l'estil d'un aparell muntat a posta per a vibrar segons el toquin; entre les accions del món exterior i les reaccions del món interior no hi existeix aquesta somniada harmonia. Els sentits no són, com s'imagina, simples aparells de reacció que graven en la taula rasa de la intel·ligència impressions que una força intuïtiva fa excèntriques; proporcionen, sí, i emmagatzemen aquestes impressions en els centres on s'acumulen, a manera d'espècies intel·ligibles, com deien en l'antiga escola. L'animal, com ja hem indicat en altra banda, porta tendències nascudes de les necessitats que l'organisme formula en la consciència, que donen origen a moviments per l'intermedi dels quals adverteix que pot disposar dels sentits com d'instruments apropiats perquè reapareguin les impressions que li anuncien la presència de tot allò que pot calmar les dites necessitats, i d'aquesta manera és com els sentits són sotmesos al domini de la voluntat. Ja és cert que la sensibilitat externa reacciona tan sols sota l'acció d'una propulsió exterior; ja és cert que la voluntat més poderosa no aconseguirà mai crear una saborositat en la boca o un color en els ulls; però no ho és menys també que aquesta voluntat pot posar el sentit en condicions tals que rebi l'acció de tal cos saborós o de tals colors, i el coneixement d'aquestes maneres de moure's, o sigui d'aquestes diferenciacions motrius, és la *conditio sine qua non* de tota diferenciació externa, fins a tal punt que, si aquest coneixement manca, la realitat exterior podrà impressionar el nervi de la mateixa manera, però aquesta impressió no serà intuïtiva per quant s'ignorarà on demora la causa que la determina. Al contrari de com ho imagina el nativisme, les diferenciacions externes no ens vénen imposades de fora a dintre sinó de dintre a fora. De la mateixa manera que, per a poder diferenciar el color vermell, blanc o blau, que llueix un objecte és imprescindible que, per l'acomodament visual, haguem adquirit els coneixements que ens permetin judicar els espais delimitats i precisos que respectivament ocupen, perquè si ens manquessin no sabríem on està l'un i on està l'altre i la imatge fóra indistinta, per a diferenciar una olor d'altra o el timbre de dos cossos que sonen, necessitem també poder orientar l'olor *a* segons una certa direcció i l'olor *b* en una altra. Aquestes diferenciacions motrius es pressuposen a tota diferenciació externa, com la seva condició genètica.

En resum: n'hi ha prou d'aplicar l'anàlisi a aquest fenomen que sembla tan elemental i que anomenem percepció, per a comprendre que resulta de la combinació de dos factors indispensables: un degut a l'acció exclusiva del món exterior, que constitueix l'element sensorial pur, i altre de naturalesa motriu, que predetermina diferenciadament la causa o l'acció externa que l'evoca en el sentit. Aquest punt de vista no és nou. L'escolasticisme, inspirant-se en Aristòtil, exposà la mateixa idea, si bé d'una manera intuïtiva; *l'escola genètica* ha replantejat el problema en el camp de l'experiència pura, orientant la investigació en aquest sentit. Nosaltres consagrem la segona i la tercera part d'aquesta obra a estudiar com la innervació psico-motriu organitza el tacte i la visió i com proporciona l'element que exterioritza les impressions que acusen les sensibilitats tèrmica, gustativa, acústica i olfactora; i encara que ajornant-nos per a aquest estudi ulterior, no podem prescindir en aquest moment d'exposar aquesta tesi en els seus termes generals, mal sigui abreujadament, per a tirar endavant la nostra investigació sobre els orígens del coneixement en la realitat.

L'escola nativista i la genètica tenen quelcom de comú, encara que a primer cop d'ull semblen tan distanciades i contraposades. Una i altra admeten que la vida intel·lectual desperta per obra d'estímuls externs, desarticulant les funcions dels centres de percepció del *sensorium* dels centres psico-tròfics, sense que fins ara s'hagi besllumat, per no haver-se fixat l'atenció en la naturalesa de les sensacions de la fam, que el veritable impuls inicial que empeny a diferenciar els fenòmens que es desenrotllen en els centres de la sensibilitat externa naix de les necessitats ineludibles que acusa l'organisme en la consciència. No cercant-se, doncs, l'antecedent lògic d'aquestes diferenciacions on realment està, se cerca en l'exterior, si bé per diferents camins. El nativisme refereix la imatge a la cosa per una acció espontània que obliga a projectar-la; aquesta acció no la creu espontània l'escola genètica, que més aviat tendeix a considerar totes les sensacions com a inicialment internes, exterioritzant-se després per obra de la innervació psico-motriu. Però igual en una escola que l'altra la imatge sempre correspon a quelcom real que subsisteix com la condició perdurable de la seva possibilitat; una i altra consideren que el sentit no reacciona espontàniament. Els escèptics, quan aquestes qüestions es debatien amb raonaments, plantejaven als intuïcionistes el difícil problema del món real, i ja hem vist que tots els llurs punts de vista i totes les llurs disquisicions poden resumir-se en la següent pregunta i en la següent resposta: *Com sabem que les reaccions sensorials són determinades per una condició interior? No sabem com ho sabem.* I com on hi manca l'antecedent lògic manca la cosa que legitima la conclusió, és clar que a l'afirmar que les nostres imatges corresponen a quelcom subsistent, la nostra afirmació resulta formalment injustificada, la nostra assegurança gratuïta, car és gratuït tot allò que no s'apuntala en quelcom que li serveixi de garantia. En l'escola genètica sembla que aquesta garantia la doni la consciència del moviment. Quan apartem el braç a quaranta centímetres de distància, per exemple, i el tacte de la mà acusa una impressió, ens sembla evident conclusió que l'objecte que la causa demora en aquest lloc i no en altre, per quant preexisteix en la consciència el detall irrecusable de la quantitat i direcció del moviment que s'ha de fer perquè aquella impressió reaparegui. De la mateixa manera, si distingir en un mateix pla o en plans profunds la belga vermella i la blava, és posseir la consciència dels moviments que s'han hagut de fer perquè aquestes imatges siguin distintes, és clar que al fer aquests moviments se sap ja quin és el lloc on demora la causa que ha d'evocar les imatges d'un i altre color.

Els que, per raonar d'aquesta manera, donen per suposat que no és admissible cercar en la metafísica raó de cap mena que ens doni el sentiment de l'existència del món real, per quant aquest sentiment es desprèn d'experiències motrius, no adverteixen que de les dites experiències no és factible induir-ne el coneixement de la realitat. A l'estendre el braç a quaranta centímetres de distància i acusar-se la impressió tàctil, o a l'acomodar la visió als llocs on demora la causa dels colors vermell i blau, el sentiment de la realitat ja ve pressuposat; i per tant que ja sap el subjecte que existeix una cosa que provocarà en les terminacions tàctils o en els bastonets retinians una pressió o un color, emprèn una sèrie de provatures per l'intermedi de les quals arriba a aprendre com i de quina manera ha de ser mogut el braç perquè la mà rebi una pressió i com i de quina manera s'han d'innervar els músculs que regulen l'acomodació visual, perquè apareguin determinats colors. Si el coneixement d'aquesta causa o cosa real no preexistís en l'enteniment, mancaria l'antecedent lògic que indueix als músculs a associar llur acció de certa manera, a fi d'evocar en el sentit la imatge que anuncia la presència de la cosa real, i no podria induir-se la presència d'aquesta cosa.

La veritat és que aquella espontaneïtat misteriosa o d'origen desconegut que el nativisme atribueix a la sensació, els que raonen de la manera indicada l'atribueixen a la innervació psico-motriu. Així ho descobrim palpablement quan ens preguntem amb freda sinceritat: què mou els músculs motors de l'ull i el múscul ciliar a enfocar directament una cosa de manera que sigui la llum que prové d'aquesta cosa la que impressioni la retina, i per quins estímuls es coordinen les contraccions del membre toràcic de manera que en la mà es percebi la impressió d'allò que es desitja electivament que la impressioni? Altra vegada ens trobem, doncs, en presència d'una força espontània, d'un principi determinat deslligat de tot antecedent, de quelcom incondicionat irreductible a fenomen experimentable, per quant no podem encadenar-lo amb la sèrie de fenòmens precedents que el determinen.

Helmholtz, les habituds d'investigador consciencios del qual l'allunyaven de tot interès especulatiu, comprengué clarament que l'existència de la realitat, o sigui de la causa exterior que obra damunt dels nervis sensorials, no podia ser induïda de les experiències motrius o perceptives, que, ans al contrari, se'ls pressuposa com a llur condició genètica. Així ho reconegué a l'establir que *la llei causal és una llei de nostre pensament anterior a tota experiència*. L'afirmació del gran home ha estat presa com una concessió metafísica. Th. Ribot consigna amb certa estranyesa que un dels prohoms més genials de la moderna escola empírica ha invocat, com a base de tota experiència possible, un principi inexperimentable. La imputació és injusta. Helmholtz no pretén establir un principi entronitzant el racionalisme en els dominis de la ciència experimental, als mètodes de la qual romangué sempre fidel; es limità a fer la consignació d'una veritat de fet que no pretén explicar-se, i que, del seu punt de vista, resulta inexplicable. La paraula llei, en la seva accepció experimental, val tant com condició; i Helmholtz ignorava en què consistia la condició per virtut de la qual la intel·ligència, abans de llançar-se a establir tota l'experiència externa, ja sabia que la realitat exterior existia; aquesta qüestió, no prejudicada, quedava oberta a una ulterior investigació.

 L'especulació, en lloc d'aturar-se respectuosament davant del fet la condició determinant del qual desconeix, imagina que coneix la seva naturalesa, raonant de la següent manera: "No existeixen altres experiències que les experiències externes; però tota experiència externa consisteix en referir la imatge a la seva causa, lligant el fenomen sensorial amb quelcom subsistent que el determina en el sentit; de tot el qual se'n desprèn que no hi ha experiència possible si no preexisteix en la intel·ligència un primer principi original o nadiu, que es manifesta espontàniament en presència de la imatge, i obliga a referir-la a la seva causa exterior."

Conclusió

En el camp experimental, o sigui, prenent el fet en el mateix punt que el deixà Helmholtz, resulta evidentíssim que l'animal refereix el fenomen sensorial a una condició externa, a la qual anomenem cosa real, causalitat. Al consignar aquest fet, no fem sinó reconèixer que els sentits no reaccionen espontàniament. Com sabem això? Per a l'explicació del fet l'especulació inventa una hipòtesi inexperimentable, en la qual es dóna per suposat que aquest fet no pot relligar-se, com un terme de la sèrie, amb altres fets anteriors que s'hagin presentat com els seus naturals antecedents lògics. En aquest punt la cadena es trenca; l'última anella queda penjant damunt d'un avenc ombriu, i, agafant aquesta anella, la pengem en aquell clau del qual ens parla Kant, perquè ens serveixi de punt de partida. D'aquest punt endavant concebem en la intel·ligència un principi immanent, una virtut oculta, una força misteriosa, un *quid* incomprensible, que l'empeny a referir la imatge a la seva causa.

Convenç aquest raonament? S'imposa amb la mateixa força lògica que s'imposa una llei o un mecanisme físics? La raó especulativa pot explicar-se la referència externa, concebent que la prenoció de la causalitat ha estat donada a la intel·ligència originalment; però la raó rebel i lliure pot deixar de concebre-ho en aquesta forma. Llavors es preguntarà: "Com s'explica que el coneixement de la realitat es pressuposi a l'experiència externa?" A la qual pregunta pot contestar-s'hi: "No m'ho explico, quedant en el dubte prudencial que les coses siguin com són descrites."

Aquesta actitud expectant de l'esperit humà davant d'un fet evident, però que resulta inexplicable, és plena de seny i encertada; val més seguir aquesta conducta que bastir en l'aire un castell d'explicacions que pot tirar per terra una crítica demolidora. Davant d'un sa criteri, mai estarà justificada l'explicació que tan sols es fonamenta en la necessitat urgent de trobar la raó d'un fet que no s'explica. Cert que la necessitat lògica atia a fer-ho així, perquè el dubte és un estat anguniós del qual és precís sortir a tota costa i fins si es vol de qualsevulla manera; mes això solament demostra que el raonament especulatiu és fondament humà, no que les seves conclusions estiguin degudament garantides.

Al concebre, doncs, en la intel·ligència les fonts del coneixement de la realitat, no fem sinó transferir un problema, experimentalment insoluble, als dominis de la metafísica, quedant en peu l'eterna qüestió: Com sabem que fora de nosaltres hi ha alguna cosa? Com sabem que els nostres sentits no reaccionen espontàniament?

En la història del desenrotllament del coneixement humà, sempre comprovem que s'han explicat metafísicament els fenòmens que no poden encara explicar-se experimentalment. Quan no s'estudiaven els fenòmens fisicoquímics encadenant-los els uns amb els altres en les llurs seguides transformacions, es recorria com *ultima ratio* a aquella causa *sorda* de la qual ens parla Bacon de Verulamio, creant forces ocultes, deïtats misterioses, en les quals se suposava resident la llur eficiència. En el punt i hora que l'home es preocupà únicament de determinar les condicions que determinaven la llur gènesi, independentment de tota acció oculta o irreductible a experimentació sensible, aquestes virtualitats caigueren en descrèdit, essent considerades com a pures nigromàncies.

Hi hagué un temps també, en el qual els fenòmens vitals no s'estudiaven en sèrie, cercant en els anteriors o concomitants les condicions determinatives dels posteriors o simultanis reduint així la vida a una pura successió mecànica. Obeint llavors a l'impuls lògic que indueix a cercar una explicació metafísica d'allò que no hi ha manera d'explicar experimentalment, s'imaginava que aquests fenòmens, propis dels cossos vius, brollaven de l'*arqueo* misteriós, de l'*impetum fathiens,* d'aquest més enllà que no es presenta davant dels sentits en forma sensible i que es deia contenir la llur eficiència. Quan, més tard, desentenent-se d'aquestes concepcions, *verges estèrils que no donen fruit,* el fenomen vital fou reduït a un mecanisme físico-químic, ja no se sentí la necessitat d'invocar la intervenció de la deïtat oculta, per a explicar-nos l'ordre de la successió d'aquell fenomen en el temps i en l'espai. Actualment queden en el camp de la biologia un cabal immens de fets que no podem explicar-nos encara, perquè no n'ha arribat l'hora. Davant d'ells, els biòlegs, que, per habitud contreta en el laboratori, ofeguen en llur esperit tota explicació especulativa per quimèrica, esperen pacientment que el temps de llur explicació experimental maduri; altres, més vehements, a manca d'aquesta, anticipen una explicació especulativa i ens parlen d'entelèquies, de forces determinants, de principis arbitraris, irreductibles a una forma mecànica. Quan el temps, amb la seva acció constant, doni els seus fruits de benedicció, d'aquestes explicacions neovitalistes en quedarà allò mateix que ha quedat de les antigues.

Com en el món exterior la ciència es consolida a mida que estructura els fenòmens de manera que els uns siguin el terme d'explicació dels altres, sense invocar mai la intervenció de res que no sigui reductible a experimentació, així també en el món interior o psíquic no es poden destravar els fenòmens, ja que tampoc vindrien els uns si anteriorment no s'haguessin donat aquells altres que els determinen. En el punt i hora que la cadena es trenca, o que, infringint els cànons que imposa el mètode experimental, es deixa penjar l'anella flotant d'una *forma,* d'un *principi* en el qual se suposa l'eficiència generatriu del fenomen, s'explica metafísicament allò que no és factible explicar-se d'una manera experimental. Així succeeix amb els orígens que l'especulació assenyala al coneixement de la realitat. Rompent la unitat estructural i fisiològica del sistema nerviós, ve suposant-se que la intel·ligència es desenrotlla amb la percepció externa; però la percepció externa pressuposa ja la consciència de la realitat exterior, o sigui de la seva causa, i s'arriba a concebre que aquest coneixement previ es desprèn del fons *de la cosa que pensa* mitjançant l'acció de *categories* o *formes* que hi estan preexistents. Si no rompem, però, la unitat del sistema nerviós i, despullant-nos de prejudicis que vicien l'observació, ens preguntem per on comença realment la vida psíquica, ens trobem que la sensibilitat tròfica acusa en la consciència el sentiment de les coses que manquen en l'organisme per l'intermedi de sensacions vives.

Un esperit tan lliure i tan sincer com el d'Hume, conduït pel prejudici segons el qual la intel·ligència debuta amb la intuïció externa, sostenia, com a veritat de fet, que no podia existir la idea de *substància,* ja que res l'acusava sensorialment. Si hagués viscut en nostres temps, les grans descobertes de Pavlov l'haurien convençut que potser la retina no diferencia tants matisos de color, com *matisos de substància* diferencien la sensibilitat duodenal i la gàstrica. Així també la sensibilitat tròfica, amb la sensació de la fam, acusa específicament i diferenciadament en *una consciència inferior* les substàncies que manquen o escassegen en el medi intern. A partir d'aquest primer fet, comença a establir-se tota una formidable sèrie d'experiències que no es refereixen a l'objecte en si, sinó als efectes que determina en l'organisme, i d'aquí naix el sentiment profund d'haver-hi fora de nosaltres quelcom que no és en si mateix color, ni so, ni saborositat, ni flaire. Aquest sentiment es pressuposa a tota percepció o experiència externa, ja que abans que puguem referir a un objecte individualitzat el color que el reveteix, el timbre que li és propi, la saborositat que li correspon, aquest color, aquest timbre i aquesta saborositat els hem pres com a signes representatius que ens revelen la presència de la cosa que nodreix. Heus aquí, doncs, com el coneixement de la realitat exterior es pressuposa al coneixement dels objectes individualitzats per un ordre de successió prelativament preestablert. Quan prescindim d'aquestes experiències internes i, mutilant el *sensorium,* imaginem que tot el que sabem del món exterior ens ve dels sentits, ¿com ens serà possible inquirir els orígens del coneixement de la realitat si comencem apartant els ulls de les seves veritables fons? Tant se valdria pretendre valorar els angles d'un triangle desconeixent el valor dels interns i dels externs, o resoldre un problema prescindint dels seus termes. El sentiment que brolla de la sensibilitat tròfica, com el del color de la sensibilitat òptica, sembla brollar espontàniament d'una entitat metafísica, quan deixem de tenir en compte aquell capitalíssim factor; llavors entrem de ple en la regió de les tenebres.

Amb la diferenciació que hem tractat d'esbossar dels processos de la percepció tròfica i dels processos de la percepció externa, arribem, doncs, als orígens del coneixement de la realitat. Besllumem, amb les coses exposades, que el coneixement de la realitat no ens és donat originàriament, sinó que és induït d'una experiència interna anterior a l'experiència perceptiva o externa. Els termes d'aquesta experiència són proporcionats d'una banda per la sensibilitat tròfica i per la sensibilitat externa de l'altra; però la inducció de que la realitat existeix no resulta de l'acció isolada d'uns i altres, sinó de la llur conjunció. Hi ha aquí un mecanisme o un procés lògic que legitima que la imatge sensorial sigui presa com el signe de la cosa; les peces d'aquest procés han estat posades de manifest, però no l'enllaç inductiu del qual resulta la creació del primer pensament que clareja en la consciència. Com s'arriba al coneixement que la cosa és? Com s'arriba al coneixement que els sentits no reaccionen espontàniament, sinó que llurs funcions estan lligades a una causa comuna? Com s'arriba a saber que aquesta acció queda subsistent en el món exterior, com l'eterna possibilitat d'impressionar-los, excitant-los, apareixent llavors la realitat sota l'aspecte de causa?

Totes aquestes qüestions han estat fins avui del domini metafísic; però és possible reduir-les a experiments vius, determinant només les condicions en les quals els fenòmens se succeeixen. L'observació pot reivindicar els seus drets a investigar en aquestes closes del psiquisme inferior, on trobarem la clau de grans enigmes. L'animal, al nàixer, aprèn i aprèn molt de pressa. Comença ignorant que hi ha coses que alimenten i aviat arriba a saber-ho; comença ignorant que aquestes coses són exteriors i per l'intermedi del moviment ho endevina de pressa; comença ignorant que aquestes coses romanen subsistents en el món exterior i innombrables experiències li permeten donar per suposat que estan realment on les deixà altres vegades. Així es formula en l'enteniment un cabal abundós d'experiències, en cada una de les quals s'acusa la presència d'una cosa real, d'una causa. Quan l'especulació cerca afanyosament en regions superiors al món dels fenòmens la realitat i la causa, pretenent determinar llur naturalesa, ja en un, ja en altre sentit, no adverteix que els elements primaris dels quals es desprenen les seves extenses i profundes concepcions els proporcionen aquestes experiències rudimentàries que forja aquesta intel·ligència inferior, designada despectivament amb el nom d'instint. L'origen semblarà humilíssim a la raó ensuperbida que, confiada en la potència de les seves ales, ho escornifla tot, fins allò més impenetrable; però la intel·ligència sempre és idèntica a si mateixa, ja que, en el fons, el nen que avalua les qualitats nutritives d'una llet o projecta una imatge sensorial al lloc on ha d'estar situada, procedeix, respecte d'aquest fet, de la mateixa manera que, respecte de fenòmens més complexos, procedia Newton al descobrir les relacions establertes entre les masses siderals en moviment. Els processos intel·lectius sempre es desenrotllen de la mateixa manera. La raó especulativa, la raó empírica o la raó instintiva, es diferencien solament per la complexitat o la simplicitat del procés; però el seu *modus operandi* és sempre idèntic. No és, doncs, el raonament instintiu fill d'una intel·ligència borda, sinó de la mateixa intel·ligència que en graus superiors de desenrotllament crea les obres més admirables. A l'inquirir què és el *que pensa i com pensa* la intel·ligència naixent, ens posarem en contacte amb la massa enorme d'experiències d'on més tard es desprèn la noció d'identitat, la noció de la realitat, la noció de la causa. Semblant pretensió podrà semblar profanadora als que consideren els dominis de l'especulació de la manera que considerava l'antiga sacerdotessa la boscúria sagrada; pero l'explorador no la veu amb els ulls d'aquella quan hi endinsa sense temor a les divinitats ocultes; i la seva ardidesa no és sacrilega.

VI. PROCÉS LÒGIC DE LA INDUCCIÓ DE LA REALITAT EXTERIOR

L'excentricitat sensorial espontània

Les unitats més elementals que és possible descobrir en la intel·ligència amb l'anàlisi introspectiva, apareixen ja sota la forma d'imatges excèntriques, projectant la llur qualitat a la causa o excitació que les ha determinades, i així és com es fan representatives d'aquesta causa. La pressió no és sentida en la perifèria tàctil, sinó en el cos adjunt a la mateixa; el color no és sentit en la retina, ni el so en l'oït, sinó revestint l'objecte o atribuint-lo al cos del qual brolla. Les impressions de calor o de fred, l'amargor o la dolçor, la flaire, no són per a nosaltres el resultat de reaccions dels nervis sensorials, sinó qualitats pròpies dels cossos, que se'ns presenten com a calents o freds, aromàtics o saborosos. Mentre contemplem aquests fenòmens del punt de vista de nostra pròpia consciència, ens sembla del tot evident que les nostres imatges visuals no brollen espontàniament en el sentit, ja que si fora de nosaltres no hi haguessin coses que exciten la retina, la seva energia romandria latent i deixarien d'aparèixer aquestes imatges; mes, un cop excitada aquella, apareixen explosivament excèntriques, girant-se *sponte sua* vers la causa que les evoca. Igual passa amb els demés sentits. Una causa externa, sigui en si mateixa la que es vulgui, excita l'expansió perifèrica del nervi sensorial, provocant en el centre receptor una reacció, la forma físico-química de la qual desconeixem; aquesta reacció és la causa que fa que en la consciència la imatge aparegui excèntrica o representativa d'aquella causa externa.

Amb semblant teoria, seductora per la seva senzillesa,

prejudiquem la fisiologia d'una funció per factors purament introspectius, amb la qual cosa invertim els termes del problema que es desitja resoldre. Imaginem que aquesta part del sistema nerviós, que anomenem sensibilitat òptica per respondre a totes les excitacions que rep, siguin físiques, químiques o mecàniques, amb una reacció de llum, primitivament, originàriament l'evoca en la consciència com a excèntrica, o sigui, projectant-se a l'exterior, i això hauria de demostrar-se experimentalment, en lloc de donar-ho per suposat. És veritat que ara no ens és possible veure llum sense projectar-la fora de nosaltres mateixos; però aquesta visió actual, que suposem que naix únicament i exclusivament de la sensibilitat òptica, evidentment pot pervenir del concurs d'altres factors que deixem de tenir en compte. Un fisiòleg no pot prejudicar aquesta qüestió capitalíssima, amb la lleugeresa que la prejudica la psicologia introspectiva. Si al fisiòleg li pregunten si la sensibilitat òptica, isolada per una habilíssima vivisecció de tota connexió amb altres elements nerviosos, evocaria en la consciència una sensació de llum al ser excitada, provocant en la dita sensibilitat una reacció, respondria que sí sense dubtar, per ser aquesta i no altra la nota específica amb la qual aquella sensibilitat s'acusa en la consciència; però si li preguntessin si al brollar aquesta imatge seria excèntricament referida a la condició que la determina, contestaria modestament que, com que no ho ha experimentat, no pot respondre a tal pregunta. No en té prou que actualment l'acusi excèntrica la consciència per a afirmar-ho; en lloc de deduir la funció de l'observació interior, procedeix a l'inrevés del psicòleg. Descobreix que la condició determinant d'aquesta nota psíquica que anomenem llum o color demora en una part diferenciada del sistema nerviós, perquè observa que l'excitació que actua damunt d'aquesta part, i no damunt d'altra, és l'única que posseeix la virtut d'excitar-la; però no pot sotscriure l'afirmació que assegura que naix excèntrica, solament perquè decanta a creure-ho així la introspecció.

Dintre d'un sa criteri fisiològic no s'ha de deduir la funció del factor introspectiu; ben al contrari, és el factor introspectiu el que ha de ser referit a la condició fisiològica que el determina. Quan, per exemple, J. Muller referia al tacte les impressions tèrmiques, procedia com la psicologia introspectiva al referir la imatge excèntrica a la reacció central; solament a l'experimentar quines terminacions nervioses del tegument extern són sensibles a la pressió i a les impressions tèrmiques, s'adverteix que allò que la introspecció acusa com a simple, és un fenomen descomponible en dos elements distints, per ser determinat per dues funcions i no per una sola. Introspectivament ens és impossible isolar la impressió tèrmica de la del contacte, per acusar-se sempre simultàniament; però l'experimentació fisiològica ens permet isolar els punts perifèrics que evoquen en la consciència una i altra impressió. De la mateixa manera: per l'observació interior donem per suposat que tot allò que és donat representativament en la imatge excèntrica *és allò mateix que ha estat donat en la impressió,* i així ens figurem càndiament que en la retina no hi existeixen ni hi poden existir altres colors o matisos que els que projectem a l'objecte, com en el gust i en l'odorat no poden existir-hi altres qualitats saboroses o altres olors que les que atribuïm a les coses exteriors. La nostra creença és desmentida per l'observació. Nosaltres no atribuïm a l'objecte qualitats que no siguin acusades en la sensació, però en la sensació poden donar-s'hi i s'hi donen sempre qualitats que, per no haver estat intel·lectualment diferenciades o discriminades, ni són projectades a l'exterior ni en tenim coneixement, per ser en aquest estat pures sensacions internes. Davant del prodigi de les *Meninas,* jo, que no sóc un visual, no arribo a veure ni en la forma ni en el color tot allò que concebé en Velázquez, ni tampoc allò que hi arriba a veure-hi un bon perit. Indubtablement en la meva retina hi ha impressions de color que per mi són invisibles. I n'és la prova, que si de jove m'hagués dedicat a la pintura, aquests elements sensorials, ara indistints, se'm presentarien distintament, veient en la tela esmentada allò que ara em passa desapercebut. Quan, més tard, per obra de l'estudi o d'un treball porfidiós, arribi a donar-me compte d'aquells elements, *no són donats en la retina i en els centres de percepció perquè els percebo, sinó que els percebo per haver estat donats sensorialment en un estat intern en el qual no eren encara per a mi representatius.* Allò que anomenem imatge distinta és un fenomen molt relatiu i molt personal. El pintor no veu el color com un profà: el veu incomparablement millor. Als vint anys de dedicar-se a la seva professió, el veu com no el veia el primer any d'aprendre-la; l'home fet veu els objectes més distintament que el nen de tres anys, i aquest més que el de tres mesos, que tot ho projecta en un pla paral·lel al pla frontal, i així s'arriba fins al nascut de nou o al cec de naixença que ha recobrat la visió amb una intervenció quirúrgica, en els quals el color no és vist per ser sols sentit en el fons dels ulls com una pura sensació interna. Si en la funció visual hi ha quelcom de nadiu, no és certament aquesta excentricitat, que s'inicia en les èpoques més llunyanes de la vida, que es perfecciona amb el temps i que és capaç d'un progrés indefinit amb un constant aprenentatge; la cosa nadiua és la propietat fotoscòpica. La retina reacciona de la mateixa manera en la primera edat que en el ple de la vida; de que en aquesta última s'hi vegi millor que en la primera, no se n'ha d'induir que amb el temps sigui més sensible al color que no ho fou abans; se n'ha d'induir que la sensibilitat òptica, destravada de tota acció nerviosa ulterior, no determina al reaccionar sinó impressions de color inexcèntriques, això és, sensacions que en si mateixes no són representatives.

Es diu que pel gust o per l'odorat arribem a distingir uns objectes d'altres, perquè amb la saborositat i amb l'olor naix aquella tendència excèntrica que ens mou a atribuir aquestes qualitats a les coses a les quals corresponen. Que aquesta tendència existeix, és indiscutible; el que sí és molt discutible, és que naixi de la sensibilitat gustativa i odorativa tal com la psicologia introspectiva ho imagina. Si és prou que una d'aquestes parts específicament diferenciades del sistema nerviós reaccioni sota la influència de l'excitant extern, perquè es percebi la qualitat sensorial com a representativa de l'objecte, jo he de distingir en el vi i la cervesa tot allò que hi distingeix un paladar delicat. I no és així. ¿Serà perquè, fisiològicament, la meva sensibilitat gustativa no és tan sensible com la d'altres i, per ser menys viva en reaccionar, no aconsegueixo exterioritzar les impressions amb la mateixa agudesa que aquells? Encara que fos així, no pot ser aquesta la raó de resultar la meva percepció més obscura, ja que, educant degudament el meu paladar, arribaré a discriminar en la meva sensació qualitats que abans no distingia, de la qual cosa se'n desprèn que en la meva sensació preexistia en un estat amorf i indistint, allò que, mitjançant una operació molt distinta de la sensació mateixa, he projectat després, atribuint-ho a un objecte. Il·lusionat per la introspecció crec que la cervesa no produeix en el meu paladar altra impressió que la que percebo; però, quan abandono aquest punt de vista, és quan m'adono que no tot allò que és donat en la impressió és percebut, ja que, a mesura que *m'assajo a percebre,* vaig descobrint elements sensorials que també puc atribuir a l'objecte, fent-los excèntrics; tots aquests elements no són creats en el moment de percebre'ls; foren ja donats en la reacció sensorial, en un estat en el qual no eren encara representatius.

De l'oït i de l'odorat, de la sensibilitat tèrmica i la tàctil, pot afirmar-se'n la mateixa cosa que acabem d'indicar de la sensibilitat òptica i de la gustativa. Quan, doncs, inspirant-nos en el mètode fisiològic, ens preguntem quin fenomen psíquic determina l'excitació que recau damunt d'una sensibilitat externa, hem de respondre que determina una sensació interna, qualitativament distinta de les altres. En realitat els nervis sensorials reaccionen de la mateixa manera que els demés; a l'actuar-hi damunt una excitació, digui's pruïja, llum, replecció, so, distensió, dolor, etc., experimenten un canvi d'estat i aquest canvi d'estat és el que s'acusa psíquicament. Quan no s'enfila la qüestió d'aquest punt de vista i es procedeix a l'inrevés de com ha de procedir-se, en lloc d'induir el fenomen psíquic de la condició fisiològica, s'indueix aquesta condició fisiològica del fenomen psíquic, imaginant-la arbitràriament; llavors és quan es creu en l'absurd de suposar que els nervis sensorials, a l'acusar el canvi d'estat que han sofert al rebre l'excitació externa, acusen ademés el sentiment de la causa d'aquesta excitació. Quina condició fisiològica determina aquest impuls excèntric pel qual es ve en coneixement o s'adquireix la consciència que la impressió és representativa d'aquest quelcom exterior? No n'hi ha cap: estem en presència d'un fenomen espontani, incondicionat, que no pot relligar-se amb els fenòmens determinants que precediren al seu naixement i, per tant, d'un enunciat metafísic que resta fora dels dominis de la ciència experimental.

Molt formalment assegura W. James que si en altre temps es parlà de les sensacions internes, avui aquesta qüestió ja ha passat de moda. Contra semblant opinió, seguim creient amb Helmholtz, que ni ha passat ni passarà mai de moda, que les sensacions són signes inintel·ligibles mentres no siguin interpretades, donant-los una significació de la qual manquen per si mateixes. Les impressions de color, tals com nadiuament les acusen la retina i els centres òptics, les impressions de saborositat, odorants, tèrmiques, que l'acció del món exterior acumula en els centres sensorials, proporcionen a la intel·ligència allò que Kant anomenava, seguint la tradició aristotèlica, *la matèria del coneixement*; cap d'elles és intel·lectiva, perquè per cap d'elles s'arriba a saber que corresponen a coses exteriors, perquè no s'ha averiguat encara que aquestes coses existeixin i que puguem representar-nos-les per l'intermedi d'aquelles impressions. Aquesta llum que es forja en la retina i com per una misteriosa repercussió s'abranda també en els centres òptics; aquesta olor i aquesta saborositat, aquest so i aquesta pressió que el nervi sensorial acusa (com acusen els filets centrípets del pneumogàstric certes excitacions de l'estómac o l'absència o l'entrada de l'aire en els pulmons) són modificacions que ens vénen imposades per quelcom extrínsec al nostre organisme, i això és la primera cosa que ens cal averiguar, ja que no ho sabem al venir al món, per quant la retina i el pneumogàstric no acusen sinó llurs canvis d'estat, i cap motiu ens obliga a creure que allò que impressiona la primera *és exterior* i allò que impressiona el segon *interior*. Però, perquè pugui procedir-se a aquesta diferenciació, mitjançant la qual arribem a saber que les imatges que brollen dels nostres sentits poden ésser preses com a signes de les coses exteriors, és clar que aquestes imatges han de preexistir en els nostres centres sensorials. De quan naixem fins que ens morim, ens passem la vida *descobrint en l'objecte* qualitats que un temps anterior al de la llur descoberta ens eren desconegudes, i, si bé ho reflexionem, nosaltres no descobrim res *directament en l'objecte*: el que fem és *objectivar* impressions que els nervis sensorials acusaren. La llum invisible que s'acusa en els centres òptics es fa visible quan l'atribuïm a l'exterior, i llavors es formula el judici pel qual diem que aquesta llum és pròpia d'aquesta causa exterior. Ens figurem il·lusòriament que la veiem per trobar-se present, quan és la veritat que som nosaltres mateixos que la férem present, a l'objectivar un efecte sensorial que preexistia en una certa regió del sensori, sense que ens en donéssim compte. Entre la cosa exterior que impressiona el sentit i aquest acte ulterior pel qual la imatge s'ha fet representativa, hi ha un terme d'enllaç: el centre receptor en el qual la imatge és donada com un efecte, res més que com un efecte. Tot allò que pot ser objectivat, tot allò que pot ésser vist, olorat, assaborit en la cosa exterior, ha de ser descobert prèviament en aquests centres de la sensibilitat externa en els quals preexisteixen les impressions rebudes; i quan s'adverteixi que aquestes impressions no hi han brollat espontàniament, sinó per obra d'una acció exterior, llavors seran estimades com a representació d'aquesta acció. L'exteriorització és el resultat d'un procés inductiu, o d'un raonament, com deia Helmholtz, el mecanisme del qual és necessari inquirir, per a poder-nos fer càrrec de com és que estem tan profundament convençuts que els sentits no ens enganyen i s'adapten sempre a una realitat vivent.

Aquest problema, damunt del qual s'apoia tota la nostra vida intel·lectiva, no és tal problema per a la psicologia introspectiva. Del punt que es dóna per suposat que la reacció sensorial que determina la presència de la cosa exterior, evoca immediatament, directament, la imatge excèntrica, el coneixement que la imatge correspon a aquesta cosa no naix d'un procés lògic mitjançant el qual ens convencem que és així i no d'altra manera, sinó que se'ns dóna preformat espontàniament. Una vegada admesa aquesta hipòtesi, ja no creiem que projectem la imatge al lloc on hem descobert que demora la cosa: donem per suposat arbitràriament que la cosa està en el lloc on la imatge és projectada, i aquesta creença manca de tota certesa lògica, per tant que ignorem, des d'aquest punt d'arrancada, com hem arribat a saber que la nostra imatge hi correspon. Impulsats per ressorts interns, per mecanismes incomprensibles, atribuïm a la mel la dolçor, l'olor a la rosa, el timbre al cos que vibra, el color a l'objecte, i com que ignorem per obra de què sabem que en això que intel·lectivament construïm sota forma de mel, de rosa, de cos o d'objecte, hi demora quelcom d'irrepresentable que provocà en els nostres sentits aquelles imatges, no sabem si les projectem en el buit o a coses reals, creant entorn nostre un món exterior semblant a una fantasmagoria. Si és veritat que les imatges naixen ja excèntriques, per obra i gràcia de l'excitació externa que les evoca així en els centres sensorials, no hi ha manera d'establir diferenciació possible entre el procedir d'aquesta intel·ligència i la de l'al·lucinat que també creu que la cosa està on projecta el fantasma, per l'intermedi del qual se la representa: una i altra procedeixen de la mateixa manera.

I la veritat és que distingim el món real de l'il·lusori. Cert que podem equivocadament projectar les nostres imatges en el buit; però el fet de ser-nos possible rectificar l'error comès, és prou per a convèncer-nos que la projecció naix d'un procés lògic en el qual els antecedents condicionen els conseqüents, i no d'una activitat espontània. Vivim adscrits a la realitat que condiciona el desenrotllament de tota la nostra vida intel·lectiva. La realitat exterior serà tan *incognoscible* com es vulgui; però d'aquesta cosa *incognoscible* en sabem que és, que impressiona els nostres sentits, i que, en condicions predeterminades, els impressiona sempre de la mateixa manera, i que seguirà fent-ho així perdurablement tant com els sentis siguin com són.

L'observació ens ensenya que hi ha un període de la vida en el qual les sensibilitats externes, destravades encara per complet d'altres centres nerviosos, per no haver-se establert les connexions de les quals resulten les experiències psíquiques, reaccionen d'una manera autònoma al rebre l'acció del món exterior; durant aquest període, ni les pressions que s'exerceixen damunt dels corpúsculs tàctils, ni la saborositat, ni la llum, ni cap altra impressió sensorial, són referides a la llur causa, fent-se intel·lectives. Durant la prensió cega, l'animal ignora que pugui establir-se una relació entre els efectes sensorials que provoca i els fenòmens que apareixen després; és a força de repetir-se uns i altres segons una successió preestablerta per condicions fisiològiques, que arriba a advertir que el contacte, la saborositat, etc., l'avisen anticipadament que es troba en presència d'allò que després la sensibilitat gàstrica acusarà com una realitat en l'interior de l'organisme, en la forma que ja hem descrit anteriorment. Aquí es mostra el trànsit d'un fenomen psíquic obscur, en el qual la reacció incontestable del nervi passava desapercebuda, a un fenomen clar, en el qual aquesta reacció és acusada com l'anunci d'alguna cosa, la presència de la qual es desconegué durant un cert nombre de vegades. Així com Boldyreff ens mostra que al rascar l'esquena d'un gos en el moment d'oferir-li el menjar, no s'estableix una connexió entre aquesta impressió i el reflex salival fins i tant que aquesta impressió apareix en la consciència com el record d'allò que succeirà en la boca al mastegar l'aliment, així nosaltres podem mostrar el trànsit de la impressió obscura a la imatge intel·lectiva, mitjançant una observació en la qual puguem veure quan una sensació interna deixa d'ésser-ho i es considera com a externa.

Si recollim dintre d'un cistell gossos parits de poc i els portem a un lloc obscur i silenciós, mantenint-los amb biberó, observarem que, fent coincidir la prensió del biberó amb el so d'un timbre, al cap d'un cert nombre de vegades n'hi ha prou que el timbre soni perquè l'animal ho estimi com un senyal, donant mostres paleses d'entendre què significa; mes si no s'ha preestablert la coincidència entre aquest so i la presa del biberó, l'oït podrà acusar la sensació, però el subjecte roman indiferent, com si no fos senyal de res.

De la mateixa manera: si en el moment d'oferir-li el biberó, es deixen caure unes gotes d'aigua freda damunt del ventre de l'animal, i això durant un centenar de vegades, amb prou feines si al començament acusa la molèstia; però arriba un moment en el qual estima la impressió tèrmica com a senyal de l'aliment, car allarga el morro i grinyola adelerat, en lloc d'acusar com abans una simple molèstia, essent la diferència tan clara, que no deixa espai a dubtes.

A cadells de quatre dies, acostumats a foscor profunda, els faig coincidir la presa del biberó amb l'encesa de la llum elèctrica; i malgrat continuar les llurs parpelles fortament tancades, la impressió lluminosa és efectiva en la retina, ja que, amb la repetició d'aquests actes, de si molt variable, arriba un moment en el qual n'hi ha prou que la llum ompli l'estança, perquè el subjecte entengui per la impressió que rep que aquesta impressió és el signe de l'aliment.

Les sensacions que més primerencament es fan perceptives són les tàctils de la boca. De bon començament la prensió es fa sense que el subjecte es doni compte de les impressions que experimenta; però si, entre el segon i el tercer dia, se li ofereix un biberó rígid en lloc del tou al qual està acostumat, s'estranya de la mudança, com si no fos aquesta impressió la que esperava.

Pràcticament hem de convenir que les impressions que més aviat apareixen distintes en la consciència, no són aquelles precisament que amb major persistència actuen damunt del sentit, forjant-se per l'acció exterior d'una manera sorda i acabant per imposar-se. Aquesta hipòtesi, tan universalment admesa, és rectificada per l'observació directa dels fets. Les impressions que més bé es diferencien són aquelles que es produeixen d'una manera coincident amb la satisfacció de la fam i que més fàcilment poden ser preses com a senyal d'allò que la calma. Mentres el nen roman indiferent visualment al color dels cortinatges, de les parets o del sostre de l'estança on es troba instal·lat, dóna mostres paleses de conèixer a la mare pel color dels vestits, malgrat no actuar aquest color damunt dels sentits amb la mateixa persistència que hi actuen els primers. La pressió que els bolquers exerceixen damunt del tegument extern és incomparablement més persistent que la del mugró en la boca, i, malgrat això, és en la boca on el tacte es desenrotlla primer, endevinant amb les seves impressions la presència de la cosa exterior, que no s'acusa certament des d'altres regions. D'entre totes les impressions que li eixorden l'oït, les úniques que són preses com a signes de la cosa exterior, són aquelles que el posen en relació amb l'objecte alimentici, com el grinyolar de la porta, la campaneta que sona, els passos o la veu de la mare; les altres li sonen dintre confoses o indistintes, com si per elles no s'enterés de la presència del món exterior. D'altra banda: al descriure els processos dels quals resulta l'experiència tròfica, ens hem pogut convèncer de com en aquest treballós període de la vida psíquica el vertebrat es preocupa tan sols de diferenciar signes amb els quals pugui reconèixer la presència d'allò que el nodreix i que, per tant, en lloc de cercar l'explicació d'aquestes diferenciacions en la persistència de l'acció exterior, cal cercar-la en la necessitat imperiosa i brutal que obliga el subjecte a conèixer allò que li convé. Cert que els sentits acumulen en els centres sensorials respectius les impressions que reben del món exterior; cert també que mentres aquestes impressions no estiguin degudament repetides, llur rastre és frèvol i no són donades en condicions que puguin ser diferenciades, estimant-les com a signes de l'exterior; però no és menys incontestable que, de no existir un estímul tan vehement i poderós com el que es desprèn de la sensibilitat tròfica, ni la llum, ni la saborositat, ni el contacte, ni el so, foren considerats com l'avís precursor d'allò que s'espera; com que res es desitjaria aleshores, res mouria de part de dintre a veure-hi, a oir, a olorar, a assaborir o a tocar. Si fos cert que els sentits són purs aparells de recepció, tal com ho imagina la psicologia introspectiva, i que la fixesa de les imatges depèn de la fixesa amb la qual actua la causa externa, no fórem els vertebrats com som, ja que, fonamentalment, l'amor que ens fa romandre com a soldats al món exterior, té els mateixos orígens que l'amor del nen al pit que el nodreix. Són els sentits aparells dels quals el subjecte se serveix per obra d'un dinamisme intern, a fi de posar-se en comunicació amb l'exterior, adaptant-los a allò que més li convé, i així és com es comprèn que, durant el llarg període en el qual s'instaura l'experiència tròfica, no s'adquireixin del món altres noves que les que tenen relació amb les necessitats nutritives.

Prenent, doncs, les coses tal com són i no tal com les vénen imaginant, les descrites experiències referents als gossos cadells són com el símbol representatiu del que observem en l'infant novellament nascut i en tots els vertebrats. Com ja hem dit al descriure allò que anomenem experiència tròfica, inicialment l'animal ingereix sense que tingui consciència del que fa, procedint com si mancués de sentits. La motricitat psíquica, desvetllada per la necessitat tròfica, determina la ingestió cega; però dóna la coincidència que cada vegada que s'ingereix es provoquen certes impressions tàctils, gustatives i odoratives, com nosaltres provocàvem en els gossos cadells de la cistella certes impressions òptiques i acústiques. D'aquesta manera es preestableix, pel mateix ordre material que són donats els fenòmens, una successió d'estats que poden seriar-se així: primer, necessitat tròfica i motricitat psíquica; segon, sensacions externes coincidents; tercer, sensacions gàstriques inhibitòries de les primeres.

De la mateixa manera que la successió del dia i de la nit preforma en la intel·ligència de l'animal la vaga creença que aquesta successió seguirà repetint-se indefinidament, i l'estranya que així no succeeixi quan el sol s'eclipsa, així el subjecte que ingereix, en l'acte de xuclar, mastegar i engolir, creu també, a força de repetir uns mateixos actes, que reapareixeran les mateixes impressions que abans aparegueren; i precisament perquè ha brollat en la seva intel·ligència aquesta creença, *sap que menja*. Poc abans ho ignorava, perquè, encara que apareixien les impressions sensorials, no s'havia relligat el segon fenomen amb el primer, i el tercer amb el segon, per no haver-se advertit que pervenien l'un de l'altre com un conseqüent d'un antecedent, i no havent-se advertit aquesta successió, malgrat que els nervis tàctils, tèrmics, gustatius, etc., eren realment excitats, el subjecte seguia ingerint cegament, com si no ho fossin; però una vegada ha brollat la creença o la previsió que menjant han de reaparèixer certes impressions que ja li són conegudes, si, de cop i volta, per una sobtada anestèsia de la boca, desapareguessin, creuria que no ingereix i deixaria de mamar, de mastegar o d'engolir. Comparant aquest estat amb el de la prensió cega, observem que el primer és intel·lectiu i no ho és el segon.

Amb aquestes impressions li passa al subjecte igual que li passà al gos amb el so del timbre. Durant vint, trenta, quaranta vegades, l'animal oïa el so del timbre a l'acte d'agafar el biberó, sense entendre que era un senyal; i saber que aquest so és un senyal és igual que creure que aquest fenomen està relacionat amb la necessitat tròfica, cosa que abans ignorava. Així també el subjecte, durant un cert nombre de vegades, ha sentit les impressions de la seva boca sense que cap relació les lligués amb l'impuls tròfic que les provoca, fins que vingué un moment en el qual s'establí aquest nexe de successió, i llavors sabé que era condició indispensable per a aplacar la fam, que reapareguessin aquelles imatges sensorials. Aquesta previsió, creença o intel·lecció rudimentària, no naix de l'acció perifèrica: *brolla d'una connexió central.* En el cas descrit, concebem clarament que l'excitació cel·lular evoqui la fam i que aquesta desperti la motricitat muscular d'una manera ancestralment precoordinada; concebem també que, a conseqüència d'aquests actes, es provoquin impressions en la sensibilitat externa i que, malgrat aparèixer tots aquests elements en el *sensorium,* no brolli la intel·lecció fins i tant que s'estableixi una connexió central d'on brolla la creença que es menja, ja que, mentres estan deslligats interiorment un i altre factor, l'animal ingereix sense donar-se'n compte.

La mateixa relació que acabem de descriure entre la necessitat trofi-motriu i certes impressions externes, pot establir-se entre aquestes últimes i les sensacions gàstriques que gradualment extingeixen les primeres. Mentres l'animal ingereix cegament, no adquireix la consciència que el reflex inhibitori que surt del seu estómac extingeix la fam; en aquestes condicions, el neguit de la fam desapareix de la mateixa manera que desapareix en el gos quan la carn és introduïda sense el seu coneixement en la cavitat visceral. Però quan l'animal es dóna compte que menja, per trobar-se presents en la seva consciència certes imatges, s'estableix una connexió tan íntima entre aquestes imatges i les sensacions gàstriques, que adquireix la consciència que la seva fam s'anirà atenuant gradualment mentres persisteixin les primeres com a condició determinant d'aquest fenomen; i això fins a tal punt que si, per l'anestèsia sobtada dels sentits, desaparegues-sin les imatges de cop i volta, encara que també s'extingiria la fam si l'animal continués ingerint, aquest no es donaria compte del perquè de tal cosa.

Aquí se'ns mostra una successió d'estats originàriament imposada per condicions fisiològiques preexistents. És una acció perifèrica la que evoca les sensacions tròfiques en una regió del *sensorium* i una acció perifèrica la que evoca les sensacions externes i gàstriques en altres regions; totes aquestes sensacions s'acusen com un efecte, res més que com un efecte de l'excitació; però si es dóna la coincidència que mentres es desperta l'efecte *fam* en els centres psico-tròfics, es desperta l'efecte *sensació* en els centres sensorials, i això d'una manera repetida, invariable i constant, s'estableix una connexió o associació inseparable, ja per vies directes, ja per vies més complicades, que avui per avui se'ns mostren impenetrables; d'aquesta connexió brolla la creença que la fam subsistirà mentres no apareguin en els sentits certes imatges; i es creu així perquè una llarga experiència ha vingut demostrant que passa d'aquesta manera, ja que solament en presència d'aquestes imatges l'estómac va acusant lentament l'extinció de la fam i no l'acusa quan manquen.

És possible imaginar que si aquestes imatges, en lloc de procedir dels sentits, procedissin d'una acció interna, mentres l'efecte gàstric s'acusés de la mateixa manera, també serien considerades com a senyal d'aquest efecte. Així, si suposem que brolla del ronyó una sensació especial cada vegada que s'ingereix aliment o de la sensibilitat dolorífica de la cuixa una certa impressió punyent, també en aquest cas es preformularia en l'intel·lecte la creença que aquestes sensacions internes són precursores de la sensació gàstrica. Si fem aquest supòsit fantàstic, concebent els fenòmens de manera diversa de com són, és amb intenció, per penetrar-nos ben bé de com els fenòmens de la sensibilitat externa són presos com a senyal de l'aliment, per ser els que es donen coincidents amb la sensació gàstrica, no perquè la llur naturalesa sigui fisiològicament diferent de la dels altres.

La intel·lecció

De l'anterior exposició resulta que la sensació tròfica, externa i gàstrica, considerades isoladament, no són intel·lectives: la intel·lecció resulta d'un procés lògic, els elements del qual són imposats sensorialment. Així que l'animal arriba a entendre que perquè la fam es calmi és indispensable la reaparició de certes imatges, els atribueix un valor que abans no tenien. Qui diu intel·lecció diu *consciència d'una relació,* i aquí ja és donada la relació que existeix entre la fam, la imatge i el reflex inhibitori que li és subsegüent. En aquest punt l'animal procedeix com el viatger que s'instal·la en país foraster, la llengua i els costums del qual desconeix. Si, poc després de ficar-se al llit i trencar el son, el desperta el toc de sometent de la campana del poble, com no sap això què significa, no estableix cap relació entre aquest toc i els trets i crits d'alarma que el segueixen; però si, la nit següent, torna a oir el mateix toc de campana, ja el sobresalta el temor que es repeteixin els trets, i si així succeeix, a la tercera vegada d'oir-lo, ja pren una actitud de defensa abans que els trets sonin, per avaluar ja aleshores aquell toc com a senyal d'un perill. Així comença també la vida intel·lectiva. Els gossos cadells de la cistella sofrien la fam i simultàniament els sonava un timbre en l'oït, ben lluny però de sospitar que aquell so era senyal d'haver-se d'extingir aquella fam; mes, a força de coincidir un i altre estat, s'establia entre ells una connexió interior, i sempre que reapareixia el so, ja donaven per segur que la fam fóra extingida. El mamífer que, al xuclar àvidament el mugró nutritiu, provocava inadvertidament certes sensacions, començà ignorant que aquestes sensacions li eren donades precisament en un instant anterior al de la sensació de satisfacció que hi subseguí, per no haver-se encara establert cap relació entre un i altre fenomen; mes així que adquirí la consciència d'aquesta relació, es donà compte que els fenòmens anteriors eren senyals o avisos dels posteriors. Així mateix: durant aquell llarg període en el qual s'estableix l'experiència tròfica, l'acció del món exterior, que no deixà d'actuar damunt dels nervis dels sentits, acumula en els centres nerviosos impressions persistents o frèvoles, sense que res se'n sàpiga; però totes aquelles que poden ser utilitzades com a senyals d'allò que es necessita, el subjecte tendeix a reproduir-les, posant els sentits sota el domini de la sensibilitat trofi-motriu, i d'aquesta manera és com el subjecte, en lloc d'esperar passivament que el sentit sigui impressionat, s'esforça en cercar que l'impressioni allò que necessita. L'impuls que mou a prendre les sensacions com a senyals de l'aliment és, com es veu, profundament lògic. Si mentalment el suprimim o si en prescindim, com fa la psicologia introspectiva, ens resulta incomprensible que a aquests efectes sensorials se'ls atribueixi un valor intel·lectiu, que bonament no s'explica.

En la descripció que acabem de fer, observem que la primera intel·lecció naix de termes o records que han estat donats en el sensori, sense necessitat d'inquirir com han estat donats. Una i altra vegada ha succeït que en el fons dels ulls del gosset hi ha nascut una feble claricia, o que ha vibrat un so especial en el moment d'agafar el biberó, i com que ha succeït que en un i altre cas la fam s'ha aplacat, sense necessitat de saber què era que evocava aquestes imatges, i sense que ni remotament se sospités en aquest instant que, de no haver-hi una condició externa, mai haurien estat determinades, s'ha preformulat en aquesta intel·ligència naixent *un judici de successió,* procedint el subjecte com si sabés que l'efecte tròfic és consecutiu a aquelles imatges, i per aquesta raó no les considera com a senyal de quelcom exterior, sinó com a senyal de l'efecte que va a experimentar; llur valor intel·lectiu no és encara extern, sinó purament intern. Posant-nos en el mateix punt de vista psicològic del gos, comprendrem clarament que ni aquesta impressió de llum que brolla del fons dels seus ulls tancats, ni el so que de sobte li sona en la testa, ni la impressió tèrmica que encara no localitza en el lloc de la pell on la rep, són representatives de res exterior; són senzillament fenòmens que, per haver-se donat d'una manera coincident amb l'extinció de la fam, es relliguen amb aquest fet intern i es presenten com l'avís d'allò que va a succeir immediatament.

Recordi's que al parlar de l'experiència tròfica (i reflexioni's que les repeticions en les quals caiem són inevitables, perquè estem estudiant una mateixa qüestió des d'altre punt de vista), hem dit que els signes sensorials per l'intermedi dels quals es reconeix la presència d'allò que l'organisme reclama, no fan mai relació al món exterior, sinó a l'efecte tròfic que determinen. Així hem dit que el nen criat per la seva mare experimentava cert neguit tròfic a conseqüència de les males qualitats de la llet d'aquella, mostrant-se irritable i rondinaire, i, en canvi, les mamades que li donava una veïna el deixaven satisfet. I com que donava el cas que el mal efecte de la primera llet venia invariablement després de la visió del color blanc A i el bon efecte de la segona després de la visió del color vermell B, aquesta successió, invariablement repetida un cert nombre de vegades, forjà dos records en el sensori tròfic i dos records en els centres òptics, entre els quals s'establí una connexió interneuronal. Per obra d'aquesta connexió, no aparegué A sense que amb ell aparegués el record d'allò que altres vegades havia succeït simultàniament, ni B sense que es recordés a la vegada que darrera d'aquest estat sensorial no venia mai aquell malestar indefinible que succeïa a l'aparició de A. En aquestes noves condicions, el subjecte no ha d'esperar que passi un cert temps perquè l'excitació cel·lular acusi en la consciència l'efecte tròfic; per la repetició dels mateixos actes s'ha elaborat un record, i aquest record es desperta en presència de la imatge A, tal com acusava l'efecte tròfic la sensació determinada per l'excitació cel·lular, això és, com un dolor o un malestar interior; en canvi, davant de la imatge B es desperta el record tròfic de l'efecte passat i amb ell un plàcid sentiment de satisfacció. Ara bé: quan el passat es fa present, s'adquireix la previsió que allò que ha succeït durant cinquanta o cent vegades tornarà a repetir-se. Durant cinquanta o cent vegades ha vingut repetint-se el fet que, al cap d'una hora de l'aparició de A, sobrevenia el malestar susdit; recordar que això succeïa, és saber en el moment actual que A aparegui, que al cap d'una hora tornarà a succeir el mateix. Heus aquí, doncs, com amb la imatge d'un color, relligat al record d'allò que ha succeït, el subjecte adquireix la previsió d'allò que ha de passar, perquè s'ho representa per l'intermedi d'aquella imatge.

De la mateixa manera: a força de repetir cert contacte, certa saborositat o olor, sentits d'una manera vaga i difosa durant la ingestió maquinal, s'han forjat en els centres de la sensibilitat externa imatges que invariablement són donades com la cosa que precedeix l'efecte tròfic, això és, l'extinció de la fam, i al ser despertades de nou, associadament al record d'allò que vingué després de la llur aparició, apareixen en la consciència com la intel·lecció viva que allò mateix passarà altra vegada. Repetim que per a formular-se aquesta intel·lecció primària, no precisa saber que allò que calma la fam és alguna cosa extrínseca o que allò que evoca la imatge és una causa que demora fora del sentit; n'hi ha prou que es forgin dos records diferents en el sensori i que s'uneixin per l'intermedi d'una connexió interneuronal, a la qual respongui allò que se'ns mostra sota la forma d'una relació lògica.

Ja que la imatge sensorial no és nadiuament intel·lectiva, sinó que la intel·lecció resulta de la seva connexió amb el record tròfic, pot preguntar-se: després d'establerta aquesta connexió, què entén el vertebrat que abans no entenia? La resposta és molt senzilla; implícitament ja ve exposada en tot això que acabem d'indicar. Si el nen preveu pel color A un efecte tròfic diferent del que preveu pel color B; si en la ingestió maquinal, amb la repetició d'una mateixos actes, es forgen certes imatges centrals que l'excitació perifèrica no fa altra cosa que despertar i en presència de les quals l'animal ja sap allò que abans no sabia, preveient que la seva fam serà satisfeta; si en tota experiència tròfica establerta, l'animal ha adquirit la consciència clara, no del que passa actualment en el seu organisme, sinó del que hi passarà; indubtablement la imatge és donada en aquest període de la vida psíquica purament i exclusivament com *la representació pròpia de l'efecte tròfic.* L'assedegat que es representa l'aigua per l'intermedi d'un cert conjunt d'impressions, com el carnívor que es representa la carn que desitja, no coneixen els objectes tals com els mostrarà més endavant la percepció externa pròpiament dita; coneixen l'efecte tròfic que han determinat, coneixement que no consisteix sinó en la previsió d'aquest efecte. Perquè aquesta previsió pogués formular-se en l'enteniment, fou necessari poder representar-se aquests efectes; i com succeeix que anticipadament de tal efecte es donava tal imatge, i una distinta abans de tal altre efecte, i això d'una manera preestablerta per l'experiència, la imatge fou presa com el signe de l'efecte, *ja que signe és tot allò que és tingut com un terme representatiu.* En aquest punt l'últim dels vertebrats procedeix amb la mateixa sabiduria que l'home quan pinta l'esfera d'un rellotge, per a poder preveure, amb la simple lectura dels signes que hi dibuixà, l'altura del sol en l'espai, sense haver de determinar-la novament. És clar que aquests signes mancarien de valor, és a dir, no significarien res, si prelativament no s'haguessin fixat els termes experimentals dels quals són signe; però, una vegada fixats aquests termes, tant és amidar l'altura del sol en l'espai com donar-la per suposada amb la lectura del signe en el qual ha estat fixada indeleblement. De la mateixa manera: el nen que representà per l'intermedi del color l'efecte tròfic, l'assedegat que se'l representà per intermedi d'un cert conjunt sensorial i el carnívor que imaginà també un cert conjunt d'imatges per a representar-se la carn, no tenen necessitat que vinguin els efectes tròfics per a conèixer-los; anticipadament els preveuen, per haver-se soldat certs records tròfics amb certes imatges fixes en els centres sensorials. Els experiments d'on ha brollat aquesta previsió vénen imposats, d'una banda, per l'excitació cel·lular, de l'altra, per l'externa, que forjaren respectivament els dos records, i per la connexió central que els uneix entre si, mitjançant la qual s'adquireix la consciència de llur successió. Aquest coneixement és de naturalesa empírica, entenent que *empíric és tot allò que ve imposat per l'excitació perifèrica i apareix com a fenomen.*

Intuïtivament comprenem que del punt que les nostres imatges sensorials no són calcs de les coses exteriors, les utilitzem com a signes per l'intermedi dels quals ens les representem; però quan no ens deturem davant del fet tal com ens el presenta l'observació i passem més enllà, preguntant-nos com és que la intel·ligència les utilitza com a tals signes, descobrim que és natural que així sigui, car en aquest punt procedeix ja de la mateixa manera que en processos més complexos i enlairats. Dos fenòmens solitaris són donats, un en els centres psico-tròfics; altre en els centres de la sensibilitat externa; i com que se succeeixen invariablement, s'estableix entre ells una connexió *per virtut de la qual pensem que la imatge és el signe que simbolitza el record tròfic,* tal com les ratlles del rellotge de sol simbolitzen l'altura de l'astre en l'espai o el toc de sometent simbolitza el perill. Aquest pensament o aquesta intuïció no és *discursiva*; naix de les condicions imposades nadiuament i, per aquest motiu, tots els vertebrats pensem en aquest punt de la mateixa manera en l'acte d'avaluar la imatge com a signe dels efectes alimenticis que l'organisme grava diferenciadament en el sensori.

Com que aquesta inducció elemental naix de l'experiment tròfic, mentres els fets es repeteixin de conformitat a com s'han de repetir sempre, el valor lògic del signe segueix essent idèntic; però en cas que un mateix signe no correspongui a un mateix efecte tròfic, deixaria de ser tal signe. Sempre ha succeït, per exemple, que se simbolitzà en el color A un mal efecte tròfic i en el color B altre de bo, i per això precisament A es féu signe del primer i B del segon. Suposant que els signes es trastoquin, vestint-se la mare de vermell i la veïna de blanc, el nen, inspirant-se en les experiències anteriors, atribuirà a aquests signes un significat que realment no tenen; però, com que la sensibilitat tròfica rectificarà l'engany, de la mateixa manera que s'establí la primera experiència se n'establirà una altra, en la qual el significat que fins llavors s'havia atribuït a A s'atribuirà a B i viceversa. Amb això veiem que, en aquest període inicial de la vida intel·lectiva, el signe sensorial és sempre condicional; si realment correspon a l'efecte tròfic que recorda, com que l'experiment segueix repetint-se de la mateixa manera, se'l considera veritable; fals quan l'organisme no acusa els mateixos efectes que estan previstos en el record prèviament elaborat, i il·lusori quan no acusa cap efecte.

La intel·lecció, doncs, no naix de la sensació externa ni de la tròfica, sinó de llur relació, i el valor lògic d'aquest judici, o d'aquesta relació, depèn de si la correspondència que s'estableix entre els dos factors és real, inexacta o fictícia. En aquest punt el subjecte procedeix d'una manera impecable, amb el mateix rigorisme que procedeix el matemàtic en els seus càlculs. És una acció perifèrica la que determina dos records en dos llocs distints del sensori i una llei de successió la que determina la llur connexió central; és també una acció perifèrica la que evoca aquests records. Doncs bé; si el subjecte creu que davant de tal signe ha de sentir tal efecte i la viva veu de l'organisme anuncia que no es produeix, queda desmentit allò que estava previst per l'intermedi d'aquest signe i, mentres no sigui substituït per altre, no es pot preveure el que es produirà; però, així que l'experiència formuli en la consciència un altre signe, novament es podrà representar el subjecte l'efecte tròfic consecutiu. El valor del signe, doncs, no depèn de la significació que se li atribueixi per experiències anteriors; depèn de les anteriors i de les posteriors o previstes, ja que si passa que l'efecte previst no vingui, ja no és signe ni res. Així mateix diu el geòmetra: en la línia recta els punts són donats en la mateixa direcció; si en una línia hi ha punts que no són donats en la mateixa direcció, ja no és línia recta. Raonament idèntic al del vertebrat que pren el signe sensorial com a representació de l'efecte tròfic.

Amb aquest procés intel·lectiu l'animal es preocupa només d'una cosa: subvenir a les necessitats de l'organisme. Per a poder aconseguir-ho és necessari que li sigui possible preveure l'efecte que li han de causar els aliments. Aquesta previsió ni brolla d'un *quid* ignot o d'una facultat instintiva, ni li és donada nadiuament; naix d'un procés empíric forjat per l'excitació perifèrica, ja que a força de calmar-se la fam quan apareixen certes imatges, acaba per saber-se que es calmarà solament quan aquestes imatges reapareixen i que no es pot calmar mentres això no vingui. Cert és que també es calma amb la prensió maquinal, per una transfusió, per l'intermedi d'enemes o d'una fístula gàstrica; cert que es pot imaginar, com ho han fet alguns novel·listes, que és possible calmar-la amb gasos nutritius o sotils elixirs; però encara que sigui admissible la possibilitat de la seva extinció per procediments extraordinaris, la veritat és que el subjecte no es donarà mai compte del que li passi, mentres per l'intermedi d'imatges-signes no pugui representar-se l'efecte tròfic que ha d'experimentar. D'aquí ve que en aquesta intel·ligència naixent s'hi preformuli un postulat lògicament necessari: *no és possible adquirir la consciència d'un efecte tròfic sinó representant-se aquest efecte per l'intermedi del signe sensorial.* Diem que aquest postulat és lògic, perquè brolla de la relació de dos factors; diem que és necessari, perquè, suposant una cosa contrària, destruïm fins la possibilitat de la intel·lecció tròfica, per prescindir dels elements dels quals resulta. Aquesta necessitat lògica li ve al vertebrat necessàriament imposada pel fet mateix d'entendre que la imatge és representativa de l'efecte, i així com diem que el postulat d'Euclides és veritable, *perquè pràcticament no ens és possible imaginar el contrari del seu enunciat,* així diem d'aquest postulat que és absolutament cert, per tant que no és possible concebre una experiència tròfica en la qual l'efecte nutritiu no estigui representat per l'intermedi d'imatges; o cal renunciar, doncs, a preveure l'efecte nutritiu, o cal prendre el fet tal com és, com una imposició necessària.

La previsió del nen sobre allò que ha de succeir amb la llet de la mare i de la veïna, representades per A i per B; la previsió de l'assedegat que dóna per segur que solament calmarà la seva set allò que li aparegui amb la forma sensorial de l'aigua; o la del corb que guiat per una olor vola vers la carnassa que aplacarà la seva fam, es fonen en un judici d'identitat. L'animal sempre dóna per suposat que l'olor d'ara és l'olor d'abans i que A és A i B és B; aquest supòsit no el fonamenta en una experiència externa; naix d'una imposició interna.

¿Com sap el subjecte que el color blanc d'avui és el mateix de tres hores abans, i que el d'ahir i el d'ans-d'ahir i el que sempre ha vingut repetint-se de la mateixa manera d'ençà que establí l'experiència tròfica? ¿Com sap el corb que l'olor que li arriba de la llunyania és la mateixa olor que sentí altres vegades? Que ho saben és indubtable, ja que per l'intermedi d'aquests signes pressenten l'efecte tròfic que han d'experimentar; i essent com és el fet indiscutible, importa inquirir què és que acusa en la consciència el sentiment d'aquesta identitat, damunt de la qual descansa el valor de l'experiència tròfica, ja que si el nen no estigués segur que A és A i B és B, i no ho estigués el corb que l'olor actual és idèntica a les passades, no els fóra possible preveure què ha de succeir-los.

Durant trenta o cinquanta vegades, o les que foren menester, hem fet coincidir en els nostres gossos cadells la presa del biberó amb el so del timbre, i hem pogut observar que arribava un moment en el qual aquest so es feia intel·lectiu. Mirant la qüestió d'un punt de vista introspectiu, podria creure's que l'experiència psíquica comença amb l'adveniment d'aquesta intel·lecció, ja que amb ella el subjecte es dóna compte del que li passa; pero, per a comprendre que el que li passa és el resultat d'una operació preliminar, en la qual han estat donades les condicions determinants d'aquest fenomen final, és necessari que reculem més enllà, en cerca d'aquestes condicions que han d'explicar-nos aquest ulterior fenomen. Com saben els cadells que el so del timbre és el mateix que oïren altres vegades? No ho saben perquè coneguin la seva causa diferenciadament i per ella es donin compte que és diferent d'altres sons, el de la porta, per exemple, el d'una veu o el d'un aucell; aquesta imatge acústica es mostra distinta tan sols per haver estat donada coincident amb la presa del biberó; totes les que així no han estat donades, encara que sonin en el llur oït, no són enteses; si aquesta es mostra distinta, no és perquè sàpiguen que tal objecte la determina, ni perquè es donin encara compte que ha estat *una causa* la que la provoca; és perquè, a l'aparèixer, la consideraren com a senyal d'un efecte immediat, tal com ha succeït altres vegades. La consciència d'aquesta identitat naix de la memòria de les repeticions passades. Per frèvol que fos el rastre que deixà la imatge la primera vegada de rebre la impressió perifèrica, la veritat és que, quan sonà per segona vegada en el moment *b,* va repetir-se el mateix fenomen que aparegué en el moment *a,* donant-se la imatge com *a* + *b*. En els temps *c, d, e... n,* ha succeït igual; i així és com en l'última impressió la imatge és donada com una suma de totes les impressions passades, sense que els intervals s'acusin d'una manera mesurable, tal com les planes d'un llibre que amb el dit polze es fullegen ràpidament donen una imatge contínua. A la propietat fisiològica de l'element nerviós de retenir les excitacions passades en un estat d'addició latent, és a la que deuen els animals la memòria i, amb ella, el sentiment d'identitat d'unes mateixes impressions. Quan ens preguntem, doncs, en què es fonamenta el subjecte per a creure que la impressió *e* és la mateixa que li ha estat donada en *d, c, b, a,* ens respondrem que així ho creu perquè li són donades simultàniament amb la darrera. Igual passa amb els records tròfics. Si a l'assaborir un menjar notem que és fat i ens tempta el desig de posar-hi sal, és perquè el record de l'efecte d'aquest cos, avivat per l'excitació, existeix en el sensori, i com per l'experiència es té ja sabut que la cosa que satura aquesta necessitat és allò que s'acusa per l'intermedi d'aquest signe, ja es preveu el que succeirà molt abans que s'especialitzi aquesta necessitat fins al paroxisme, i aquesta previsió no naix de l'excitació actual, sinó d'ella i de la memòria viva de totes les excitacions passades, que amb ella es desperten en un mateix acte. Si aquestes excitacions no s'emmagatzemessin en els llocs ignorats on unes mateixes impressions són diferenciades en el sensori tròfic, i si l'excitació cel·lular actual, en lloc de despertar amb la sensació present totes les passades, s'acusés isoladament, la previsió tròfica, o sigui el coneixement de l'efecte que han de produir els aliments, fóra completament impossible. De la mateixa manera: si la imatge-signe no es donés en la consciència com a idèntica a si mateixa en el present i en el passat, és a dir, com un record, tampoc es podria representar per tal imatge l'efecte que ha de seguir-la.

La identitat del fenomen psíquic

El problema de la identitat del fenomen psíquic, reduït a la simple categoria de fenomen experimentable, resulta de l'addició latent d'unes mateixes impressions. Les imatges amb les quals els vertebrats comencen per representar-se els efectes tròfics, no responen purament i exclusivament a l'excitació actual, sinó a ella i a les passades, i per aquesta raó són donades aquestes diferenciacions com a fixes i permanents. Quan, ulteriorment, aquestes imatges són estimades com a signes dels objectes, tampoc són acusades únicament i exclusivament pel que és donat en la impressió perifèrica, sinó pel que és donat en aquesta impressió i en la diferenciació central que desperta.

El prejudici nativista ens inclina a creure que primer veiem la blancor de la neu, de les estovalles i de la llet, que la blancor, i això és il·lusori, perquè primer és donada la nota genèrica que aquestes notes distintes que poden deixar de donar-se en la diferenciació central. Així passa que, mentres unànimement es reconeix que aquestes tres coses són blanques, hi ha molts que no distingeixen les diferenciacions que a cada una d'elles corresponen, i els visuals les discuteixen entre ells, perquè tots *les perceben segons el seu coeficient de percepció personal*; aquest coeficient resulta d'una diferenciació central, on totes les impressions passades són donades en el record com a idèntiques a si mateixes o com una nota comuna, i com a diferenciacions possibles en la visió perifèrica actual que la desperta. Quan la psicologia introspectiva dóna per suposat que la visió central respon a l'excitació perifèrica com l'eco respon al so, no té en compte que l'experiència sincerament consultada ens ensenya que en el nucli central, on la impressió de la blancor és rebuda, hi bateguen en forma latent totes les impressions anteriors, i que aquest record és despertat per la impressió perifèrica actual; a aquesta reacció central hi respon l'epifenomen conscient, amb el sentiment de la identitat de tot allò que és donat com a blanc. En realitat la blancor no és induïda, per un treball ulterior, de tots els colors que així són donats; molt al contrari, aquests colors blancs particulars són discriminats de la nota comuna a mida que progressa i es perfecciona la funció visual, passant sempre d'allò menys distint a allò més distint, d'allò amorf a allò més diferenciat, d'allò obscur a allò clar. La consciència d'aquesta varietat infinita pressuposa sempre el sentiment de la seva identitat profunda, oberta a tota hora a les diferenciacions possibles i nascuda d'aquesta addició latent que acusa la identitat d'origen d'un fenomen i que es va perpetuant en la consciència a través de totes les seves variacions.

Recordi's que al descriure l'experiència tròfica concebíem la saborositat d'una manera global, tal com deu concebre-la el vertebrat en els primers períodes de la seva vida, i apuntàvem després el procés de discriminació per obra del qual es diferenciaven qualitats cada cop més clares, cada cop més distintes; recordi's el que hem indicat respecte de les olors, dels contactes i dels sons, i en presència d'aquests fets digui's si és admissible la proposició segons la qual la imatge central és la simple repercussió de la impressió perifèrica. Indubtablement la composició del fenomen central és incomparablement més complexa del que es ve suposant, ja que amb la impressió present s'hi suma la consciència de les que passaren.

La condició determinant d'aquesta elaboració central està en l'excitació perifèrica; també hi demora la propulsió que la desperta i la fa present en la consciència, i per aquesta raó poderosa, al percebre la impressió present, recordem les impressions similars passades. Aquest treball progressiu de diferenciació central, tan lent com obscur, que marca, jornada per jornada, el desenrotllament de la vida psíquica, no s'acusa per la introspecció solitària, sinó per intermedi d'una observació atenta i porfidiosa; la introspecció acusa tan sols els resultats, per prescindir de les condicions que els determinen. Però com que el fet és que la blancor s'acusa com a blancor i l'amargor com a amargor, encara que en el món exterior no existeixin ni dos colors blancs ni dues saborositats amargues idèntics, la identitat o la nota comuna que els atribuïm és explicada per la identitat de les excitacions que els determinen. Així es diu que la neu, les estovalles i la llet apareixen com a blanques perquè exciten la retina de la mateixa manera; així es diu també que els cossos *a, b, c* i *d* són salats, perquè impressionen el nervi gustatiu en la mateixa forma. Transportat així el problema de la identitat del subjecte a l'objecte, ens expliquem la nota comuna que acusa el fenomen psíquic per una acció idèntica de la causa exterior, explicació del tot il·lusòria perquè nosaltres d'aquesta causa no en coneixem sinó els efectes que determina en els nostres nervis sensorials i, per tant, d'aquest consegüent no és possible induir-ne l'antecedent que el determina, sinó al revés: és de l'antecedent que s'indueix el consegüent. No invertint, doncs, els termes de la qüestió, quan diem que els cossos *a, b, c, d,* són salats perquè impressionen el nervi gustatiu de la mateixa manera, necessitem primer de tot, per a formular aquest judici, saber quina és *aquesta manera,* car de no preexistir aquesta diferenciació que anomenem gust salat, no sabrem mai que *a* ens impressiona com *b, b* com *c* i *c* com *d*. El sentiment d'aquesta identitat es pressuposa a tota diferenciació externa. Quan sabrem, doncs, que *a, b, c* i *d,* ens impressionen d'una manera qualitativament idèntica? Quan la impressió actual desperti el record d'altres impressions passades, donant-se totes en un sol acte com una nota comuna. Aquesta nota comuna és l'acció perifèrica que la desperta, a condició que preexisteixi com una diferenciació central, i per això mateix, quan damunt de les papil·les de la llengua s'hi dissol un gra de sal, no diguem que el centre és el senzill tornaveu d'aquesta acció perifèrica, perquè és el tornaveu d'aquesta impressió sumada a totes les impressions similars altre temps produïdes, ja que *al percebre, recordem*. Mitjançant aquest factor intern ens serà possible judicar que *a* és com *b* i com *c* i com *d*; però, si ens manqués aquest factor, com podríem establir entre els termes de la sèrie un judici d'identitat?

Conclusió

Totes les impressions que l'acció perifèrica grava en el centre receptor són comparables al so del timbre i a la impressió de llum o de color dels quals hem parlat anteriorment; per obra d'aquesta acció, en aquest nucli receptor s'hi forja una diferenciació en forma d'addició latent, i, al fer-se present en la consciència gràcies a una nova excitació, els temps passats brollen com a presents. És il·lusòria la creença introspectiva segons la qual aquests nuclis de recepció, verges de tota impressió, responen a l'acció perifèrica de la mateixa manera que hi responen després d'elaborades les diferenciacions centrals. Quan, per processos d'ordre lògic i intel·lectiu, aquestes diferenciacions, més o menys matisades, siguin referides a una acció exterior, *no creiem que són idèntiques per ser la mateixa la causa que actua damunt del sentit, sinó que, per donar-se sempre de la mateixa manera, creiem que la causa que les determina és idèntica.*

Ens preguntàvem com pot preveure el nen l'efecte tròfic que ha d'experimentar per l'intermedi del color A o del color B, o com pot conèixer-ho el gos per intermedi d'un so, desconeixent un i altre encara, com ho desconeixen, que aquest so i aquests A i B són determinats per una causa estable, que sempre actua damunt del sentit d'igual manera; i ens ho preguntàvem perquè, de no existir el sentiment previ d'aquesta identitat, l'experiència tròfica mancaria de tot fonament lògic. Ara, després d'aquesta breu investigació, ja sabem que el subjecte pot estar segur que el signe d'avui és el mateix de temps passats, sense necessitat de conèixer la causa que el determina, per existir en la neurona una propietat fisiològica que predetermina l'epifenomen de la identitat. Si fos cert que el sensori fos el tornaveu de l'última impressió rebuda, el subjecte no podria preveure l'efecte tròfic que ha de venir darrera del so o del color vermell o blanc, perquè començaria per ignorar que aquestes imatges són les mateixes d'abans; però el sensori acumula les impressions passades, i com que és el tornaveu de les passades i de les presents, evoca la consciència claríssima que *això que passa ara és allò mateix que passà abans,* i així és com a l'animal li són donats, en un mateix acte, *el pre sent i el passat.*

VII. PERCEPCIÓ DE LA REALITAT EMPÍRICA

Condicions experimentals predeterminants

Recorregut ja l'aspre camí que pas a pas hem anat fent en les planes anteriors, comprenem que pel senzill fet de donar-se i repetir-se un bon nombre de vegades tres sensacions elementals, la tròfica, l'externa i la gàstrica, l'animal assoleix la consciència de la llur successió. No es necessita altra cosa perquè, d'una manera gradual, el segon factor es faci representatiu de l'efecte tròfic i sigui previst abans que l'acusi l'excitació cel·lular. Semblant fenomen intel·lectiu és tan natural que, una vegada penetrats dels termes del problema, es comprèn que les coses passen així perquè no poden passar d'altra manera, i llavors és quan la successió revesteix una forma lògica davant la mirada de l'observador que l'examina, ja que allò que en la fase empírica del procés se'ns presenta com una successió d'estats, en la fase lògica se'ns mostra com una successió forçosa. Quan una imatge és donada abans d'un mal efecte tròfic, el subjecte ignora com és donada així, però el fet és que es presenta sempre abans que la sensibilitat tròfica acusi el mal efecte; i com que aquest mal efecte deixa rastre en el sensori, arriba un moment que l'aparició de la imatge desperta aquest record i això es prou per a preveure què succeirà molt abans que succeeixi. Aquesta intuïció del futur s'afina i perfecciona de dia en dia, fins al punt de prejudicar, per l'intermedi d'una olor o d'una saborositat i més generalment per un conjunt d'impressions, allò mateix que sense aquesta intuïció acusaria de la mateixa manera l'excitació cel·lular al cap d'un cert temps. A aquesta successió pre-

MOLC 32.6

vista és a la que anomenem una successió lògica o una intel·lecció. Què és necessari perquè la imatge evoqui el record tròfic? Una via de comunicació que abans no existia, una connexió central que relligui l'una a l'altre. Heus aquí l'esquema de la intel·lecció tròfica. Perquè aquesta intel·lecció es formuli, no és necessari que amb anterioritat s'hagin preformulat altres coneixements, ni tan sols els més bàsics de realitat i de causa. ¿Per què necessita saber el subjecte que la imatge ha estat determinada per una causa i que allò que ha determinat l'efecte tròfic és quelcom que ha ingressat en el seu organisme? En té prou d'haver experimentat llurs efectes, perquè els records simultanis d'un i altre predeterminin la intuïció o el record únic del que succeirà de nou; en canvi, per a saber o donar-se compte que ha ingressat quelcom en l'organisme i que la imatge no ha brollat espontàniament, sinó per l'intermedi d'una causa, sí que es necessita portar preformulada en l'enteniment la intuïció primordial de l'efecte tròfic, com l'antecedent lògic indispensable per a donar aquest pas endavant.

Els orígens del coneixement restaran eternament impenetrables mentres no es precisi el sentit de les paraules, emmotllant-hi el fet concret que s'hi expressi. Es diu que la sensació és ja un coneixement; però jo dic que aquesta afirmació és molt obscura i no sabem definidament què volem expressar-hi. Sentir la fam tal com brolla isoladament dels centres psico-tròfics, no és la mateixa cosa que conèixer allò que pot satisfer-la; jo no sé veure que el subjecte turmentat per aquesta sensació vehement entengui res. Sentir la imatge que l'excitació evoca a l'actuar damunt del sentit, no és igual que saber que correspon a una cosa; és senzillament sentir un efecte la causa del qual s'ignora, com hem indicat anteriorment. Solament quan amb el sentiment de la fam hi associem el coneixement que s'adquireix amb l'experiència tròfica, o concebem la imatge nadiuament excèntrica, ens figurem il·lusòriament que el coneixement naix de l'acció perifèrica com un prodigi de vareta màgica; però quan advertim que la sensació no és altra cosa que un efecte de l'excitació i que aquesta sensació, encara que sigui donada com una suma latent o un record, no és de per si mateixa intel·lectiva, mentres no ho sigui d'un altre fenomen psíquic, comprenem que intel·lecció vol dir relació, i admirem la sabiduria de Kant, que tan profundament penetrà l'estructura íntima d'això que anomenem pensament. Així és que en aquest primer clarejar intel·lectiu en el qual la imatge es fa representativa de l'efecte tròfic, nosaltres no hi veiem més que el que hi ha: una relació entre dos termes interns. Els dos preexisteixen integrats en llurs centres respectius; un i altre desperten solament a l'evocació de l'excitació perifèrica que els ha creat; mes així que una conjunció fecunda els ha unit, si una acció perifèrica els evoca, brollen en la consciència d'una manera simultània i aquest record únic és el que constitueix la intuïció tròfica, expressió d'una fusió d'estats o d'una síntesi, com diria Wundt. En aquesta síntesi, però, un i altre dels elements que la componen acusen el mateix que acusaven quan es donaven isoladament, i així com abans la sensació tròfica acusava específicament la consciència d'una absència que no sabia en què consistia, ara també acusa aquesta absència, però representada per l'intermedi d'una imatge. Doncs bé: sempre ha succeït que quan apareixia aquesta imatge, l'*absència* o la fam desapareixia o s'extingia; per haver passat així empíricament un gran nombre de vegades, se simbolitzà amb ella allò que la sensibilitat tròfica acusava com a absent i, al reaparèixer la imatge, *es cregué que allò que la sensibilitat tròfica acusa com a absent, la imatge ho acusa com a present.* Per l'intermedi d'aquesta reversió, la sensibilitat tròfica es fa intuïtiva d'allò que calma la fam, i allò que calma la fam és la cosa que empíricament s'estima com a realitat o com a quelcom extrínsec que l'organisme reclama. Vegi's, si no, com en l'experiència tròfica hi apunta sempre la previsió de quelcom extrínsec. El cadell que es remou en la cistella a l'entendre què significa el so del timbre, dóna mostres clares d'entendre que allò que calma la fam està present. El nen que comença mamant maquinalment, així que arriba a entendre que les impressions que sent en la boca són representatives de l'efecte que ha experimentat altres vegades, per una previsió profundament lògica, imagina que la saborositat i el tebi contacte són els signes que li anuncien allò que li manca. A l'explicar en què consisteix la percepció dels aliments, diguérem que és l'apetència viva d'*allò* que l'organisme reclama i que ens representem per l'intermedi d'una olor, d'una saborositat, d'un contacte, sense que en aquesta percepció ens hagi preocupat gens ni mica precisar si aquestes imatges corresponen únicament a un objecte o a diversos objectes. Necessitem representar-nos l'objecte per un signe, sigui el que sigui, i és prou que una imatge s'hagi donat d'una manera coincident amb l'extinció de la fam repetides vegades, perquè el record d'aquesta extinció sigui simbolitzat per l'intermedi d'aquesta imatge. Per ella, diguérem, no coneixem l'objecte; coneixem allò que nodreix. Així l'assedegat, en la cosa que percep sota la forma d'aigua, no hi percep ni la llum, ni el moviment, ni la transparència, ni la frescor, ni el remoreig; hi percep, en forma d'apetència, allò que coneix únicament per acusar-se la seva manca en la consciència i que sap que conté realment la substància que d'aquesta manera simbolitza, per haver-ne fet la provatura altres vegades i guardar la memòria passional dels seus efectes; l'esquimal a qui el desenrotllament d'un nombre excessiu de calories exaspera la fam de les grasses, no percep aquests cossos amb la indiferència de qui no sent aquesta necessitat; percep allò que reclamen els seus elements cel·lulars arroentats per la combustió; qui fixa la ració d'ingesta d'allò que del món exterior ha de proporcionar al seu organisme la taxa de sal, d'hidrocarbonats i de proteïnes que necessita, percep realitats externes independents de la forma sensorial amb la qual les revesteix, per quant preexisteix en la seva consciència el record tròfic que li ensenya que elles i no altres són les que saturen les seves deficiències. Apetir allò que no és acolorit ni olorós, fred ni saborós ni sonor, és percebre quelcom que irrecusablement és donat en la intel·ligència *com la realitat empírica.* Tots els vertebrats portem formulats una suma enormíssima d'experiments, dels quals se'n desprèn la certesa invencible que el món exterior proporciona al medi intern allò que és gastat i consumit. En aquest punt no hi cap discussió, ja que contra l'experiència no es discuteix. *"Tu menges? Doncs tu saps que en la cosa que menges hi ha quelcom que et manca."*

La consciència d'allò que manca

Per a assolir el coneixement de la realitat no és precís donar la realitat per suposada, com venia fent-se, per creure-la un terme necessari del coneixement. Procedint així s'inverteixen els termes del problema. Nosaltres no atribuïm les nostres imatges a la cosa exterior perquè sapiguem que *aquesta cosa és,* fonament de la tesi especulativa. Ben al contrari: quan simbolitzem l'efecte tròfic per l'intermedi de la imatge, és quan adquirim el coneixement que allò que ens manca és alguna cosa. Sabem que la realitat és extrínseca, precisament perquè hem adquirit el coneixement de la realitat que manca en el nostre organisme. Per ser així les coses, la qüestió queda plantejada en nous termes: com s'adquireix la consciència del que manca? I heus aquí que plantejar la qüestió en aquests termes, és igual que preguntar-nos com sabem que mengem o que ingerim alguna cosa en l'interior de l'organisme; és igual també que preguntar-nos com comencem a entendre o a pensar.

Pujant fins a les fonts del coneixement, prenguem el vertebrat en el moment que encara la intel·lecció no és donada com a fenomen i examinem quan és donada i *com* és donada. La tasca és penosa i molt difícil per a qui no abjuri de tot prejudici, inspirant-se en una santa rebel·dia contra tot allò que no es presenti com a fenomen observable; però una vegada llançats en aquesta via amb el decidit propòsit d'arribar fins a la fi, sense miraments ni respectes, ens trobem que en la prensió maquinal s'acusen sensacions tròfiques, sensacions externes i sensacions gàstriques, sense que amb això el subjecte entengui res del món exterior. Aquests factors, elementalment, isoladament considerats, no són intel·lectius de res; en el subjecte es calma la fam sense que es doni compte del que ha passat. Arriba un moment, però, que es dóna compte del que passa, i en aquesta fase, purament empírica, del procés, es prepara la naixença del coneixement del que passarà; tal fase és posada com la garantia lògica de la posterior previsió, ja que la creença en allò que ha de succeir naix d'allò que tantes vegades ha succeït. Què ha passat aquí? Com és que el subjecte entén ara allò que abans no entenia? En què consisteix l'acte d'entendre? El que ha passat és que aquesta imatge ha estat posada en relació amb la sensació tròfica per l'intermedi d'una connexió central i s'ha fet representativa d'aquesta sensació. Així com el que ensopega en una pedra sofreix l'accident per no haver aixecat degudament el peu, i una altra vegada ja no ensopega, perquè preveu que ha d'aixecar-lo, així el subjecte que sofreix la fam i no sap què és allò que el turmenta, una vegada adverteix per una pràctica empírica que allò que el turmenta és representable per l'intermedi d'una imatge, ja sap que allò és això que se li apareix sota aquesta forma simbòlica. El símbol tant se val; la cosa important és la cosa simbolitzada. Necessitava una manera de concretar què era allò que li feia falta, i al trobar establertes per una acció exterior unes imatges l'existència de les quals ignorava, procedí com si es digués: "Vet aquí l'instrument del qual puc valer-me per a conèixer això l'absència del qual en l'organisme acusa en la meva consciència una mena de clam exasperat." Heus aquí la primera intel·lecció: la imatge es transformà en signe i ja se sap què significa aquest signe. Un bon nombre de vegades la imatge fou donada i la fam es calmava, i quan no reapareixia la imatge la fam subsistia porfidiosa, exasperant-se cada vegada més; i així, per l'acció de l'experiència viva, s'atribuí a la imatge la qualitat de signe. A l'enlairar-la a aquesta jerarquia, amb tota la prudència que sempre procedeix l'experiència empírica, aquesta experiència sofrí una reversió, i així com fins aleshores la fam es calmava quan maquinalment ingressava en l'estómac quelcom que després la sensibilitat tròfica acusava com allò que feia falta, d'aquest punt endavant la imatge es fa el signe, no d'allò que ingressa, sinó d'allò que ha d'ingressar perquè reaparegui el mateix efecte.

Vegi's, doncs, com, per a saber que la imatge és signe d'alguna cosa, no necessita saber que el món exterior existeix, com un terme pressuposat o com la condició prèvia d'aquesta relació: en l'acte que aquesta imatge és utilitzada com un signe d'allò que ens passa, es fa intuïtiva de la cosa real que ens manca.

De la realitat exterior s'ha dit, i això de moltes i variades maneres, que és un terme incognoscible; amb la qual cosa es confessa que, si altre no, coneixem la seva existència. Doncs bé: al preguntar-nos què volem significar amb la paraula "conèixer", descobrim que *conèixer és representar-nos la realitat per l'intermedi d'imatges.* Si manquéssim de sentits i la ingestió maquinal fos prou per a conservar-nos la vida, la realitat fóra acusada com ara en la consciència, però mai arribaríem a saber que existeix. D'altra banda, si les imatges sensorials ens fossin donades deslligades del sentiment tròfic de la realitat, tal com són concebudes de temps immemorial, mai arribaríem a saber que són signes d'alguna cosa. No es digui, doncs, que la realitat és incognoscible per ser irrepresentable mitjançant imatges externes, perquè tal com és donada la intel·ligència en els vertebrats, la realitat és donada com el primer terme de tot judici possible, això és, com a subjecte; l'acte de pensar no consisteix en altra cosa que en atribuir-li el predicat. Concebre una intel·ligència en la qual la representació estigui deslligada de la cosa representada, tal com un terme flotant en l'aire, és igual que pretendre formular un judici prescindint del subjecte, i això és una funció estranya, allunyada fins a l'infinit del que en el món dels fenòmens anomenem intel·lecció. Els elements essencials de tota intel·lecció possible responen sempre a allò que és donat en la consciència com a real, com a connexió o relació i com a representació, coses que en totes les llengües són traduïdes amb els noms de subjecte, verb i predicat; rebutjar com un va formulisme aquesta expressió suprema de la funció intel·lectiva, sota pretext que el *subjecte* representa sempre una entitat metafísica irreductible a fenomen experimentable, és igual que suposar que el valor del signe és independent de la cosa significada, suposició que resulta de l'error fisiològic de considerar els centres sensorials isoladament com a intel·lectius, quan en realitat proporcionen tan sols elements de la intel·lecció possible. La realitat, doncs, és un terme incognoscible quan arbitràriament mutilem la funció intel·lectiva; però quan l'acceptem tal com és, *la realitat és allò que coneixem per l'intermedi de la representació.*

VIII. PROBLEMA DE LA CAUSALITAT EXTERNA

Orígens del coneixement de la causa externa

Vivim els vertebrats convençuts que els sentits no reaccionen espontàniament. Tots sabem que aquest fenomen psíquic que anomenem llum no apareixeria si la via de l'ull estigués obstruïda i quelcom exterior no pogués arribar fins a la retina, excitant-la. Els nervis odoratius, gustatius, tàctils, acústics i tèrmics no reaccionarien si les llurs terminacions perifèriques s'expansionessin en les cavitats tancades on s'implanten els nervis de la sensibilitat orgànica. ¿Com sabem els animals de la creació que les ones que afecten l'òrgan de Corti o els bastonets retinians no naixen del medi on aquests s'implanten, com succeeix amb els nervis de la sensibilitat cardíaca o renal, per exemple, sinó que procedeixen d'una acció extrínseca en aquest medi intraorgànic? Que ho sabem és indubtable; la cosa que ens interessa inquirir és com arribem a saber-ho.

En nostres temps hi ha savis que prescindeixen d'aquesta enquesta i, a l'estudiar la successió dels fenòmens psíquics, arriben a fer-se la il·lusió que no la necessiten per a descriure'ls; però hi ha aquí una qüestió de fet que a tots s'imposa incontestablement i que és inútil defugir, perquè reapareix sempre. Tots sabem que els nostres sentits no reaccionen d'una manera autòctona o espontània, i que, quan ho fan, considerem les imatges que així naixen al·lucinatòries; les sanes naixen sempre d'una acció extrínseca al sentit i aquesta acció subsisteix com la condició de llur possibilitat d'una manera absoluta i necessària, tant que, si no existís, fórem sords i cecs, i la sensibilitat externa deixaria de funcionar. Això és un fet i els fets es demostren per si mateixos: *demostrar es exhibitio.*

Cosa molt distinta és estudiar els orígens del coneixement de la causalitat o estudiar el que sigui aquesta causalitat. A l'estudiar els orígens empírics del coneixement de la realitat, no ens ha preocupat saber si aquesta realitat era *ser, substància, Jo, idea, voluntat, principi immanent d'una evolució seguida,* etc.; el nostre problema era més modest i es reduïa a això: com sabem que hi ha quelcom? Així mateix a nosaltres no ens preocupa saber si en el món extern la causa és un *principium fihendi,* generador de totes les mudances possibles o generador en el món intern del tramat lògic; l'única cosa que ens proposem inquirir és això: com sabem per l'experiència que els nostres sentits no reaccionen espontàniament?

Advertirem de pas que l'origen empíric del coneixement de la realitat i de la causa, no anul·la ni prejudica en el nostre sentir el problema metafísic, com podria creure's a primera vista. El problema metafísic subsistirà eternament, mentres en la gènera humana hi hagin homes superiors.

Tornem endarrera i reanusem la qüestió en el mateix punt on la deixàrem, ja que el coneixement de ser la imatge sensorial un efecte determinat, brolla simultàniament amb el coneixement de la realitat.

Hem dit que allò que se simbolitza per l'intermedi de les imatges és allò que l'experiència tròfica ens ha ensenyat que conté la cosa que necessita i reclama imperiosament l'organisme. El bou, a qui una abstinència perllongada ha exasperat la fam de la sal, creu reconèixer en l'exterior aquesta substància mitjançant una impressió visual, que rectifica o ratifica després per l'intermedi d'una impressió saborosa que li és ben coneguda. Anem a suposar que, pasturant, l'aspecte de certes roques o d'un còdol li recordin l'aspecte de la bola que solia llepar en la menjadora i que això l'indueix a provar si és o no és allò que desitja. Cas que ho sigui, l'excitació del nervi gustatiu evoca una imatge mitjançant la qual ja sap per experiències anteriors que es troba en presència de quelcom l'absència del qual s'acusava en la sensibilitat tròfica i que ara tornarà a produir els mateixos efectes d'abans. Suposat, doncs, el coneixement d'aquest quelcom, com sap *que és aquest quelcom*? Com sap que aquesta saborositat no ha brollat espontàniament en la seva consciènciacia? Ho sap per l'intermedi del moviment voluntari que impulsà el seu cap i l'induí a aplicar la llengua damunt d'un lloc donat de l'espai, per preexistir en la seva intel·ligència la previsió que amb això tornaria a reaparèixer el signe amb el qual es representa allò que li manca. Suposant que, per un treball anterior, aquesta imatge no hagués estat representativa d'alguna cosa, l'animal podria provocar-la amb el moviment de la mateixa manera, mes aquesta gustació fóra purament interna, per no ésser el signe de res conegut; però com que ara és donada com el signe de quelcom que manca, l'animal predetermina el lloc d'on rep aquest quelcom per l'intermedi del moviment i en el lloc on reapareix la imatge-signe creu que està allò que desitja. Aquesta creença es desprèn d'un procés lògic molt legítim i ben fonamentat. Mentres la imatge manca, resta en la consciència el coneixement de quelcom absent que no reapareixerà fins i tant que brolli la imatge i ho mostri present; però quan, per l'intermedi del moviment, renaix la imatge, el subjecte formula la següent inducció: *la cosa que es fa present per l'intermedi de la imatge, és allò mateix que determina la imatge.* Si el bou aplica la llengua (suposem ara el cas negatiu) damunt del que sospita que és salat i comprova que no ho és, una vegada desenganyat no insisteix i s'allunya, i en aquesta conducta, procedeix com si raonés de la següent manera: *ja que no reapareix la imatge-signe d'allò que em manca, no hi ha aquí la cosa que la determina.*

En el cas transcrit, igual en el positiu que en el negatiu, el subjecte procedeix com si per l'intermedi d'experiències motrius s'hagués enterat que el món real està fora de l'organisme i on està; mes, perquè aquestes experiències siguin veritablement instructives, és necessari que prèviament hagi adquirit el coneixement d'allò que li manca, perquè, cas de mancar-li aquest coneixement, encara que es mogués i provoqués en un lloc determinat de l'espai la impressió sensorial, com que no fóra el signe de cap cosa coneguda, és clar que no fóra intel·lectiva, per no ser representativa de res. Reflexionant-ho bé, es comprèn que lògicament el coneixement d'allò que calma la fam es pressuposa al de la causalitat, com a seu punt d'arrancada o com a necessari terme anterior, perquè, si així no fos, suposat que l'animal posseeixi totes les experiències motrius per l'intermedi de les quals el subjecte es troba enterat actualment de la direcció que ha de donar al moviment per a assolir el lloc on la impressió apareix, i no més ençà ni més enllà, ¿de quin element lògic serà possible induir llavors que en aquest lloc hi demora una causa impressionant? Com es podria afirmar que allí hi existeix alguna cosa, si aquesta cosa no ens fos donada en el nervi que únicament transmet l'efecte rebut? En semblants condicions, el coneixement de la causalitat, des del punt de vista inductiu, és completament impossible i s'ha de creure, conformant-se amb la tesi especulativa, que la tendència que ens obliga a atribuir la impressió a una condició externa ens ve imposada de dintre a manera d'un primer principi, no adquirit per l'experiència. Ja hem exposat anteriorment que no ens agrada aquesta hipòtesi, imaginada per a explicar un fet certíssim que veritablement resulta inexplicable un cop plantejada la qüestió en aquests termes, i no ens agrada perquè deixa de banda que a tota experiència externa s'hi pressuposa una experimentació interna en la qual aquella s'apoia com en el seu veritable fonament. El vertebrat no pot atribuir les seves impressions a quelcom exterior, mentres no hagi adquirit el coneixement d'aquest quelcom per l'intermedi d'una experiència que li doni compte de la seva existència; suposant aquest primer coneixement bàsic, pot després, per l'intermedi d'experiències de moviments, assegurar-se de si aquest quelcom es troba fora del seu propi organisme, fins a aconseguir determinar el lloc on demora.

El gos cadell que, per la impressió lluminosa, la tèrmica o l'acústica, arriba a donar-se compte de la presència de quelcom, allarga afanyós el morro, com si en la seva intel·ligència s'hi hagués preformulat la previsió motriu d'haver de trobar, temptejant en l'espai, allò que impressiona el seu gust i tacte bucal. Posseeix de la mateixa manera aquesta previsió respecte de les tres susdites impressions? Es dóna compte realment l'animal de trobar-se determinades per una acció exterior? És de creure que aquella pàl·lida claredat que lluu de sobte en la seva consciència, aquella impressió tèrmica que no sap d'on li ve, ja que encara no s'han organitzat les regions tàctils i no ha adquirit per tant el sentiment del lloc afectat, i aquell timbre que li sona dintre del cap, són imatges comparables a les d'una lleugera punxada, d'una pruïja o d'una sensació renal, fins a fer-se intel·lectives de l'efecte tròfic, si cada vegada que ha pres el biberó fossin donades d'una manera coincident amb l'extinció de la fam. Examinant aquests efectes no s'hi descobreix el sentiment de la causalitat tal com ja apunta en el gust o tacte bucal, les sensacions dels quals han estat sempre donades consecutivament a un moviment. Reculant ara una mica endarrera la qüestió, hi cap preguntar-se: aquesta saborositat i aquest contacte, foren donats originàriament com una previsió motriu? Des d'un punt de vista fisiològic hem de reconèixer, com ja hem manifestat en el capítol IV, que el moviment no és donat nadiuament amb la intenció voluntària de provocar aquestes sensacions, sinó que, sobrevenint consecutivament al moviment, l'animal acaba per pendre-les com *un fi,* la qual cosa ens indica que hi ha un cert espai de temps en el qual el subjecte ignora que són donades per una causa. Perquè aquesta previsió pugui formular-se, és necessari: primer, que l'addició latent central proporcioni la consciència de llur identitat; segon, que hagin estat preses com a signe de l'efecte tròfic; solament així es comprèn que quan s'espera la llur reaparició i aquesta reaparició no arriba, l'estímul tròfic desperta la impulsió motriu i en aquesta es preformula amb més claredat la intenció de provocar-les. Però la intenció de provocar la imatge-signe d'allò que ha de calmar la fam, què és més sinó el coneixement que *allò que calma la fam és allò mateix que impressiona la boca*?

Vegi's, doncs, com el bou que llepa la roca blanca amb l'esperança d'evocar la imatge-signe d'allò que ha d'extingir una fam especialitzada per l'abstinència, procedeix en el fons de la mateixa manera que el cadell que tempteja l'espai o el nen que tendeix a impressionar la seva boca cercant el mugró maternal; l'única cosa que diferencia aquests estats demora en la mestria o la torpesa que s'executen aquests moviments, car mentres l'animal fet procedeix amb una precisió admirable, adaptant-se a la causa impressionant, el que encara no ha adquirit el domini dels seus músculs procedeix, per manca d'experiència, amb manifesta inseguretat. En uns i altres, però, és evident la intenció de reproduir imatges ja conegudes, per ser la representació viva de l'efecte tròfic que esperen. Aquesta tendència a coordinar la contracció muscular de manera que el sentit sigui posat sota l'acció immediata de l'excitant que ha de reproduir la imatge-signe d'allò que ha de calmar la fam, naix de l'antecedent tròfic que la determina. Suposant que aquesta condició fisiològica no existís i l'animal no sentís la necessitat de reproduir les imatges que li anuncien la presència d'allò que l'organisme reclama, no es comprèn bonament quin mòbil podria estimular el subjecte a fixar les direccions visuals i, en general, a posar els sentits sota el domini de la innervació psico-motriu, terme d'enllaç entre aquest sentits i aquelles imatges. És lògic i natural considerar que les impulsions al moviment s'efectuen amb l'intent preconcebut de poder proporcionar a l'organisme allò que precisament reclama, i d'aquí que en aquest període inicial de les funcions perceptives tot se subordina a aquesta necessitat suprema i el subjecte tan sols es preocupa de conèixer allò que li convé. Conèixer l'aliment, hem dit, no és conèixer objectes; és fixar imatges representatives de l'efecte tròfic i no de cossos exteriors isolats; i com que hi ha la necessitat de poder reproduir aquestes imatges sempre que convingui, el subjecte, en lloc d'esperar passivament que reapareguin d'una manera casual o sense saber com, s'assaja seguidament a adquirir la capacitat de reproduir-les per l'intermedi del moviment. Penetrant-nos bé de la naturalesa de la vida intel·lectiva, és quan comprenem que el subjecte no sap que la cosa que el nodreix existeixi perquè la toca, sinó que la toca i tendeix a tornar a tocar-la sempre que novament la necessiti, perquè sap que conté allò que li manca. L'olor i la saborositat, el so i el color, són estimats primer com a signes d'allò que nodreix que com a signes de l'objecte; i com que aquests signes no reapareixen fins i tant que allò absent es fa present, d'aquí ve que no pugui considerar-los com a espontanis, ni en aquella fase purament interna de l'experiència tròfica, per tant que seguidament es repeteix el mateix fet que li ensenya que *quan allò que nodreix està absent no hi ha signes i n'hi ha quan està present*. Aquest impuls a la reversió exterior d'una experiència purament interna, ve determinat per la innervació psico-motriu. A mida que el subjecte va adquirint la capacitat de provocar en els sentits aquestes imatges-signes que li revelen la presència d'allò que necessita, més i més s'aferma la certesa que no són espontànies sinó determinades per aquella cosa mateixa que extingeix la seva fam, i d'aquí ve la tendència invencible a considerar les imatges com a signes d'aquesta cosa.

Deia Hume, amb la lleialtat que caracteritzava al gran pensador, que la tendència que impulsa a referir el fenomen a la seva causa (i un fenomen és sempre allò que se'ns mostra sota la forma d'imatges) no podia explicar-se lògicament per ser instintiva. Tenia raó en creure-ho així; en el que ja no en tenia era en creure que l'instint fos una força cega. L'*instint* que mou el vertebrat a atribuir la imatge a la seva causa és un raonament, els termes del qual vénen imposats per l'excitació perifèrica. El subjecte, al referir la imatge a la seva causa, admet com a bona una conclusió fonamentada en un experiment tan rigorós, que fins ara ni els físics ni els químics n'han ideat altre de millor. És la imatge un fenomen que ha estat donat prelativament a un efecte tròfic, i com que sempre ha succeït que aquest efecte venia darrera d'aquesta imatge, acabà representant aquell per aquesta. D'una banda sap que l'efecte tròfic no ha de venir mentres no reapareguin aquests signes, i aquesta previsió es fonamenta en el record de sempre haver succeït així; d'altra banda sap que al reaparèixer aquests signes l'estómac acusarà sensorialment la presència de quelcom que abans no hi havia i la percepció d'aquest quelcom subsisteix en la consciència tròfica sota la forma d'apetència amb tal claredat, que per ella es regula la quantitat i la qualitat del suc psíquic que ha d'iniciar la seva digestió en el receptacle visceral. En l'arbitrari supòsit que els termes d'aquesta sèrie, lògicament travats, se succeeixin sense la intervenció del moviment, el subjecte ignorarà que aquests fenòmens estiguin determinats per una cosa exterior, és a dir, per una causa; però en el supòsit que siguin provocats per l'experiència motriu, ¿com pot dubtar alesfores que la cosa que determina la imatge-signe d'allò que percep sota la forma d'apetència és la mateixa cosa que allò que impressiona la seva sensibilitat gàstrica, i que allò que impressiona la seva sensibilitat gàstrica és la mateixa cosa que ulteriorment saturarà en el seu organisme les deficiències d'allò que li manca?

L'animal, en l'acte de menjar, experimenta en realitat tres efectes que han estat unificats per un procés lògic preestablert, mostrant com a present quelcom que s'acusava com a absent. De cada un d'aquests tres efectes isolats és impossible induir-ne el coneixement d'aquest quelcom absent; però de la llur conjunció brolla naturalment la inducció de la cosa que manca, i si en aquestes condicions el subjecte adverteix que el que li manca es fa present per l'intermedi del moviment, llavors adquirirà la previsió o la capacitat de determinar de nou els mateixos efectes que altres vegades havia experimentat sense saber com; ara, pel simple fet de poder provocar-los de nou, posseeix la consciència de quan els experimentarà, per posseir la consciència de com ha de moure's per a aconseguir-ho, i d'aquí naix el coneixement empíric de la causalitat.

Un animal que manqués de moviment voluntari i per tant ignorés com ha d'innervar els músculs de la seva boca per a provocar el contacte del mugró en els seus llavis i una certa saborositat i una certa impressió tèrmica en la seva boca, que li anuncien la presència de la cosa que calma la seva fam, pot conèixer aquesta cosa, però no pot donar-se compte que és exterior, per mancar-li l'element reversiu d'aquesta experiència interna; però quan l'experiència motriu li vingui demostrant que no és un impotent, i que no té necessitat d'esperar passivament que sobrevinguin aquestes imatges i aquestes sensacions gàstriques per a enterar-se de la presència d'allò que calma la seva fam, sinó que posseeix poderosos instruments per a anticipar llur reaparició sempre que li convingui, llavors considera això que calma la seva fam com una cosa exterior a la qual ha d'*acostar-se* d'una manera deguda perquè de nou reapareguin aquelles imatges, aquelles sensacions gàstriques i aquell efecte tròfic ulterior que abans apareixien sense saber quan i com havien d'aparèixer. Amb semblant reversió la realitat interna passa a ser la realitat externa, o sigui la causa, i la vida intel·lectiva del subjecte sofreix una radicalíssima transformació. Abans, quan tenia fam, el contacte impensat del mugró, la saborositat o la impressió tèrmica, li anunciaven la presència de la cosa que l'extingia, i ara desitja aquest contacte i precoordina les contraccions musculars de les quals resulta la succió amb l'intent manifest de fer reaparèixer altra vegada aquelles imatges, per haver adquirit la previsió motriu d'haver-hi una cosa que determinarà aquests signes i aquests efectes gàstrics i tròfics, com els determinava abans, quan aquesta previsió no existia encara. Si abans la imatge d'un color blanc li pronosticava un cert malestar tròfic i la d'un color vermell un benestar, ara hi ha un impuls interior que l'estimula a moure els ulls i a escometre el treballós aprenentatge de l'acomodació visual, perquè la imatge retiniana correspongui a allò que desitja. Hi hagué un temps que l'assedegat, al sentir la frescor i el contacte de l'aigua que s'escorria per la seva boca, sabia que s'aplacaria la seva set, per haver-ho experimentat altres vegades; però vingué un temps posterior que, incomparablement més instruït per l'experiència motriu que no ho estava abans, quan la set l'apretava, cercava agitadament la cosa que havia d'impressionar-lo d'aquella manera, i quan percebia al lluny el seu remoreig o la distingia penetrada per la llum com un cristall, ja sabia que allò que impressionava els seus ulls i el seu oït en aquella forma era allò mateix que impressionava la seva boca de certa manera i era també allò mateix que havia de determinar en el seu organisme tal efecte tròfic. La niuada de corbs, enganxats encara a la clova de l'ou, que obren la boca desesperadament i engoleixen les filagarses de carn que la mare hi diposita, amb prou feines saben en els primers temps que el que mengen és quelcom exterior; però a mida que aquest quelcom és situat en l'exterior, per l'intermedi d'una olor, d'un aleteig que n'anuncien l'arribada, es preformula en la llur consciència la preintuïció de la carn que han de rebre en llur guier, i així és que s'anticipen al seu ingrés en la dita cavitat, buidant-hi el suc psíquic que ha d'atacar-la, i a l'efecte tròfic que ha de venir-ne i que ja coneixen per l'intermedi del record que de les altres vegades conserven. Quan fugen del niu i les necessitats de llur nutrició els obliguen a cercar-se l'aliment, és per l'intermedi del moviment que han de cercar-lo i, per a aconseguir llur propòsit, no compten amb altre auxili que el que els proporcionen les imatges que predeterminen en llurs sentits a l'enfocar la llum llunyana o a l'orientar, a 50 quilòmetres per exemple, l'olor remota que afecta llur odorat. Qui diria que aquesta olor i aquesta imatge visual, per l'intermedi de les quals percep allò que nodreix a una distància tan enorme, són els mateixos signes amb els quals l'animal coneixia que la seva fam s'aplacaria quan encara ignorava que estiguessin determinats per una causa? Doncs suprimiu el moviment i aquestes percepcions meravelloses no seran ja possibles, per mancar-li a l'animal l'element generador d'aquesta reversió externa que li permet atribuir a una causa els efectes que experimenta i amidar l'espai intermedi que el separa d'aquesta causa.

Tota temptativa motriu encaminada a reproduir una imatge, pressuposa sempre la preintuïció de la causa externa que ha de determinar-la. Del punt que la imatge és presa com a signe de l'efecte tròfic, es fa representativa de la cosa real, i del punt que, per l'intermedi del moviment, s'adquireix l'aptitud de reproduir-la, es fa representativa de la realitat exterior o sigui de la causa. Allò que, pel que diu al subjecte, se'ns mostra sota la forma d'un ingrés que determina l'efecte tròfic, pel que diu a l'exterior se'ns mostra com la possibilitat d'aquest ingrés o com la font d'on aquest ingrés brolla. D'aquí que el vertebrat no pugui considerar la causa en si mateixa o independentment dels efectes psico-fisiològics que determina, perquè aquesta causa que no causa estat és com un guarda adormit. Per la banda llur, els efectes sensorials i tròfics, considerats en llur qualitat d'efectes o sigui deslligats de l'acció que els determina, s'acusen de la mateixa manera que si coneguéssim llur causa; tot se succeeix igual, llevat que aquesta successió no està prevista exteriorment. Diguérem a l'exposar els orígens del coneixement de la realitat, que la imatge-signe, al despertar el record tròfic, desperta la memòria viva d'allò que sempre havia succeït i d'allò que aleshores tornarà a succeir, i que, per aquesta raó, la imatge era representativa de la realitat interior que mancava. De la mateixa manera: el record del moviment que ha de fer-se perquè reaparegui la imatge-signe d'allò que ha de determinar l'efecte tròfic, és també la memòria viva d'allò que ha de determinar els efectes sensorials i tròfics, i així com abans en el record tròfic era donat el coneixement anticipat de l'efecte que experimentaria l'organisme, així ara és donat en la intuïció d'aquest moviment el coneixement de l'efecte que experimentaran els sentits, la sensibilitat gàstrica i la tròfica, abans que realment els experimentin. Aquesta previsió motriu constitueix de si el coneixement de la seva causa determinant, previsió que és el caràcter distintiu del moviment voluntari.

Les paraules "moviment voluntari" són d'un ús imprecís i ple de vaguetat. Hi ha qui entén que és voluntari tot moviment determinat per la contracció dels músculs de fibra estriada; altres entenen que és voluntari tot moviment d'origen psíquic o central, sense determinar en què consisteixen aquests moviments; els més entenen que és voluntari *tot moviment adaptat a un fi,* sense reparar que la innervació càrdio-vascular, la gastro-intestinal, etc., s'adapten a un fi, com s'hi adapten tots els moviments del sers vius. Sempre que pretenem distingir els moviments voluntaris de tots aquells que no ho són, notem que els primers tendeixen a provocar d'una manera prevista una sensació, sotmetent per a això la terminació perifèrica del nervi a l'acció de la cosa que ha d'excitar-lo. Aquesta acció pot procedir de l'organisme o de l'exterior. Com a exemple del primer cas pot citar-se la contracció o obertura de l'esfínter vesical o rectal; les pressions o traccions exercides damunt dels nervis intramusculars de Golgi i de Kühne, en l'esforç; la compressió, relliscament o rotació exercida en les superfícies articulars, etc. La cosa més general i ordinària és que el moviment voluntari es proposi o porti l'intent de provocar sensacions externes, adaptant el sentit a la causa impressionant de tal manera, que rebi isoladament l'excitació que ha de determinar la imatge desitjada. Quan el subjecte ha adquirit, després d'un llarg aprenentatge, el domini del seu sistema muscular, a l'estendre el braç i obrir la mà per a agafar un objecte, al fer voltar els ulls, al portar a la boca el cos que ha d'assaborir, a l'aspirar l'aire per a olorar l'aroma que passa, ja preexisteix en la intel·ligència la previsió que en la mà apareixerà la impressió del cos, en la retina la imatge dels objectes situats de la banda on els ulls han estat girats, en la boca la saborositat, l'olor en el nas, com si ja es portés sabut del començament de la vida que, de no existir aquesta previsió motriu, les imatges podrien ser donades de la mateixa manera, però el subjecte ignoraria què les ha determinat, així com el lloc d'on actua l'excitació damunt de l'expansió perifèrica del nervi sensorial.

Organització dinàmica de les funcions perceptives

Si el subjecte sap ara que, perquè impressionin la seva retina els objectes situats de la banda externa, és necessari que volti els ulls de la banda interna, és perquè existeix la previsió motriu de la direcció en la qual les imatges apareixeran; si se sent capaç de mirar amb major deteniment i fer més distinta la imatge d'un dels diversos objectes que situa en els plans profunds del camp visual, és perquè, per l'intermedi de l'experiència motriu, adquirí la capacitat d'impressionar un determinat lloc de la retina amb predilecció a d'altres, sotmetent-lo més isoladament i directament a l'acció dels raigs lluminosos, i si aquesta acció pot circumscriure's a un punt en el qual la imatge és extraordinàriament més neta i brillant, tal com ho és en el punt visual, això és degut també a l'experiència motriu, tan admirablement diferenciada, que és apte per a predeterminar el punt o signe local on el fenomen fotoscòpic ha d'efectuar-se. Aquest domini motriu de la retina no és més que el coneixement anticipat de com han de ser moguts tots els músculs dels quals resulta l'acomodació visual, perquè l'òrgan pugui ser adaptat meravellosament a la causa exterior que ha d'impressionar-lo; i del coneixement d'aquests punts interns brolla el coneixement dels punts externs als quals la imatge és projectada. La previsió del que ha de succeir en la retina segons se la sotmeti a la influència d'una acció o altra, prefixant en ella punts diferenciats que han de rebre aquesta acció, és intuïtiva de la causa externa. El vertebrat no sap que la imatge visual correspon a la cosa real que per ella es representa, perquè la dita imatge es projecti en aquesta cosa; sap, al contrari, que es projecta en aquesta cosa perquè, per l'intermedi de l'experiència motriu, lentament i treballosament elaborada, ha anat aprenent gradualment que la imatge era donada segons i com adaptava l'aparell receptor a aquella cosa real que l'organisme reclamava; i com que es donava el cas, per exemple, que el blanc i el vermell, signes d'un bon i mal efecte tròfic, apareixien i desapareixien dels seus ulls sense saber com, s'esforçà en fixar els dos colors per l'intermedi de repetits tempteigs i provatures, aprenent primer a fixar els seus ulls, tremolorosos de bon començament com els d'un cec, després a tombar-los en la direcció que seguien aquells colors al canviar de lloc en l'espai, sempre amb l'interessat intent de predeterminar en la retina el signe que li anunciava la presència de la cosa real que li mancava; predeterminar el signe per l'intermedi del moviment és igual, però, que saber que solament pot brollar sota l'acció d'allò que el determina, i per això cal seguir aquesta acció en l'espai quan s'allunya perquè segueixi impressionant la retina, o cal fixar els ulls quan al seu davant tremolen, perquè pugui actuar d'una manera uniforme damunt de l'òrgan sensorial. El coneixement, doncs, d'aquesta causa no es desprèn del fenomen fotoscòpic, sinó d'aquesta impulsió motriu que el fixa d'una manera persistent i porfidiosa, per posseir la intuïció de ser una acció exterior la que la determina, sempre que l'aparell receptor li sigui adaptat.

Se'ns figura que els punts sensibles a la pressió, escampats en la vastíssima superfície del tegument extern, es limiten a acusar l'existència de quelcom exterior, quan són impressionats pel contacte. A l'imaginar les coses d'aquesta manera, oblidem que, d'un punt de vista genètic, cada un d'aquests punts està lligat a una diferenciació motriu que ens dóna la capacitat d'impressionar-los dinamicament, com si preexistís en l'enteniment la previsió dels punts que han de ser impressionats després d'un determinat moviment. Al caminar llancem la cama a l'aire, sense por, per tenir la seguretat dels punts tàctils de la planta del peu que han de ser impressionats després d'aquest petit trajecte en el buit; suposant que una pedreta ignorada modifiqui la impressió tàctil i aquesta no sigui donada en els llocs de la planta del peu que portem *in mente,* sinó en altres no previstos, aquesta sensació inesperada ens pertorba fondament; suposant que el sòl que crèiem dur resulta tou, també sofrim una pertorbació, perquè nosaltres portem previstos els punts tàctils que havien de ser impressionats i amb la intensitat que havien de ser-ho, i com que en el sòl tou la pressió exercida damunt dels corpúsculs tàctils és inferior a la prevista, ens sorprèn que la causa exterior obri a llur damunt d'una manera diferent de com la portem preconcebuda. De la mateixa manera: desplacem el braç en la fosca en direcció de la tauleta de nit, ben convençuts que la mà toparà amb el marbre on estan les cerilles que cerquem, i aquest moviment, símbol de tots els nostres moviments voluntaris tàctils, ens posa de manifest amb esplendorosa claredat, que és donat en la consciència com la previsió de la sensació tàctil, ja que per ella sabem que aquesta sensació apareixerà i en quines regions i fins en quins punts del tegument extern. Un diria que aquesta sensació no és donada en el sensori com el simple tornaveu de l'excitació perifèrica, sinó adjunta indissolublement a l'experiència motriu que ha predeterminat el lloc on havia de ser rebuda. Suposant que aquesta experiència no existís i l'excitació fos donada com abans, el subjecte ignoraria d'on procedeix, tal com en la visió ignoraria el lloc o punts retinians afectes, si prèviament, per l'intermedi d'experiències motrius adequades, no hagués prefixat aquest lloc o punts on l'excitació havia de ser rebuda. És el tacte, com la visió, un sentit en el qual la sensació és donada vinculada a la impulsió motriu, formant una unitat indivisa. Rompuda aquesta articulació interneuronal, allò que afecta el corpúscul tàctil determina indubtablement una sensació, mes el subjecte ignora que és deguda a una pressió o a una causa; però quan el subjecte, de dintre a fora, la predetermina per l'intermedi del moviment, quan a força de provatures arriba a adquirir el coneixement dels músculs que ha d'innervar i la manera com ha de fer-ho perquè la impressió sigui rebuda en tals punts del tegument extern, llavors és quan naix en l'enteniment la intuïció de la cosa exterior que impressiona les terminacions tàctils, car per obra d'un procés profundament lògic, fill de l'experiment viu, averigua quina cosa és allò que determina aquest efecte i on demora. Per a aconseguir-ho en té prou de dirigir el moviment en la direcció d'aquesta cosa i especialitzar-lo en forma tal que pugui prefixar punts que estiguin fora els uns dels altres, ja que allò que impressiona la polpa del dit en el lloc *a*, sabem que no és allò mateix que la impressionà en el lloc *b*, per preexistir el coneixement de dues direccions distintes de moviment. No d'altra manera sabem també que el punt visual *a* no és el mateix que el punt visual *b*, per haver prefixat, mitjançant dues direccions distintes, els punts retinians en els quals l'excitació havia de ser rebuda electivament.

Les sensacions dels demés sentits poden ser representatives de la realitat sense necessitat d'exterioritzar-les igual que les anteriors; però el coneixement de ser determinades per una causa o sigui de no brollar espontàniament del sentit, naix de processos psico-motrius molt profunds, que és difícil exposar en una breu síntesi. L'olor i el so que el vertebrat atribueix a causes més o menys distants, impliquen lògicament el coneixement de la direcció on es troben situades les dites causes i aquest detall tan sols pot suggerir-lo el moviment. És prou, per a convèncer-se d'aquesta veritat, reflexionar que per a saber que aquestes excitacions vénen a impressionar el sentit de la banda del sud, és necessari posseir la consciència d'aquesta direcció; i la consciència d'aquesta direcció, com la de les altres direccions, pressuposa la capacitat de poder-se moure en totes les direccions de l'espai, amb la qual cosa es veu que prejudiquem aquestes imatges, que són determinades en tant que preexisteix en la intel·ligència la intuïció motriu que ens dóna la capacitat de projectar-les fora del sentit receptor. Ja que no podem en aquest moment exposar àmpliament la psico-gènesi de la qual resulta el coneixement de les direccions odoratives i acústiques, que reservem per a la tercera part d'aquesta obra, sigui'ns permès descriure una experiència de fàcil comprovació, que ens posi de manifest llur origen empíric.

Quan acostumem l'aviram d'un corral a servir-los el menjar picant en una casserola, de bon començament no fan cas del soroll, perquè ignoren què significa; però a mida que el consideren com el signe que els revela la presència de l'aliment, en tenen prou d'oir-lo per a empinar el cap i escoltar en espera del fet que el subseguirà. Si a poc a poc s'allunya el so, sempre en una mateixa direcció, van acudint al lloc on sona i d'aquesta manera l'oït d'aquestes aus, generalment tan groller, s'afina, ja que perceben el dit soroll a una distància relativament extraordinària. La projecció acústica naix del gran nombre d'experiències motrius que porten fetes al recórrer un mateix camí seguint el so: la prova és que si es pica la casserola a una mateixa distància, pero en un lloc diametralment oposat al primer, ja no entenen el que aquest soroll significa, com si no el projectessin. No pretenem demostrar amb això que no l'ouen, per la sola raó que no en fan cas; el nostre objecte es limita a mostrar, amb aquest exemple, com pot sorgir el coneixement de les direccions acústiques, sense donar a aquesta descripció major transcendència de la que realment té. Si amb repetides provatures acostumem les gallines a acudir al segon lloc *b,* tal com les acostumàrem a acudir al primer punt *a,* la impressió acústica és projectada amb la mateixa finesa en l'un com en l'altre sentit. Igual succeeix amb els demés punts cardinals *c* i *d.* D'una manera lenta i gradual, a mida que s'acumulen major nombre d'experiències, aquestes gallines, que de bon començament conegueren tan sols una direcció, acaben coneixent les direccions cardinals del quadrant, i a mida que, amb la repetició d'uns mateixos actes, les experiències es fan més precises i es fixen amb major claredat, es perfecciona la projecció acústica fins a tal punt, que es precipiten en la direcció de la línia recta que uneix el lloc on es troben amb el lloc on sona la casserola. A la vista de semblant espectacle, qualsevol diria que és la projecció acústica la que orienta el moviment, ja que, en aparença si altre no, les gallines van on sona el soroll: però tenint en compte els antecedents genètics del coneixement d'aquestes direccions, és natural creure *que no van al lloc d'on brolla el so perquè allí soni, sinó que saben que sona allí perquè hi han anat,* en el qual cas el moviment no és orientat per una projecció nadiua; és la projecció la que naix de la consciència del moviment fet.

Com es comprendrà, el símil és aplicable de la mateixa manera a les projeccions odoratives. La facultat de moure's en l'espai és la cosa que dóna al subjecte l'aptitud per a orientar les sensacions, fins al lloc de l'origen llur. Així veiem que els animals més ben dotats per la naturalesa són aquells en els quals l'acuïtat del sentit sol ser més extraordinària, i solament quan ens preguntem com és que això succeeix d'aquesta manera, és quan advertim que aquesta acuïtat no prové de l'acte receptiu, sinó de *l'atenció* que es dóna a la impressió rebuda, això és, del coneixement motriu de la direcció en la qual és donada. El ressort tròfic manté desperta aquesta atenció, com a antecedent lògic inicial que comença prenent la impressió com a signe d'allò que necessita, que la considera després determinada per allò que necessita, i així segueix considerant-la sempre, quan més endavant la predetermina en l'espai a una distància que solament en aparença sembla molt lluny del sentit.

Les imatges gustatives, les tèrmiques i les dolorífferes, per ser donades intensivament damunt d'una regió tàctil, s'acusen en una certa forma extensiva. Johannes Muller atribuïa al gust el sentiment de l'extensió, qualitat que també pot atribuir-se a la impressió tèrmica i a la dolorífera; però, ben examinat el fenomen, és natural creure que aquestes sensacions són purament *intensives,* com les acústiques i les odoratives, i que l'espai en el qual són donades naix en la intel·ligència de la regió tàctil impressionada. La clínica ens ensenya que quan la sensibilitat tàctil està abolida, igual la sensibilitat dolorífera que la tèrmica són d'una localització molt difícil, tan obscura i tan vaga com pot ser-ho la sensibilitat visceral en estat patològic.

Amb aquestes apuntacions pretenem donar a entendre tan sols que l'element que ens indueix a creure en l'existència de la causa exterior no brolla mai de la sensació mateixa, sinó de la impulsió motriu que la predetermina. Una impressió de calor o de fred és considerada d'origen intern o extern, segons desperti o no el record d'un moviment, al donar-se d'una manera simultània amb la impressió tàctil; un punt dolorós despertat per la pressió es considera d'origen extern, perquè a aquesta pressió hi va adjunta en el sensori la impulsió que prengué els punts tàctils com a punts mecànics d'aplicació del moviment; però si el dolor es desperta *espontàniament* o desvinculat de tota impulsió motriu, ja no se suposa d'origen extern, per no existir la consciència d'haver estat determinat.

En realitat els vertebrats creuen que una impressió és externa, solament quan han adquirit la previsió motriu que no pot aparèixer ni desaparèixer espontàniament. Hi ha una suma confosa i vaga de sensacions que s'acusen en la consciència sense saber com i quan s'hi acusaran; totes elles són vives en estat patològic i són projectades més o menys distintament a la regió d'on procedeixen. En estat normal s'acusen com una *eufòria* o com el sentiment de la pròpia existència, com deia Henle. Llurs variacions o llurs modalitats s'acusen a manera de sorpresa, inesperadament. Així, un es troba que té fam, que l'enardeix el zel sexual, que la vesica reclama ser buidada amb la micció, que el sistema muscular demana exercici, i totes aquestes exigències orgàniques es formulen en la consciència imperativament, sense que se sàpiga com és que això passa. Hi ha, però, una suma d'impressions que mai ens agafen de sorpresa, perquè són previstes; podrà sorpendre'ns la qualitat de la impressió que anem a experimentar, si ens és desconeguda, però no l'aparició del fenomen. Fiquem la mà a l'aigua i no ens sorprèn la impressió de fred, si és freda, o la de calor, si fumeja; la fiquem en un receptacle de mercuri i no ens sorprèn el contacte; el que ens sorprèn, si desconeixem el fenomen, és la seva resistència a la penetració. Tan ferma i profunda és la nostra certesa que el tacte ha d'experimentar un canvi d'estat, que ens afectaria d'una manera imponderable si no l'experimentés, per una sobtada anestèsia del sentit. Busca la gent en el cel el cometa del qual es parla, ben segur que ha de trobar-lo; la previsió d'aquesta troballa constitueix el fonament lògic de ser aquesta impressió retiniana exterior. Tots estem segurs que, a l'obrir els ulls, hi veurem; en el supòsit que a l'obrir-los no hi veiem, per mor d'una apoplexia retiniana o central, de la qual no tenim coneixement, la primera cosa que se'ns acudirà no és que siguem cecs, sinó que no hi ha llum. Al contrari del que passa amb les sensacions internes, que apareixen i desapareixen d'una manera imprevista, les externes són sempre previstes, i per això precisament les tenim per externes. Per què és així? Per haver estat predeterminades per l'intermedi del moviment. La consciència de llur exterioritat naix de l'acte intern que adapta el sentit a la cosa que determina la sensació, i així és com se sap *quan apareix i com apareix*: saber com i quan apareix és igual que saber que no apareixen d'una manera espontània i imprevista, com passa amb les sensacions internes. Suprimim aquesta previsió motriu i la llum que naix en la retina, com el so que brolla de l'oït, seran sensacions tan internes com puguin ser-ho la pruïja inesperada que naix de la pell o la contractura d'un múscul.

De temps immemorial es ve dient que les imatges que brollen dels sentits són externes i que no ho són les que procedeixen d'altres excitacions centrípetes que rep el sensori, i, com hem indicat anteriorment, el fet planteja davant del fisiòleg un problema interessantíssim, ja que, essent com són tots els nervis centrípets funcionalment idèntics, ja rebin l'acció en cavitats tancades, ja la rebin oberts a l'acció del món exterior, no es comprèn com els uns ens donen noves de l'ambient extern i els altres ens les donen de l'ambient intern. Al preguntar-nos com és que això succeeix així o en virtut de quin mecanisme s'adquireix el coneixement de l'exterioritat de les primeres, és quan advertim que és en virtut de l'element motriu. En lloc, doncs, d'admetre com a article de fe que les sensacions es divideixen en internes i externes, se'ns imposa el dever, inspirant-nos en les pràctiques del mètode experimental, d'inquirir com és que les sensacions internes dels sentits poden ser exterioritzades i llavors és quan, descendint fins a les veritables arrels del coneixement, arribem a descobrir que no considerem aquestes sensacions com a internes per tant que observem són determinades per una causa, i ho observem així perquè predeterminem llur naixement al sotmetre el sentit, per l'intermedi de l'experiència motriu, a l'acció isolada d'un cert excitant elegit preferentment. Amb semblant experiment no influïm poc ni molt en la qualitat sensorial. El nervi i el centre receptor reaccionen de la mateixa manera davant l'excitació que els fereix, hagi estat o no isolada; però, a l'obrar així, posseïm el coneixement de les condicions en les quals la reacció apareix i llavors és quan formulem els judicis simplicíssims de ser tal objecte allò que en el paladar s'acusa com a amarg, en el tacte com a aspre, en la vista com a roig, judicis que tenen tots una vàlua incontestable, per quant atribuïm l'aspror i el color a aquest objecte i no a altre, en virtut de l'experiència motriu que isola la seva acció excitant de totes les demés. De no existir aquest factor intern que predetermina les condicions de recepció del sentit, no ens fóra possible afirmar que és aquest objecte i no altre el que causa aquestes sensacions.

Quan tractem de realitzar un experiment, sigui de l'ordre que sigui, ens proposem fixar les condicions del fenomen de manera que la seva aparició no ens agafi de sorpresa. En això es distingeix el veritable experiment de la simple observació passiva. Per aquesta fem constar allò que ens mostra davant dels sentits, sense que ens donem compte de com apareix i sense que ens sigui possible preveure quan apareixerà de nou, anticipant-nos a aquest fet futur. Generacions darrera generacions havien vist la formació del verdet en els estris d'aram, sense tenir idea de com es formava la sal cúprica i sense que haguessin adquirit la capacitat de crear-la a voluntat, per ignorar què havien de fer per a obtenir-la; però el dia que es conegueren els seus components i les condicions que determinen la llur combinació, es pogué preveure l'aparició de la dita sal. Aquesta manera de procedir, l'ús de la qual sembla que reservem per a les qüestions sacratíssimes de la ciència, és en el fons de la mateixa naturalesa que la que usem els vertebrats per a l'exteriorització de les impressions sensorials. Aquell nen del qual tantes vegades hem parlat, que comença a obrir els ulls i *encara no sap servir-se'n,* com deia la cega operada per Wardrop al relatar les impressions d'un sentit que acabava de recobrar amb una intervenció quirúrgica, havia rebut les impressions d'un color blanc i d'un color vermell, i un i altre color s'havien avaluat com a signes de dos efectes tròfics distints. Però, perquè això pogués venir, fou indispensable, si altre no, que pogués fixar els ulls a llur damunt, car mentres s'agiten i tremolen no hi ha manera de fixar en la retina ni l'una ni l'altra imatge, per donar-s'hi confoses amb altres accidentals, simultànies o successives. Per al nostre incipient visual, fixar els ulls val tant com dir possibilitat d'obtenir una imatge més distinta de les que apareixen quan no es fixen, possibilitat que depèn d'una condició interna o que el subjecte mateix ha de preestablir, perquè la imatge sigui visible. Suposant això, considerem ara que la retina no reaccionaria ni distinta ni indistintament si no hi actués damunt el seu excitant natural, i essent així, al preguntar-nos damunt què fixa els ulls la innervació psico-motriu, veurem que fixar els ulls perquè la imatge persisteixi més neta, isolant-la en certa manera de totes les imatges accidentals, superposades o successives, que la fan borrosa, és igual que prefixar les condicions de recepció del sentit, perquè la causa impressionant determini aquesta imatge i no altra. La consciència d'aquesta maniobra interna, què és més sinó el coneixement anticipat del que ha de fer-se perquè aparegui en l'òrgan sensorial un determinat color? Ni què altre és això més que un experiment idèntic en el fons al del químic quan crea industrialment el cos anomenat sulfat de coure?

Doncs tal com es comporta el subjecte respecte d'aquests colors signes, tan simples i rudimentaris, es comporta també en les percepcions més complexes que poden imaginar-se.

Com en el món de la ciència anomenem fenomen experimental a tot fenomen que està en el nostre poder provocar sempre que ens convingui, per ser-nos conegudes les condicions que determinen la seva reaparició, així en aquesta esfera inferior de la intel·ligència considerem com a externa tota sensació adjunta a *una forma de moviment* que ens hagi enterat de la causa especial que l'hagi determinada en el sentit, donant-nos amb això l'aptitud de poder provocar-la de nou. Una sensació de la qual s'ignora què la determina és de naturalesa interna, tan sols perquè manca en la intel·ligència la forma del moviment mitjançant la qual ens sentim mestres de reproduir-la.

Així és com, de dintre a fora, gràcies a una iniciativa que arranca sempre del subjecte, s'estableix una connexió entre la imatge del sentit i la causa que la determina; el procés per l'intermedi del qual aquesta correspondència s'estableix és de resultats claríssims i tan indubitables, que d'ells naix la certesa lògica d'aquests judicis elementals que ens permeten afirmar que l'aigua és freda, lluminós l'ambient, flairós el pa. En cada un d'aquests judicis afirmem que la reacció del sentit és determinada per una causa externa i, de més a més, que aquesta reacció correspon a la causa; i tan segurs estem que aquests coneixements naixen de processos experimentals, en els quals no hi cap dubte, que quan vacil·lem sobre la validesa de nostres impressions tàctils o s'accentuen altres estereagnòsies sensorials, totes les construccions intel·lectives sembla que s'ensorrin i s'inicia la greu pertorbació que anomenem demència. Quelcom molt profundament treballat ha d'existir en el sensori, en condicions normals, que ens mou a atribuir al pa una certa olor, a l'aigua la impressió del fred, a cada cosa, en fi, la qualitat per la qual ens és coneguda.

Per l'anàlisi introspectiva no podem revisar, fent-les de nou presents en la consciència, les experiències profundes de les quals flueix aquesta certesa imperativa, tal com podem fer-ho, per exemple, amb un teorema, reproduint només *in mente* la sèrie de teoremes, postulats i axiomes que el fonamenten; però, de ser tan estèril l'anàlisi introspectiva en aquest punt, com en tants altres, no se n'infereix que aquests processos lògics no existeixin i que la certesa en nostres judicis elementals no sigui tan legítima com la d'un teorema. Així ho ha cregut sempre la gènera humana i així ho seguirà creient fins que desaparegui de damunt la terra; així ho creuen també tots els animals de la creació. Els processos dels quals es desprèn aquesta certesa són forjats en una època en què els sentits són donats com a purs aparells de recepció i hem d'aprendre de manejar-los perquè puguin ser utilitzats, posant-nos en comunicació amb el món exterior. No naixem veient, oint, olorant, assaborint o tocant; el més despert dels sentits comença essent com el microscopi en mans de l'inexpert que no sap graduar la llum i posar a punt l'instrument. Les coses que s'aprenen en aquest període són veritablement prodigioses i no podem donar-nos-en compte per la introspecció, perquè amb semblant pretensió irrisòria ens enterquem a cercar en les solituds de la consciència precisament *allò del qual resulta la consciència* com dels seus elements genètics. Aquests factors primitius, aquests processos preconscients, devinguts automàtics amb l'exercici, no poden ser acusats per l'observació interior. Si hi ha processos plenament conscients, com l'aprenentatge de l'escriptura, tocar el piano, etc., que és impossible recordar pel cec automatisme que els encadena, com anem a recordar l'aprenentatge del qual resulta l'acomodació visual o l'organització del tacte? Ni com pot demanar-se al subjecte que es recordi de tal cosa, si aquest subjecte o aquest *Jo* no existia encara més que en estat fragmentari, per donar-se en aquell moment tan sols els elements de composició d'on més tard podrà sorgir al combinar-se uns amb altres, forjant-se la trama d'on naix la consciència d'un organisme senyor de moure's en el medi extern on viu? Però, de la mateixa manera que el mestre que ensenya d'escriure o de tocar el piano, veient les dificultats que els seus deixebles van vencent d'una manera lenta i gradual, es representa al viu allò que li passà a ell mateix quan es trobava en iguals condicions, així al fisiòleg, devot de l'observació, veient el nen, el pollet que naix o el gos cadell, li és factible besllumar el que costa aprendre de veure, de tocar, d'odorar, d'oir o d'assaborir, damunt dels quals processos, base del treball intel·lectiu ulterior, punt d'arrancada de l'experiència externa, la introspecció hi passa l'esponja de l'oblit.

Per prescindir d'aquesta enquesta, es dóna per suposat que les funcions perceptives ens són donades d'una manera preformada. Com que no es fixa l'atenció en el fet de nàixer originàriament la percepció d'un experiment intern o d'un assaig en el qual es preestableixen les condicions de com la imatge apareix en el sentit, es dóna per cert que aquesta imatge és ja de per si representativa, sense que preocupi inquirir com ha arribat a ser-ho. Una vegada adoptat semblant punt de vista, amb la ingenuïtat d'un infant que creu tot el que li diuen sense que se li acudeixi examinar si és cert o no, ens sembla natural creure tot el que ens diuen els sentits sense necessitat de cap garantia. Una olor omplena el nas i aquesta olor és referida a la seva causa, i no ens admirem d'aquesta misteriosa referència ni ens preocupem de preguntar-nos pels fonaments de la certesa que ens inspira; així la trobem establerta i així l'admetem. A la vista d'un paisatge, ni se'ns acudeix preguntar-nos com sabem que les comes estan més a prop que les muntanyes i aquestes més a prop que els núvols, que en la llunyania barren l'horitzó:
 així ho creiem perquè així ho veiem i se'ns figura que

aquesta raó és de per si tan poderosa, que amb ella n'hi ha prou per a cloure la boca als més repatanis. Sembla que, per un conveni tàcit, els humans portem pactat de temps immemorial no exigir garanties lògiques a aquestes percepcions immediates (com les exigim a d'altres en previsió d'enganys o errors possibles), donant per suposat que no les necessiten per nàixer d'una imposició de la cosa que impressiona el sentit. Al referir l'olor a la seva causa, la visió profunda a punts situats en plans successius de l'espai, donem fe a la veu d'un oracle interior que no sabem d'on ve ni en virtut de quins precedents afirma el que afirma. Aquesta veu interior sembla que respongui a ressorts fisiològics que donen fe d'allò que el tacte toca, del que veuen els ulls, del que ou l'oït, del que oloren o assaboreixen l'odorat o el paladar, a manera d'una imposició externa. A aquesta imposició externa és a la que es ve anomenant *experiència.* En aquesta imaginària percepció immediata, *les experiències no es fan per l'intermedi de l'experiment motriu: són donades ja fetes.* El vell principi *nihil est intellectus quod prius non fuerit in sensu,* no s'interpreta en l'accepció d'acumular els sentits en els vestíbuls de la intel·ligència la matèria amorfa del coneixement possible, sinó en la de proporcionar experiències vives d'un valor incalculable, veritables coneixements preformats; les coses exteriors que impressionen els sentits evoquen la imatge representativa d'aquestes coses. De bon començament s'admet que aquesta imatge és borrosa; però, a mida que l'acció exterior la fixa, es va precisant i fent més distinta, i, per un misteri impenetrable de l'*intellectus agens* o per la prensió de formes preexistents en el fons de l'enteniment, aquesta imatge es fa intuïtiva de la seva causa o de la cosa que amb ella ens representem. Una i cent vegades, diuen, una cosa externa a la qual anomenem mel se'ns mostra davant dels ulls en forma d'un color d'ambre fosc, en el tacte amb una certa pastositat, en el gust i en l'odorat amb una olor o una saborositat. Cada una d'aquestes impressions és excèntricament referida a la condició externa que la determina i això tant més distintament quant més la treballi l'acció externa; i quan pels lligams de l'associació es va advertint que aquestes qualitats sensorials són referides a la mateixa cosa, llavors brolla la representació conjunta d'aquesta cosa. Al sentit se li imposa la imatge de fora a dintre i tal com és imposada és referida a l'exterior, sigui nadiuament, sigui per la reacció intuïtiva d'un *intellectus agens,* sigui per principis preestablerts que es desperten amb l'acció del món exterior i fan la llum en allò que de per si és obscur i inintel·ligible. Heus aquí la cosa que constitueix l'experiència de la mel o la de les diferents impressions que respectivament la integren.

Els empírics prenen l'experiència, així formulada de sobte en l'enteniment sota l'acció del món exterior, com el punt d'arrancada de la inducció de tot coneixement ulterior; els especulatius tracten d'explicar-se l'experiència mateixa per principis que, des del punt de vista que adopten, la pressuposen com la llur condició necessària. Davant d'uns i altres, però, és possible formular una pregunta prèvia: Què és experiència? Què pensem dir amb aquesta paraula?

Què és experiència

No tot allò que s'acusa per una percepció immediata, encara que sigui evocada per una excitació centrípeta, té el valor d'una experiència. No és prou veure-hi perquè a la cosa vista se li pugui atribuir un valor objectiu. La visió estereoscòpica ens mostra amb relleu objectes plans; en el moviment aparent percebem clarament com canvien de lloc objectes immòbils. En una i altra percepció la funció reacciona tal com ha de reaccionar fisiològicament; aquestes imatges no són morboses, són sanes; si llur objectivació resulta il·lusòria, és perquè no tenim en compte que el valor objectiu de tota percepció visual depèn de l'experiència motriu original, que ha projectat la imatge retiniana al punt extern al qual correspon. En el relleu estereoscòpic es desperta el record de totes les experiències motrius de les quals fou induït el relleu natural; en la percepció del moviment aparent són despertats els records dels quals fou induït el moviment real. Com no han de ser objectivament il·lusòries aquestes percepcions, si en el cas present fem una aplicació dolenta d'induccions antigues? *Aquestes experiències empíriques* són falses precisament perquè no són inductives, sinó el resultat d'un raonament visual *a priori.*

Sembla que la percepció tàctil ha de ser sempre impecable, per tractar-se del sentit exacte per excel·lència i, malgrat això, observem que els amputats refereixen a la mà o al peu que els manquen les impressions que reben en el monyó. Heus aquí falses percepcions de lloc, que amb tot i això són tan naturals com pugui ser-ho la visió estereoscòpica. Mentres imaginem que l'excitació que afecta la terminació tàctil mou un ressort que desperta en l'ànima la percepció del lloc, cal reconèixer que en els amputats l'ànima s'equivoca; però quan, deixant de banda aquestes fantasmagories, agafem els fets tals com són, comprovarem que la terminació tàctil és un punt d'aplicació del moviment voluntari tàctil i que aquest punt perifèric correspon a un punt central que es forjà per la repetició dels actes com un record, existint entre un i altre una connexió tan íntima, que per l'intermedi d'aquest record sabem quin punt o lloc del tegument extern serà afectat quan desplacem el membre damunt de l'obstacle extern, i per l'intermedi d'aquest record sabem també quin punt o lloc del tegument extern és impressionat quan un obstacle hi exerceix damunt una pressió. Ara bé: la pressió exercida damunt del monyó, quin record ha d'excitar sinó el del peu o el de la mà que manquen? Per què, doncs, és falsa la percepció d'aquest lloc? Perquè no és inductiva, perquè hi manca l'experiència motriu que determinà la percepció real del lloc i queda tan sols el record tàctil de la mà o del peu absents ara. El sensori tàctil no sap res dels accidents operatoris que s'han realitzat en els membres; perquè ho sàpiga és necessari que prèviament l'acció perifèrica gravi en les neurones tàctils el rastre commemoratiu del punt impressionat, i d'quí ve que si del monyó estant es desperta el sentit tal com fou gravat quan existien la mà i el peu, es percebran aquestes regions i no la del monyó; però apliqui's el moviment voluntari damunt dels punts tàctils d'aquest monyó, fins a gravar en el centre receptor el record d'aquesta regió creada amb un artifici quirúrgic, i quan s'hagi adquirit inductivament el coneixement d'aquesta nova regió amb experiències motrius repetides, la imatge de la mà o del peu s'esborraran i en canvi s'adquirirà la consciència tàctil del monyó, amb tanta finesa i vivor, que hi ha amputats que toquen la guitarra amb la munyeca. Doncs bé: la percepció tàctil, quan és una experiència real del lloc? Quan respon a l'experiència motriu que predetermina el lloc on la impressió tàctil ha de ser rebuda, forjant-se en el centre respectiu el record d'aquest lloc i mantenint-se indissolublement unit al mateix;

quan no succeeix així, l'experiència resulta falsa, ja que l'amputat víctima de la il·lusió raona *a priori* i no inductivament, com ho féu en èpoques llunyanes de la seva vida i com tornarà a fer-ho quan reorganitzi el tacte del monyó, tal com organitzà el de totes les demés regions.

Aquestes apuntacions, que ara no hem d'ampliar per a no desorientar-nos de l'objectiu que perseguim, són prou per a demostrar-nos que el valor lògic de les percepcions immediates no es desprèn de la percepció mateixa, sinó dels antecedents genètics que la preformularen en la consciència. Una acció centrípeta pot despertar una suma completa de records elementals, dels quals resulta una percepció vertadera si n'és un bon trasllat o falsa si no n'és ben induïda; és més natural i comú que succeeixi la primera cosa que la segona, i en aquest concepte no tenim motius raonables per a dubtar de la veracitat dels sentits, amb el frèvol pretext que poden enganyar-nos, ja que ordinàriament la sensació no fa més que despertar records elementals organitzats experimentalment, i és lògic que la suma de la qual resulta la percepció vingui calcada en cada un dels sumands, essent la llur expressió. De tot això se'n desprèn que no hem d'admetre com una experiència tot el que l'acció centrípeta evoqui en la consciència; pot ser-ho o pot deixar de ser-ho; tot depèn de les condicions en les quals el sentit és afectat. El punt d'arrancada del procés intel·lectiu està en l'experiència externa, segons la tesi fonamental de l'empirisme de totes les èpoques, que sempre ha estat l'escola del bon sentit; però, on comença l'experiència externa?

L'experiència no és donada inicialment en la imatge intuïtiva; en la imatge intuïtiva pot haver-hi engany i no hi cap engany en l'experiència. És tan estricta l'accepció en la qual usem aquesta paraula, que no concebem que l'experiència pugui ser rectificada; de ser-ho, diríem que és falsa, és a dir, que no era experiència. L'acte per obra del qual es formula en l'enteniment una experiència externa, és impecable: tots els vertebrats convenim que al referir les imatges dels nostres sentits als objectes als quals corresponen, procedim d'una manera tal que no ens equivoquem. Hi ha qui suposa que aquest acte és nadiu o espontani, a estil d'una imposició primitiva de la qual l'anàlisi no pot trobar-ne els antecedents, perquè no té un més enllà, essent irreductible a elements genètics que ens expliquin la seva composició. En aquest cas creuríem en l'experiència per una fe interior i no per saber que les intuïcions que l'acció dels sentits preformula corresponen lògicament a la causa real que les determina. Nosaltres no ho creiem així; en el nostre sentir la imatge intuïtiva no és una experiència, sinó el resultat d'un experiment motriu, el qual ens ha demostrat que aquesta imatge ha estat creada per la causa a la qual és referida. Se suposa que les imatges intuïtives o les percepcions immediates són el punt d'arrancada de tota inducció possible; nosaltres creiem que, al contrari, aquestes intuïcions ja són el resultat d'una inducció elemental, i de la mateixa manera que establim entre dos fenòmens una relació de causa a efecte, per l'intermedi de l'experiment que ens demostra que l'efecte no ve ni pot venir mai mentres no sigui determinat per la causa, així entenem que la qualitat sensorial no apareix ni pot aparèixer en el sentit mentres la causa no actuï damunt del mateix, i això per l'intermedi d'un experiment viu que així ens ho ensenya. D'aquí ve que no creguem en l'experiència intuïtiva per una fe interior, sinó per una certesa lògica, per obra d'un raonament que es desprèn de factors preexistents. Ja és veritat que la consciència ens assegura que la imatge intuïtiva no és il·lusòria, però no com un oracle, sinó tal com ens assegura que la llargada de cinc metres és major que la de tres, el principi d'Arquimedes o la llei de la palanca, això és, en virtut de precedents lògics que obliguen a pensar d'aquesta manera i no d'altra. L'experiència no és donada originàriament en l'enteniment. En l'acte de referir la impressió més elemental a la seva causa, s'indueix que aquest efecte sensorial ha estat determinat per aquesta causa. Com s'indueix? Aquesta és la qüestió. Amb això afirmem una relació entre la impressió del sentit i la causa que la determina; i si l'afirmem és perquè la coneixem. Doncs el que ens importa averiguar és com la coneixem i per què a aquest coneixement li donem el valor d'una experiència externa.

Formulem una experiència i diguem: el cinabri és vermell. I en virtut de què la formulem? Diuen que com una i altra vegada una certa cosa ha impressionat la retina, ha gravat en la intel·ligència un rastre representatiu al qual anomenem color d'aquesta cosa, i això, afegeixen, és el que constitueix l'experiència del color del cinabri. Nosaltres no entenem que això sigui una experiència. Per a nosaltres l'experiència del color del cinabri no consisteix en l'efecte que determina en la funció visual, sinó en el coneixement de l'efecte que ens ha de causar una certa cosa que, al ser enfocada per obra de l'experiment motriu, determina un color vermell de matís especial. Una i altra vegada la retina fou impressionada per una certa acció, que li produïa el seu efecte fisiològic, i no en teníem coneixement perquè aquesta acció, exercida de fora a dintre, no era una experiència que ens anunciés la presència de la seva causa; s'obrí el cicle d'aquesta experiència quan, de dintre a fora per l'acomodació visual, prefixàrem el lloc on demorava la causa que així impressionava el sentit, i d'aquest punt endavant es formulà en l'enteniment la previsió que sempre que se sotmetés la retina a l'acció d'aquesta causa, hi reapareixeria un color vermell de matís especial. A això és que anomenem experiència, per tant que ens permet preveure què succeirà en la retina cada cop que aquesta acció exterior hi actuï damunt, de la mateixa manera que l'experiència hidrostàtica d'Arquimedes ens permet preveure què li succeirà al cos submergit en un líquid. És clar que si l'efecte sensorial no s'hagués produït, mai hauria pogut acudir-nos enfocar la causa que el determina; però, un cop enfocada, s'ha preformulat en l'enteniment la previsió d'un efecte possible, ja que hem pres aquest efecte com a instrument per a conèixer allò que el determina. Adquirit ja aquest coneixement, si, de sobte, inesperadament, un cert color impressiona la retina i el desperta, diem *cinabri,* que ve a ser com el record viu de la causa d'aquella impressió. Consisteix l'experiència, doncs, en aquesta nota impersonal que s'imposa al sentit? No: l'experiència consisteix en aquest acte personalíssim que preveu què ha de passar en el sentit i així que apareix la impressió la considera senyal o signe de la presència de la seva causa. De la mateixa manera que al distingir en alta mar la bandera d'un vaixell diem "aquest vaixell és espanyol", de la mateixa manera a l'aparèixer un cert color davant dels nostres ulls diem "això és cinabri". Amb el determinatiu *això* no designem la imatge, sinó allò que l'ha determinada, la causa que ja ens és coneguda per l'intermedi d'aquest signe. Potser algú digui que no hi ha paritat entre un i altre cas, perquè els colors de la bandera espanyola són convencionals i el del cinabri ens ve imposat sense haver de menester un *consensus* previ. L'objecció és inadmissible. Nosaltres no coneixem aquest cos pel seu color vermell mentres no haguem estimat aquest color com el signe d'aquesta realitat exterior. L'aneritròpsic que veu el cinabri d'un color groc fosc, el coneix de la mateixa manera que nosaltres, encara que el signe sigui qualitativament distint del nostre. És prou que recordi que allò que nosaltres ho veiem vermell ell ho veu groc, perquè ens porti el cinabri quan l'hi demanem, perquè la cosa important no és el color, és allò que el color significa per a ell i per a nosaltres. És molt possible que el color pel qual ens representem el cinabri no sigui vist de la mateixa manera ni tan sols per dos individus; també és possible que si poguéssim canviar la nostra retina amb la d'altres, experimentaríem grans sorpreses; però, suposat que fos així, ¿què valdria això si, fossin els que fossin els colors que les coses exteriors determinessin en la nostra retina, tots reconeixeríem la presència d'aquestes coses per l'intermedi de signes intel·lectivament idèntics, si bé variats en la llur qualitat? Què li fa que "home" s'anomeni en alemany d'una manera i en català d'altra, si al capdavall és idèntic el que volem significar amb la respectiva paraula?

A l'exposar els orígens del coneixement de la realitat, hem descrit el mecanisme per l'intermedi del qual les imatges sensorials són avaluades com a signe de l'efecte tròfic que ha de venir, adquirint-se d'aquesta manera el coneixement anticipat d'un fet futur. Les arrels d'aquesta previsió són empíriques, ja que si el sensori tròfic recorda que la necessitat de l'aigua es calma ingerint aquest líquid, és perquè cent vegades ha passat així, i si coneixem que allò que calma la set és allò que sensorialment ens representem amb la forma d'aigua, és perquè hem pres aquestes formes sensorials com a signe d'allò que ens manca. En l'experiència externa tractem d'inquirir què és que determina la imatge valent-nos de la innervació psico-motriu, i una vegada ja esbrinat, sabem quan apareixerà, i si reapareix inesperadament sabem també què l'ha determinada. Doncs bé: de la mateixa manera que les imatges amb les quals se'ns revela la presència d'allò que nodreix, no són la cosa nutritiva, sinó simplement el seu signe, així en l'experiència externa la imatge no és la *representació* de la causa, sinó el signe per l'intermedi del qual se'ns anuncia la seva absència o la seva presència.

El coneixement de l'objecte no consisteix en la seva representació

No és aquest el sentit en el qual generalment se sol usar la paraula experiència. Una i vàries vegades el cinabri ha impressionat la retina, i aquesta acció exterior, diuen, és la que preformula l'experiència del seu color; cada cop que es rep una impressió semblant, es repeteix la mateixa experiència empírica, i és això que ens indueix a considerar tots aquests colors com a propis del cinabri. Explicat així l'origen de l'experiència, naix ja preformulada en la intel·ligència i el subjecte ha d'admetre-la com un fenomen primari imposat per una cosa externa al dit subjecte. El valor lògic d'aquestes experiències no s'estén sinó als casos vistos, i si imaginem que pot fer-se extensiva als casos nous que poden presentar-se, és únicament perquè concebem que com que ens han d'impressionar de la mateixa manera, induïm que també preformularan les mateixes experiències. D'aquesta manera naix la representació en l'enteniment i aquesta representació ho és de la cosa representada, existint una perfecta conformitat entre una i altra. Durant llarg temps ha dominat l'obsessió de ser idèntica aquesta conformitat a la que hi ha entre la imatge i la seva còpia, entre l'eco i el so que reflexa, obsessió que encara perdura en esperits molt superiors; avui aquesta conformitat se sol entendre com una representació paral·lela a la cosa representada, com si en el món exterior existissin tantes coses com *objectes,* donant a aquesta última paraula un sentit purament representatiu.

Fins deixant de banda que l'observació ens ensenya que la imatge intuïtiva no constitueix pel fet de ser-ho una experiència efectiva (proposició que ningú subscriuria perquè de ser així hauríem d'atribuir valor objectiu a totes les il·lusions dels sentits) i que també ens ensenya que l'experiència no *naix* sinó que es *fa,* a l'inquirir la naturalesa mateixa de l'experiència externa reconeixerem que no és cert que ens sigui donada com la simple repetició d'unes mateixes impressions. Quan s'afirma que el cinabri impressiona sempre la retina de la mateixa manera i que per aquesta raó el reconeixem pel color, no s'adverteix que nosaltres donem a aquest color un valor molt superior del que donaríem a una repetició purament empírica; tots els homes a l'una entenem que coneixem el cinabri, no perquè impressioni així la retina una i altra vegada, sinó perquè així ha d'impressionar-la; el seu color té per a nosaltres el valor d'una paraula, car així com amb la paraula "home" no designem aquest, aquell o l'altre home, sinó tots els homes possibles en el present, en el passat i en el futur, així amb aquest color designem, no l'efecte que ens causa aquest cinabri, sinó el que ens poden causar tots els cinabris possibles, per tant que preexisteix en l'enteniment la previsió de l'efecte que ens ha de produir l'acció que determina el dit color, i aquesta previsió és general, per donar-se com a coneixement d'aquesta acció, això és, com a signe seu. El nen que tan sols ha vist l'aigua a casa seva, la reconeix a casa dels seus veïns, a la font, arreu on la trobi. A l'enfonsar-hi la mà es féu càrrec de la seva penetrabilitat, al mirar-la del seu aspecte visual, i aquesta penetrabilitat i aquest aspecte visual, així com el timbre amb el qual sona al topar amb alguna cosa, el seu estat tèrmic, etc., foren els signes amb els quals formulà l'experiència de l'aigua, no de la de casa seva en particular, sinó de la de totes les que havien de produir-li les mateixes impressions. Així és que si ens preguntem què és el que entén per aigua aquest nen, no respondrem que aquest coneixement vingui integrat per la imatge tàctil, tèrmica, visual, etc., això és, per una representació, sinó pel coneixement de l'efecte que li ha de produir una certa cosa que en el tacte dinàmic se li mostra com a fàcilment penetrable, freda en la sensibilitat tèrmica, dotada d'un cert aspecte davant dels ulls que l'enfoquen; la previsió viva dels efectes que li ha de causar, successivament o simultàniament en els sentits, a això és que anomena aigua; per això la reconeix com a present onsevulga que la trobi, perquè ja sap que cada una de les dites imatges és el signe d'una cosa exterior. No diguem, doncs, que el coneixement de l'aigua és una representació interna que paral·lelament correspon a una cosa externa; semblant paral·lelisme entre la cosa i la imatge és formal i vagarós com un somni. Entre la cosa interna i l'externa la connexió és més íntima i profunda; el coneixement correspon a la realitat com la paraula a allò que expressa. Cada una de les imatges de l'aigua és el signe amb el qual interiorment traduïm l'acció exterior i per aquesta raó considerem el dit objecte com la possibilitat perdurable de determinar sempre els mateixos efectes en els sentits; amb la qual cosa es veu que per a nosaltres l'aigua no és un conjunt d'imatges, sinó allò que concebem com la causa que les determina, donant-se tan estretament vinculats els termes d'aquesta relació, que, si es rompessin aquests vincles, la representació restaria com una ombra que flota en el buit.

El químic que experimenta damunt d'un cos, com el físic que determina les condicions d'un fenomen, procedeixen de la mateixa manera que el nen quan coneix l'aigua. Ni un ni altre entenen que allò que descobreixen al descompondre la sal o al refractar la llum es refereix exclusivament a aquesta sal o a aquesta llum sobre de les quals operen; a les imatges amb les quals es representen aquest cos o a la desviació de la llum no els donen un valor empíric, sinó un valor universal, el valor lògic del signe d'una acció exterior. Ells no entenen que la sal i la desviació dels raigs lluminosos siguin la simple representació interna d'una realitat externa paral·lela a l'una o a l'altra; posseeixen, al contrari, la claríssima intuïció que, actuant damunt d'aquesta realitat externa, els sentits seran impressionats d'una altra manera, i per això es preocupen d'inquirir amb quins nous signes s'acusaran els components de la sal o amb quins nous signes s'acusarà el pas de la llum a través de l'oli comú, de l'oli de cotó, etc., perquè posen llur ideal en preveure els efectes que han d'aparèixer en els sentits, enriquint així el lèxic d'aquest llenguatge interior per l'intermedi del qual coneixem les accions o causes exteriors. En realitat caiem en una il·lusió subjectivista quan ens figurem que les nostres representacions del món exterior formen una sèrie paral·lela amb les coses que per elles ens representem. Diuen que la mel és la representació conjunta d'uns certs color, olor i saborositat, i això no és exacte. La mel és per a nosaltres la previsió o la possibilitat necessària de quelcom que en els ulls, en la boca i en l'odorat ha de determinar tals impressions i no d'altres; si no les determinés diríem que no és mel. En què es fonamenta aquest raonament tan tancat i absolut? En l'experiència motriu que ha determinat una impressió de color i no altra per l'intermedi de les direccions visuals, en la boca una certa saborositat i una certa olor en el nas per obra d'altres moviments dels quals som mestres i senyors. Aquestes impressions no haurien aparegut si quelcom no hagués impressionat els sentits; però nosaltres ignoraríem que aquest quelcom és el que ha produït aquests efectes, si per l'experiència no s'hagués prefixat el lloc on demora. Ve l'efecte? Llavors diem: vet aquí el signe d'allò que el determina. Que no ve? Doncs no hi ha allò que el determina. Què és, doncs, per a nosaltres aquest objecte que anomenem mel? Una simple possibilitat. El coneixem per l'intermedi de tres experiències. Suposem que una d'elles, la visual, ens entera de la presència d'aquest cos. No tenim ja necessitat de posar-nos-el a la boca o d'acostar-nos-el al nas per a saber quina impressió ens ha de produir; ni tan sols tenim necessitat de recordar *in actu* aquesta impressió; en l'enteniment preexisteix el record fix de les experiències motrius que ens anuncia clarament allò que passarà en aquest sentit abans que realment hi passi, i aquest record, que batega en la sensibilitat motriu, és donat com la seva previsió.

Així mateix, en veient la taula ja donem per coneguda la seva resistència i temperatura sense necessitat de palpar-la, el seu timbre acústic sense necessitat de picar-hi perquè soni. Aquelles gallines de les quals hem parlat anteriorment que corren adelerades cap al lloc on sona la casserola, no es representen *in actu* les imatges que en aquell lloc de l'espai han d'experimentar; en la llur intel·ligència, com en la nostra, l'objecte és donat com la previsió d'aquestes impressions possibles i en el punt que reapareixen és quan per l'intermedi del signe es reconeix la llur presència, tal com si el sentit pronunciés la paraula esperada. Aquesta previsió és la que de vegades ens entera que allò que ha determinat la impressió ja no està en el punt o lloc de l'espai on la imatge és projectada. Així l'estrella que cau en l'horitzó o bé, reproduint el símil de Zenó, la sageta que passa davant dels ulls, no estan realment en el lloc on les veiem; però per l'intermedi d'aquestes imatges sabem que ha passat una estrella o una sageta, i aquesta experiència és certa. Si l'experiència consistís en la representació, hauríem d'admetre, com el filòsof grec, que aquestes experiències són falses; mes com no és això el que volem significar amb aquesta paraula, sinó la simple previsió del fenomen sensorial, amb aquestes experiències, no tan sols sabem que ha passat una causa davant dels ulls, sinó que aquesta causa no està en el lloc on la veiem. En el mateix cas es troben un gran nombre d'experiències astronòmiques. Calcular l'aparició d'un fenomen i el moment en el qual ha d'efectuar-se, no és la mateixa cosa que prefixar el moment que la representació ha de ser donada, ja que pot succeir que aquesta representació aparegui quan la causa que la determina no actuï ja damunt del sentit, mal que hi hagi deixat rastre.

L'objecte o el món exterior que ens volta és per a les nostres funcions perceptives *la mateixa cosa que el sentiment del lloc*. Imaginem un cec reclòs en la seva cambra. Posseeix la consciència claríssima del lloc on demora i on es mou lliurement, tranquil·lament, perquè sap on és el llit, la taula, el rentamans, les cadires, la finestra, els espais plens i buits. Si se li acut obrir la finestra per a orejar l'estança, s'hi encamina amb la mateixa precisió que si hi veiés, i si se li acut fumar, s'encamina sense vacil·lació a la taula on deixà la petaca. Com adquirí el coneixement d'aquest petit món? Quan l'hi tancaren res en sabia: hagué d'aprendre-ho amb l'experiència. Al moure's topà amb la paret, per exemple, i, prenent-la per punt d'arrancada, a l'avançar dos passos cap a l'esquerra, un obstacle li barrà el pas. Heus aquí un primer coneixement. Per a adquirir-lo li fou menester establir un punt d'arrancada i adquirí la previsió que per a rebre una impressió tàctil en el baix ventre necessitava avançar des del dit punt dos passos a mà esquerra. Semblant previsió no és altra que la consciència d'un moviment i la mesura del temps escolat entre la seva execució i l'aparició de la impressió tàctil. Aquesta mesura es tradueix exteriorment sota la forma d'una distància. De què es desprèn aquest primer coneixement? De l'experiència motriu. Adquirir la previsió del lloc exterior on en la posició vertical el baix ventre serà afectat, és igual que saber que perquè la imatge tàctil reaparegui, és precís recórrer tal distància en tal direcció. Multipliquem ara les experiències en totes les direccions possibles i darrera d'aquest llarg treball el nostre cec arribarà a saber quin lloc ocupen la taula, la finestra, les cadires, etcètera, i això amb tal exactitud, que es pot moure de la manera que vulgui i sempre sap on és. Saber on és, és igual que saber en quina direcció i en quin lloc es troben els objectes que el volten; però conèixer la direcció i el lloc on aquests objectes estan situats no és posseir la llur representació sensorial, sinó posseir la completa consciència de com ha de moure's perquè d'una manera successiva vagin sorgint parcialment en els sentits. La finestra i el rentamans, el llit i les cadires, no són per al nostre cec representacions actuals, són simplement la possibilitat perdurable de predeterminar en tal lloc la impressió tàctil. Desvinculem aquesta impressió de l'experiència motriu i el nostre cec toca la finestra i no sap on està situada, per mancar-li la previsió del lloc; però suposem que aquest record preexisteixi en el sensori, i és prou que palpi la finestra perquè la reconegui, i amb ella l'ordenació successiva dels demés cossos que componen el seu petit món. Posat en el centre de l'estança, malgrat no rebre altra impressió de l'exterior que la que irradia de les plantes dels peus, el nostre subjecte posseeix la plena consciència del lloc que ocupa, perquè aquest té una relació amb tot el que el volta; suposant que, apoiat damunt dels seus peus, sofrís sobtadament l'anamnèsia de la col·locació dels objectes, posseiria la consciència d'estar en alguna banda, però sense saber on, perquè un punt en l'espai és sempre una incògnita per a aclarir, mentres no hagi estat posat en relació amb altres punts. Ara bé: quan ens preguntem per què ens són desconeguts aquests punts, reconeixem que és perquè ignorem què hem de fer perquè en ells aparegui la impressió sensorial; la capacitat de provocar-la, això constitueix el coneixement de l'objecte. De tot plegat se n'indueix que el cec coneix l'estança on ha estat reclòs, no en tant que se la representa, sinó en tant que se sent amb la capacitat de representar-se-la.

Així és donat en la intel·ligència el coneixement de l'objecte. En el sentiment de les direccions visuals, acústiques, odoratives, no és donada la imatge: és donada la condició motriu per l'intermedi de la qual sabem que en el punt on brolli la imatge hi demora la causa que la determina. Busquem en el cel una estrella, i si tractem de precisar què volem dir amb aquesta paraula, observarem que buscar és com aixecar el plànol de la seva situació, alhora que aixecar el plànol d'aquest lloc és preestablir una relació directa entre aquella estrella i la retina, damunt de la qual ha d'actuar. Coneguda que sigui aquesta relació, no direm que el coneixement de l'estrella naixi de la imatge representativa i que aquesta constitueixi l'experiència, perquè evidentment l'experiència naix d'aquest acte intern que ha preestablert una relació entre l'estrella i la impressió visual; suprimim aquest acte i ja no sabem on és l'estrella, i no saber on és equival a desconèixer que en el cel relluu un cos que no coneixem diferenciadament. Però, donant a la paraula experiència el seu valor lògic, indubtablement volem expressar amb ella l'aptitud del subjecte per a predeterminar una impressió visual ja coneguda.

De la mateixa manera: cerca el gos en l'aire el rastre que ha perdut. Si el troba, posa atenció en aquesta impressió odorativa i prefixa la línia en la qual és donada, ben convençut que ha de topar amb el conill que ha seguit el curs d'aquesta línia; aquesta direcció o aquesta línia que tira a través de l'espai, recta, trencada o sinuosa, què altra cosa és sinó la previsió motriu del lloc on la impressió és donada? Sap el gos que la impressió brolla en aquesta línia i no en altra, de la mateixa manera que nosaltres sabem on és l'estrella; és per obra de provatures motrius que ha predeterminat el pla del rastre, i és el record d'aquestes experiències vives el que l'orienta vers la causa, vers el conill que ha deixat en l'aire i en el sòl el rastre del seu pas. Preestablir entre la causa capaç d'impressionar el sentit i la impressió rebuda una relació, és establir l'experiència externa, i per aquesta raó el gos no sap que el conill existeixi per representar-se'l mitjançant l'olor, sinó que, ben al contrari, utilitza aquesta olor per a prefixar en el món exterior allò que així impressiona el seu nas.

En resum: del moment que concebem l'experiència com el resultat d'una reacció del subjecte damunt la causa que impressiona el sentit, preestablint entre aquest i aquella una relació de naturalesa experimental, la idea que ens formem de l'objecte és molt diferent de la que ens en formem per intermedi de l'anomenada experiència empírica, purament representativa. Segons la nostra manera de veure la qüestió, els sentits no ens instrueixen de res; les llurs reaccions són comparables a les reaccions foto-químiques de la placa sensible. Les funcions dels centres sensorials romandrien eternament ignorades si quedessin isolades del domini de la innervació psico-motriu; però aquest isolament no existeix; les dues funcions s'articulen i solidaritzen, i d'aquest punt endavant s'adquireix la capacitat de provocar certes i determinades impressions. Aquestes impressions són de la mateixa naturalesa que les que apareixien abans, quan no eren provocades, perquè ja es comprèn que el fet de poder adaptar el sentit al seu natural excitant, en res altera les propietats fisiològiques de les sensibilitats externes; mal que així sigui, pel sol fet d'adaptar el sentit al seu excitant, passa que apareix una impressió o n'apareix una altra, segons sigui la causa a la qual s'adapta, i llavors és quan es formula l'experiència. A l'establir-la, el subjecte es comporta com si raonés de la següent manera: "vist que durant un gran nombre de vegades he sentit una dolça saborositat en la boca al ficar-hi un cert cos, sense que se m'acudís que era aquest cos que posava en la boca el que la determinava, desitjaria poder reproduir aquesta saborositat; però vist també que aquesta saborositat no reapareix espontàniament i que per a satisfer el meu desig fa menester que faci la mateixa cosa que vaig fer quan aquesta saborositat era donada sense saber com, dic que perquè aquesta sensació reaparegui és necessari que fiqui aquest cos a la boca." Repetint uns mateixos actes, el subjecte es troba amb una imatge diferenciada de naturalesa purament interna, ja que fins aquest moment no se li ha acudit sospitar que era determinada per un agent exterior; però quan es desperta el desig de la seva reaparició (i prescindim ara de cercar els antecedents tròfics o d'altra mena que el desperten) no disposa d'altres recursos per a satisfer-lo que els que li proporciona el moviment, i llavors es forgen en els centres psico-motrius les impulsions que han de donar per resultat el transport a la boca d'allò que ha de reproduir la impressió desitjada. A la cosa que determina aquesta reacció sensorial l'anomena objecte; a aquesta reacció que li anuncia la presència d'aquest objecte l'anomena imatge. Per aquesta experiència (esquemàtica o representativa de totes les experiències externes possibles) aquest objecte és considerat com la causa de la imatge, i fins a tal punt que el concep com a subsistent amb independència de la causa mateixa, i per aquest motiu sempre que vol reproduir-la no li'n queda altra manera que portar-se'l a la boca; aquest objecte, doncs, no té altre valor lògic que el de poder reproduir un efecte purament intern, això és, d'una possibilitat.

Determinem ara el valor lògic de l'efecte sensorial. Aquest efecte és subsegüent a una causa, allò que ha de seguir a una acció. Mentres fou donat en el sentit sense que per l'intermedi del moviment s'hagués arribat a saber què era allò que el produïa, el subjecte ignorava que fos un efecte; apareixia i desapareixia sense que sabés com; però així que sabé que no apareixia espontàniament, sinó que la seva aparició implicava la presència d'una acció, entengué que aquest efecte era el senyal que li anunciava la presència d'aquesta acció. Aquest senyal, que avisa el subjecte d'haver-hi quelcom que actua damunt del sentit, té el valor lògic d'un signe. De la mateixa manera que la campaneta que sona a la porta ens anuncia l'arribada d'una visita, així la impressió sensorial ens anuncia la presència d'una acció exterior; però així com la campaneta no ens anuncia res mentres no s'hagi preestablert una relació entre el seu so i la persona que la fa sonar, així també la imatge sensorial no ens anuncia res mentres no s'hagi preestablert una relació entre ella i la causa externa que la determina. Un signe, com deia sàviament Helmholtz, no arriba a ser tal signe mentres no se sàpiga interpretar.

Vegi's amb això quina és la veritable naturalesa del coneixement perceptiu. Vivim submergits en el si de la realitat. La realitat ens impressiona i causa efectes en el nostre organisme i no sabríem res d'aquestes impressions si no ens fos possible preveure-les; fórem llavors com la pedra de la muntanya que la pluja flagel·la i la calor esquerda, si aquesta pedra sentís els efectes de la pluja i de la calor. El moviment ens és donat, però, per tal manera que puguem preveure els efectes que el món real que ens envolta ha de deteminar en els sentits, i a aquesta previsió del que ha de passar-nos és a la que anomenem causa i als efectes previstos és als que anomenem imatges externes. No ha de confondre's la causa amb el seu efecte; la causa subsisteix com la possibilitat perdurable de l'efecte sensorial, i a aquesta possibilitat l'anomenem objecte, per tant que ens és conegut per un sistema de senyals o signes, fadigosament organitzat a estil d'un llenguatge interior, que ens permet saber de sobte què és allò que ens afecta; i així és com diem: aquesta dolçor és la de la mel, aquest color el del cinabri, aquest so el de la campana. Al parlar així entenem que aquestes imatges són les paraules interiors que ens tradueixen l'acció respectiva d'allò que les causa, i com que cada una d'elles significa una acció, el món real ens parla amb veu viva quan actua damunt dels nostres sentits i evoca els signes mitjançant els quals assolim el seu coneixement. D'aquí ve que el coneixement perceptiu, en lloc de ser formal sigui l'expressió de l'acció que el món real exerceix damunt dels sentits i si així ho vénen creient tots els animals de la creació, reflexivament o irreflexivament, és perquè l'experimentació motriu no consent a cap d'ells cap mena de dubte respecte d'aquest punt. D'aquesta experimentació naix aquesta veu interior (com de la vibració acústica se'n desprèn el so) que ens dóna fermança que la imatge pot reaparèixer a voluntat nostra sempre que el sentit sigui adaptat a la causa que la determina, i com que en la consciència persisteix aquesta previsió, d'aquí ve que la imatge sigui presa com el signe de l'acció que s'espera.

Crítica de la teoria del coneixement representatiu

No és així com s'entén la naturalesa del coneixement perceptiu preformat. També en aquesta teoria s'admet que l'acció exterior és la que determina la imatge; però aquesta causa es preformula en la consciència d'una manera excèntrica o intuïtiva de la seva causa. El fenomen s'explica metafísicament, o sigui per la intervenció de quelcom que no és un fenomen o una condició; l'empirisme, més prudent i assenyat, no tracta d'explicar-s'ho i ho admet com a punt d'arrancada en qualitat de fet irreductible. Admès el fet, ignorem de positiu quin pugui ser el valor lògic de la intuïció, és a dir, no sabem quina cosa del món exterior entenem per ella, per quant prescindim del procés inductiu del qual es desprèn aquesta intel·lecció. Ens figurem llavors que la imatge és la representació de la cosa externa; judiquem que el subjecte va responent paral·lelament a les coses exteriors mitjançant imatges i donem per suposat, sense que puguem explicar-nos com és que ho suposem així, que les dites imatges corresponen a aquelles coses. Si hi corresponen bé diem que hi ha conformitat entre la imatge i el seu objecte *(adequatio rei),* i si hi corresponen malament diem que aquesta experiència és falsa. D'aquesta manera es concep la funció perceptiva com la facultat que ens ha estat donada per a poder representar-nos les coses exteriors.

Examinant la qüestió serenament, una vegada plantejada en aquests termes, cal convenir que no sabem què volem dir amb la paraula representació; aquest llenguatge és buit i purament formal. Si dibuixo o pinto una figura, puc comparar la còpia amb l'original i comprovar si hi ha conformitat o disconformitat entre una i altra; solament en aquestes condicions m'és permès afirmar si està ben o mal representat l'original. Pel mateix estil puc comparar la conformitat o disconformitat entre dos tons, dos colors o dues saborositats; però, quina conformitat o disconformitat pot existir entre la imatge visual i la seva causa, si aquesta causa no és llum ni és forma? Quina comparança és possible entre la saborositat de la sal i la sal mateixa si aquesta sal no és saborositat? Què es vol dir, doncs, amb la paraula "representació"? Ningú s'ha proposat definir-ho, ningú ha tractat d'aclarir aquest concepte. Amb ell, però, es consigna un fet indubitable, i és que existeix una relació entre la imatge i la seva causa. De quina naturalesa és aquesta relació? Aquest és el punt que no s'inquireix i, precisament perquè deixa d'inquirir-se, ens sedueix la creença que nosaltres podem conèixer el món exterior per intermedi de les imatges que fa esclatar en el sagrat de la consciència la força intel·lectiva. Conèixer el món és poder representar-lo, i per a poder representar-nos-el ens ha estat donada la intel·ligència... Però al replantejar el problema en els seus veritables termes experimentals, ens adonem que aquesta manera d'entendre el coneixement és il·lusòria. La intel·ligència no ens ha estat donada per a conèixer les coses exteriors per l'entremig de llurs representacions interiors i paral·leles; la intel·ligència ens ha estat donada als vertebrats únicament com a instrument per a poder preveure les accions que aquestes coses exteriors poden exercir damunt dels sentits, i res més que per a això. Somiem a l'imaginar que coneixem les coses exteriors per l'entremig de les representacions que ens en formem en l'enteniment; somiem al creure que les coses exteriors són com la contrafigura de les nostres representacions; somiem quan concebem la naturalesa de la intel·ligència tan diferent de com realment és. Quan ens entreguem a aquests somnis ens figurem que també la causa pot ser concebuda com quelcom que correspon paral·lelament en l'exterior a la idea que ens en formem, i en la història del pensament humà aquesta paraula sona augusta i solemnial. Se l'ha concebuda com una acció solitària creadora dels mons, com el principi de tota renovació, com la directriu que tot ho encadena... Però al preguntar-nos què volem realment significar amb aquesta paraula causa, no triguem en descobrir que de l'experiència tròfica naix el coneixement de la realitat que ens manca i que de l'experiència motriu naix el coneixement d'ésser exterior la realitat que ens manca; la realitat que ens manca és coneguda per l'intermedi de signes sensorials; la realitat exterior és també coneguda per aquests signes, quan mitjançant el moviment descobrim que *allò mateix que calma la fam determina aquests signes,* i heus aquí com es formula originàriament en l'enteniment el coneixement de quelcom que impressiona els sentits; a aquest quelcom l'anomenem causa. Què volem significar amb aquesta paraula? Una pura relació de la realitat amb els sentits; fora d'aquesta relació, aquesta paraula manca de significat. Com un explosiu que no esclata mentres no es torbi el seu equilibri molecular, així dormen latents les sensibilitats externes mentres res les excita; doncs això que les excita i provoca l'aparició del fenomen, és la previsió d'allò que el determina: heus aquí què entenem per causa externa. Independentment del fenomen sensorial, la causa és concebible tan sols com la possibilitat de determinar-lo, i al deslligar-la en absolut d'aquest fenomen, considerant-la en si mateixa, ja no és causa: és una paraula amb la qual res concret es designa. Ni tan sols hi cap admetre que la causa en si mateixa sigui incognoscible. Cert que en el fons de l'enteniment hi trobem el concepte de la realitat exterior, com a independent del concepte de causa o com a donat en un moment anterior a aquell en el qual la realitat exterior se'ns presenta ja actuant, punt en el qual la metafísica ha desenrotllat elucubracions veritablement sublims; però nosaltres, que tan sols atribuïm valor objectiu als conceptes induïts de l'experiència, no podem admetre que la realitat exterior induïda de l'experiència tròfica sigui en si mateixa quelcom actiu o inactiu; aquesta virtut atribuïda al ser o a la substància, a la realitat en definitiva, és una representació arbitrària. Sabem que la realitat existeix com a alguna cosa perquè ens nodreix; sabem que és exterior perquè amb l'experiència motriu advertim que això és allò que impressiona els nostres sentits. Semblants coneixements són induïts d'efectes determinats en l'organisme; de la qual cosa es desprèn que la realitat exterior en si mateixa no és matèria de coneixement, com no ho és la causa en si mateixa, ja que no ens produeix cap efecte. Conèixer és preestablir una relació entre un efecte orgànic, sensorial o tròfic, i allò que el determina, i així és com sabem que la realitat existeix i actua com a causa; però quan prescindim d'aquesta relació i ens preguntem què és la realitat independentment dels efectes que ens causa o pot causar-nos, no formulem una pregunta que traspassi els límits del coneixement, sinó una pregunta que és contradictòria amb la naturalesa mateixa del coneixement. En el supòsit que mai es podrà inquirir si en el planeta Mars hi ha o no habitants, preguntant si n'hi ha plantegem una qüestió irresoluble, això és, incognoscible; però suposant que preguntéssim què perceben els habitants d'aquest planeta amb un sentit del qual estem mancats nosaltres, formularíem una qüestió absurda o incomprensible, perquè això és igual que proposar-se inquirir *quin efecte determina en nosaltres allò que no ens pot produir cap efecte.* Aquest és el cas de la realitat exterior i de la causa considerades en si mateixes: al destravar-les de la relació que les uneix amb els efectes que produeixen en nosaltres, ja no són matèria de coneixement. Quan no donem a la paraula coneixement aquesta significació precisa i clara, i imaginem que coneixem les coses exteriors per l'intermedi de la representació paral·lela que brolla en l'enteniment, llavors concebem la realitat com una cosa subsistent, la causa com una activitat en si o com una energia irrepresentable, i al entregar-nos a aquestes operacions intel·lectives creiem que coneixem quelcom de nou fins llavors desconegut, sense advertir que estem donant voltes seguidament entorn d'un mateix tema, sense sortir mai d'aquesta tesi fonamental: la realitat és la possibilitat de determinar efectes tròfics o sensorials i res més.

Coneixement de la causalitat

De temps antic que es ve debatent d'una manera apassionada, dividint en camps oposats els homes superiors, si el coneixement de la causa es pressuposa a l'experiència o si és possible induir de l'experiència la causa. Donats els termes com es ve plantejant la qüestió, cal reconèixer que l'especulació porta en el debat un avantatge enorme damunt de l'empirisme. Sincerament creiem que aquesta qüestió s'eternitza perquè està mal plantejada, al donar a la paraula "experiència" una significació que realment no té. Mentres anem admetent que l'experiència és donada inicialment en la intuïció sensible, els orígens inductius de la causalitat seran inassolibles, per tant que en l'acte de referir la imatge al seu objecte la consciència de la causalitat ja ve pressuposada, tal com l'impuls que mou la imatge excèntricament vers la seva causa.

Imagina l'especulació que aquest impuls naix d'un principi o d'una categoria preexistent, que Kant concebia com una funció de l'enteniment. Als que creuen que el raonament *a priori* té de si mateix força demostrativa, els sembla que amb això queda la qüestió definitivament resolta; però als experimentalistes empedreïts, que no admetem com a cert sinó allò que s'imposa forçosament mitjançant l'exhibició, ens sembla que aquesta explicació d'un fet serà una veritable explicació quan s'hagi demostrat que existeix realment en l'enteniment aquesta funció; mentres no sigui així la considerarem *una funció suposada,* això és, una hipòtesi. Considerada la qüestió d'aquesta manera, subsisteix el fenomen de l'excentricitat sensorial com un fenomen experimentalment inexplicat, ja que no s'han exposat les condicions que el determinen, que en això consisteix el que anomenem explicació.

La tesi desenrotllada per Stuart Mill es refereix únicament a l'encadenament causal dels fenòmens que se succeeixen en l'espai, cosa de la qual parlarem després, per a finir el nostre treball, i no a aquest acte primitiu per obra del qual referim les imatges sensorials a la condició externa que les determina. Aquesta tesi no ens explica la successió lògica o necessària, ni és possible explicar-la per les lleis purament empíriques de l'associació. La crítica que hi ha consagrat Hoffding és irrebatible. En aquest punt Hume hi havia vist més clar que el seu successor. Actualment són diversos els savis que donen a entendre que l'encadenament empíric o purament descriptiu dels fenòmens naturals és de la mateixa naturalesa que llur encadenament lògic. Sense discutir aquestes temptatives, tenim per segur que amb elles no convenceran a cap mecànic ni a cap físic que els fenòmens la successió dels quals en l'espai i en el temps preveuen com a necessària, estan lligats entre ells per la mateixa connexió causal de les sèries de fenòmens que ens descriuen els naturalistes al mostrar-nos les fases evolutives del regne animal o vegetal; els primers són d'una categoria superior a la dels segons, i aquesta veritat es veu ben clara quan el fisiòleg, en lloc de descriure el fenomen viu, prefixa les condicions o el mecanisme que determinen la seva aparició.

Al plantejar el problema de la causalitat en aquests termes, es planteja tan sols parcialment, quedant en l'ombra la part que té més fonament. Cert que l'home encadena uns amb altres els fenòmens amb la connexió causal; però abans d'establir aquests processos encadena, com els demés animals, les seves pròpies impressions sensorials a la causa externa, i és clar que el coneixement de la causa ha de començar per aquí, car suposant que fos possible explicar la successió lògica de les sèries fenomenals per la inducció empírica, sempre quedaria en peu aquest gran problema. Tal com es ve entenent aquesta inducció empírica, no és possible temptejar la seva solució. Si la imatge excèntrica constitueix ja de per si l'experiència, evidentment de l'experiència no pot ser-ne induïda la causalitat. Aquest supòsit, però, és fals; allò que anomenem experiència empírica naix de l'experiment, i al preguntar-nos com naix, llavors és quan advertim que en els sentits són donats els efectes sensorials sense que sapiguem com i sense que ni remotament sospitem que són fenòmens determinats, és a dir, efectes; advertim també llavors que aquest organisme es mou per obra d'impulsos interiors i que, al moure's, amb la inconsciència d'una massa viva que res coneix del món exterior que la volta, provoca impressions en els sentits i que allò que comença essent una impressió casual, acaba essent intencional, per despertar-se el moviment com el desig de provocar-la. I heus aquí com assistim al naixement empíric de la causa exterior. En un temps anterior ignoràvem que les imatges fossin determinades; en un temps posterior endevinem que ho són. Aquesta troballa és profundament lògica. Del subjecte es desprèn l'impuls que desitja la reaparició de la imatge i aquest desig és impotent mentres no sotmeti el sentit a l'acció de quelcom que l'evoca; així ho aprèn amb seguit temptejar i així ho executa quan ho té après. A aquesta operació psico-fisiològica l'anomenem experiència i la primera conclusió que s'indueix d'aquesta experiència és la de quelcom que impressiona el sentit, i a això és a la cosa que anomenem causa. La repetició d'uns mateixos actes ens ensenya després que la cosa que està fora del sentit, com quelcom que roman indiferent i estranger als nostres més vehements desitjos, pot tornar a determinar els mateixos efectes sempre i quan, per una iniciativa personal, per un acte intern que constitueix el veritable fons d'allò que anomenem personalitat, tornem a sotmetre el sentit a la mateixa acció, i d'aquesta manera és com arribem a entendre que allò que l'impressiona segueix subsistint en el lloc on l'altra vegada el deixàrem com la possibilitat perdurable de determinar els mateixos efectes. I heus aquí com per l'intermedi de l'experiència hem descobert la causa i alhora sabem també què volem dir amb la paraula causa. Poc abans ho ignoràvem; ara no: anomenem causa a la previsió motriu de l'efecte sensorial. En la hipòtesi especulativa, quan la concebem com una categoria o una funció de l'enteniment, no sabem concretament què volem dir amb aquesta paraula i per això uns la conceben com una funció creadora *ex nihilo*, altres com la força que engendra el moviment, altres com energia que renova, altres com la voluntat que fa les mudances... Però, d'un punt de vista experimental, la causa no pot tenir altra significació que la que es desprèn dels elements dels quals és induïda, i per aquesta raó no ens és possible concebre-la sinó com la possibilitat perdurable d'impressionar-nos. Tots els coneixements que sobre ella puguem assolir són reductibles al mateix problema: quin efecte pot produir en tals o quals condicions damunt dels nostres sentits; fora d'aquests límits experimentals, totes les concepcions que formulem sobre la naturalesa del món exterior en si, per grandioses i genials que siguin, per molt que ens sedueixin i fascinin, sempre seran lògicament il·legítimes, subjectes a rectificacions, mudances i transformacions; en canvi, la veritat experimental, el fet les condicions del qual hagin estat prefixades, subsistirà eternament com la previsió incontrastable del fenomen sensorial que se'ns anticipa en el present, en el passat i en el futur.

Exposada en aquests termes la qüestió, a què queda reduït el plet sobre si el coneixement de la causa el pressuposa l'experiència o si pot induir-se de l'experiència mateixa? A res absolutament, perquè sols és possible plantejar el problema quan no donem a la paraula experiència el seu veritable sentit; rectificant aquest punt, no hi ha problema.

Conclusió

A l'admetre que l'experiència és donada en la intel·ligència com una impressió exterior, s'ha enunciat un fet que tan sols és veritable a mitges. Res tan cert com que les sensibilitats externes solament poden reaccionar davant de l'agent exterior; però, fisiològicament, aquestes sensibilitats no són centres autòctons, isolats de la sensibilitat psico-motriu, que puguin funcionar, evocant en la consciència el fenomen intel·lectiu, amb una perfecta independència de la massa encefàlica. Tampoc la sensibilitat psico-motriu forma en aquesta massa un cantó independent; les impulsions al moviment no naixen en ella d'una manera espontània: naixen d'estímuls orgànics. S'ha concebut l'animal fragmentàriament, dissociant elements que s'articulen els uns amb els altres funcionalment, i en lloc de considerar els centres sensorials tals com són, òrgans de recepció, s'ha cregut que el punt d'arrancada dels fenòmens perceptius havia de cercar-se en l'objecte, en allò que excita aquests centres i desperta la llur activitat. Però els fenòmens perceptius, malgrat la llur relativa simplicitat, no poden bonament explicar-se per la sola acció del món exterior tal com s'acusen en la consciència, i d'aquí ve la intervenció d'hipòtesis metafísiques per a aclarir punts tan foscos com són els del ser o la realitat i el de la causa, i alguns altres que no mencionem aquí. Intuïtivament es comprèn que al procedir d'aquesta manera invertim els termes del problema que ens proposem resoldre. Per factors externs no podem explicar els fenòmens interns; l'objecte no pot ser un terme d'explicació del subjecte, sinó al contrari: és per les funcions inherents al subjecte que hem d'explicar-nos l'objecte. No referim les nostres impressions a la llur causa perquè aquesta causa les determini, sinó que quan inquirim que hi ha quelcom que les determina, llavors procedim a aquesta referència o projecció; no projectem els punts tàctils a punts especials perquè sapiguem que hi corresponen, ja que, com indicava Lodze, no és l'*espai exterior* el que ha d'explicar-nos l'espai interior, sinó al contrari. Aquesta inversió dels termes del problema depèn del punt de vista on ens situem. Res tan indiscutible com que l'exterior exerceixi una acció constant damunt del nostre organisme i dels nostres aparells sensorials; però la vida intel·lectiva no comença amb aquesta acció; s'inicia en el punt mateix que el subjecte reacciona damunt d'aquest medi extern amb el clam tròfic i les impulsions cegues del moviment; llavors es forgen complicadíssims processos d'adaptació a aquest medi i és per obra d'aquestes adaptacions que adquireix la consciència de la realitat, de la causa i de l'espai. Inútilment cercarem l'origen d'aquests coneixements bàsics en els centres isolats de la sensibilitat externa; és tot el *sensorium,* mogut pel ressort orgànic, el que pren part en l'elaboració de les experiències de les quals es desprenen aquests extensos i sòlids postulats damunt dels quals es fonamenta tot el treball intel·lectiu. Estudiar la intel·ligència de l'home o de l'animal d'un punt de vista purament extern, és fragmentar-la, privant-se d'elements de judici absolutament indispensables per a la seva comprensió. La unitat que resplendeix en el fons del procés intel·lectiu respon a la unitat estructural i fisiològica dels elements nerviosos que el determinen.

IX. SUCCESSIÓ CAUSAL DELS FENÒMENS

La causalitat en la successió dels fenòmens

A l'objectivar les nostres imatges, vivim convençuts que han estat determinades per l'objecte, que considerem com la llur causa, i els processos on s'apoia la nostra certesa són tan ferms i ben fonamentats, que fins ens molesta que es posi en dubte la validesa d'aquests judicis elementals. Un cop organitzades, però, les funcions perceptives, projectem clarament i distintament a l'exterior imatges que no sabem què les ha determinades, *apareixent com a fenòmens arbitraris o com a fenòmens sense causa.* Això ens passa quan un fenomen succeeix a l'altre de tal manera, que no apareix el segon que abans no hagi estat donat el primer, com si aquesta successió no estigués lligada a la causa que la determina, sinó que depengués exclusivament de la manera com han estat donats els fenòmens en el subjecte.

El rabadà que, engegant el ramat, es troba per primera vegada en la seva vida que a l'aixecar la veu en la fondalada li respon l'eco, és possible que comenci creient que aquest eco és un so com el del torrent, el de la boscúria que botzina, el de la roca que pica amb el bastó; però quan adverteixi que és la seva pròpia veu la que sona en l'eco, es meravellarà extremadament del fet inesperat. Per l'experiència té sabut que la seva veu ha de sonar en el lloc on es troba, per ser el signe d'una causa, i a l'observar que l'eco la hi torna de lluny s'admira, perquè no sap de quina causa és signe aquesta sensació inesperada. Si li dóna per rumiar-hi, potser sospiti que algú imita la seva veu des d'un altre lloc o que una divinitat misteriosa li respon, i en aquest cas inventa una causa per trobar-se mancat de la seva experiència directa; si no hi rumia, repeteix el fet una i altra vegada, i a mida que s'acostuma a aquesta successió deixa d'admirar-se, perquè preveu empíricament allò que ha de succeir, i riu estúpidament cada cop que va comprovant que l'eco respon de nou. Qualifica aquesta successió d'empírica perquè, com que ha comprovat durant tres, quatre, vuit vegades que l'eco respon, creu que el fenomen es repetirà a la novena o a la desena prova, i cas que no es repetís, ja per haver mudat de lloc, ja per haver-se modificat les condicions de la superfície reflectora, o creuria que la divinitat resta ara muda, o que no apareix l'eco senzillament perquè no apareix. Semblant previsió és d'una naturalesa molt diferent de la que té de la seva veu, de l'estrèpit del torrent o del so de la roca al picar-la, perquè si aixequés la veu i no l'oís, si veiés saltar l'aigua i no oís el seu estrèpit en la gorga profunda, o si amb el bastó piqués la roca i no sonés, remouria el dit petit en el conducte auditiu creient que s'havia tornat sord; en canvi, no li acudeix pensar-ho quan no respon l'eco. En el primer cas considera, sense que es doni compte de com és que ho considera, que entre la impressió auditiva que espera i la causa que l'ha de determinar, hi ha el lligam d'una successió forçosa, d'una relació preestablerta que per a ell no existeix entre l'eco i el so de la seva veu.

De la mateixa manera: acostumats a situar les imatges visuals en els punts objectius on el raig incident és reflexat, ens estranya observar que aquesta imatge es desplaça quan la llum, en lloc de reflexar-se damunt de l'objecte el travessa i es refracta. Mentres no comprenguem la necessitat d'aquest fenomen, ens figurem que el bastó que endinsem en l'aigua transparent d'un estany hauria de mostrar-nos la imatge rectilínia de l'objecte, tal com la veiem en l'aire, i a l'observar que no és així, traiem el bastó de l'aigua pensant que s'ha trencat. Acostumant-nos a aquestes imatges successives, deixem d'admirar-nos-en, perquè ja preveiem allò que ha de succeir per repetir-se el mateix fenomen; però, si no es repetís, ens quedaríem tan tranquils com el rabadà quan no oeix l'eco; en canvi, si no veiéssim el bastó creuríem que ha desaparegut de sobte, perquè quelcom ens diu que forçosament hem de veure'l.

En els dos casos descrits distingim dos judicis diferents. Pel primer la imatge és considerada com el signe d'una acció externa. De la mateixa manera que creiem que la dolçor, la pastositat, el color d'ambre, són les imatges que un objecte ha de determinar forçosament en els sentits, així creiem que la imatge del bastó és l'efecte que necessàriament ha de determinar aquell en la visió, com creu el rabadà que el bosc agitat pel vent i el torrent que s'estimba han de produir-li determinades impressions en el seu oït. Pel segon ens inclinem a creure que després d'una imatge, necessària per correspondre a una causa, en sobrevindrà una altra que no considerem necessària i sí tan sols possible subjectivament, per haver succeït així un cert nombre de vegades. Diem que tan sols la considerem *subjectivament possible* per tant que es desprèn d'una relació preestablerta tan sols en el subjecte. Així el rabadà, a l'oir el so de la seva pròpia veu, posseeix la consciència claríssima de ser degut al so produït per la seva gola; a l'oir l'estrèpit del torrent, la posseeix també de sonar aquest soroll en el lloc fix de l'espai on demora la causa que el determina; però a l'oir la repetició de la seva pròpia veu a una certa distància, no sap què és que la determina; però aquest fenomen sensorial, la causa del qual ignora, apareix una i altra vegada, i així es forgen en dos temps dos estats units per l'associació, essent prou que l'un es produeixi per a creure que va a produir-se l'altre. Doncs bé: si apareix *B* després de *A,* apareix tal com ha estat donat: *com un fenomen sense causa,* ja que cap experiència ha demostrat al subjecte que era determinat per una causa, i com que desconeix aquesta, natural és que no tingui consciència de la necessitat del fenomen tal com la té del primer. Aquesta successió, doncs, està mancada de valor objectiu.

De totes les successions empíriques es pot dir el mateix. L'animal i l'home inculte (que es troba en condicions anàlogues a les de l'animal) han vist sempre sortir el sol i confien que seguirà sortint, però no saben que, donades certes condicions, *ha de sortir necessàriament*; si coneguessin aquestes condicions, en les quals és donada la previsió d'aquest fenomen sensorial que anomenem alba, llavors és quan els fóra possible preveure quines condicions han de ser donades perquè el sol no surti. El que té tercianes, al tercer dia de l'atac espera un nou accés de febre que pot deixar de venir; solament al que coneix allò que encén la febre i la manera d'anul·lar-ho li serà possible preveure què succeirà, i amb tanta major precisió com més bé conegui les condicions que col·laboren en la determinació del fenomen.

No és necessari, com es veu, enlairar-se a les regions superiors de la intel·ligència per a trobar judicis lògics o necessaris i judicis que no tenen altre valor que el d'una pura successió empírica; també en trobem en les seves regions més inferiors. A l'estudiar la naturalesa de la previsió tròfica hem vist que la creença en l'efecte que ha de produir un aliment donat, no es fonamenta en la necessitat lògica, sinó en la memòria d'allò que ha succeït un cert nombre de vegades major o menor; a l'estudiar la naturalesa de l'experiència externa hem vist, al contrari, que no es fonamenta, com diuen, en una simple repetició del fenomen sensorial, sinó en l'acte intern que preestableix una relació necessària entre l'objecte, que definírem com la previsió de l'efecte sensorial que ha de causar, i el signe sensorial que anuncia aquesta causa i aquest objecte, i per això estem tan segurs que la dolçor i el color d'ambre són de la mel, com podem estar-ne del pes que ha perdut el cos submergit en un líquid; una i altra previsió són inapel·lables, per tant que en elles no ens limitem a observar què passa, sinó que hem preestablert experimentalment allò que ha de passar sempre en les mateixes condicions. Semblant afirmació resulta incomprensible en la teoria imperant de la percepció preformada o de la imatge intuïtiva d'una causa, ja que no s'hi adverteix l'enorme diferència que existeix entre la imatge que experimentalment ha estat referida a la seva causa i aquesta altra imatge que, per haver nascut de processos preestablerts en l'enteniment, apareix sense que se sàpiga quina causa la determina; segons la dita teoria, una i altra imatge són de la mateixa naturalesa i categoria; totes brollen així, excèntriques, referint-se a la llur causa o objecte. Per tot això que portem exposat insistim que aquest criteri no és encertat. Indubtablement el rabadà posseeix de la causa a la qual atribueix la seva veu i de la del so que donen els cossos que el rodegen, una certesa lògica que no té en quant a la que determina l'eco; davant d'aquesta imatge se li presenta una qüestió per a resoldre que no se li presenta davant de les altres. En què consisteix aquesta qüestió? En que ignora quina condició externa determina l'eco, ignorància que no té certament ni pel que toca a la seva veu ni al so dels objectes sonors que el volten. Li sembla evident que aquesta imatge li és donada d'una manera molt diferent de com ho són les altres i per aquesta raó es figura que té quelcom d'arbitrari que no pot atribuir-se a les demés; però el dia que arribi a conèixer físicament la condició que determina l'eco, llavors la considera tan natural i lògica com de temps antic hi venia considerant les demés.

La mateixa cosa passa amb la imatge refractada. Per experiències personalíssimes s'ha adquirit el coneixement de les direccions visuals, i si cada signe local retinià afectat s'ha projectat al punt extern de referència, és perquè està lògicament seguríssim que aquest punt es troba allí i no en altra banda; però ara el subjecte topa amb una percepció visual estranya, ja que projecta la imatge a un lloc on realment no hi és l'objecte que la determina. No se la pot qualificar d'il·lusòria, ja que la imatge *és allí,* de la mateixa manera que sona l'eco, i malgrat això, del fons de la consciència brolla una veu que ens diu que igual aquest eco que aquesta imatge desplaçada responen a una causa real que ens és desconeguda, de manera que no els projectem malament; el que passa és que no sabem per què les dites imatges les projectem d'aquesta manera; el dia que coneguem la causa externa que desvia la llum o desplaça la imatge, ens semblarà lògic i natural que així la veiem.

A l'estudiar el físic com és donat el cas nou que la llum, en lloc de reflectir-se damunt del cos que fereix, es refracta, troba que aquest cos es deixa travessar per aquesta llum, presentant-se-li diàfan, si bé oferint al seu pas una certa resistència, segons sigui la seva densitat. Entén clar que allò que concep sota la forma de medi més o menys dens respon a quelcom real que determina en l'ull allò que s'hi presenta en forma de llum trencada, i com que s'afanya en cercar la condició determinant d'aquest fenomen intern, per a poder predir quan tornarà a presentar-se de nou i com tornarà a presentar-se, no para fins a trobar l'acció que el determina, i al conèixer-la formula la previsió del que succeirà sempre més en el sentit, quan aquesta condició es presenti. Per a poder formular aquesta previsió necessita conèixer la densitat de l'objecte que la llum travessa, i això no pot conèixer-ho amb la vista, sinó per l'intermedi de l'esforç muscular que sotmet les terminacions tàctils a un cert grau de pressió. Així troba que hi ha cossos com l'aire que es deixen fendre amb facilitat, altres com l'aigua que ofereixen una major resistència, i altres com els cossos sòlids que hi oposen dificultats invencibles. Mitjançant aquests experiments vius, va elaborant genèticament en la seva intel·ligència la idea de la densitat, i aquesta densitat, segons veu, no és altra que la previsió de la pressió que han d'experimentar les terminacions tàctils al sotmetre-les a l'acció de les coses exteriors per l'intermedi de l'esforç, al qual acte anomenem *resistència*. En possessió ja dels signes que li permeten avaluar els diversos graus de penetrabilitat que li ofereixen els diferents llocs que assenyala o fixa en el món exterior, anomenant-los medis més densos o medis menys densos, és en ells precisament que adverteix que la llum es desvia i llavors és quan formula el següent raonament de naturalesa experimental: *allò que en la percepció tacto-motriu es mostra sota la forma d'una resistència, és allò mateix que desvia la llum quan aquesta el travessa.* D'aquest punt endavant, la refracció que acusen els ulls ja no és un fenomen sense causa, per tant que ja se sap què és que la determina, i això és considerat com el signe d'una acció que abans no es percebia, encara que se'n percebés l'efecte; tant és així, que serà prou observar que la llum es desvia per a poder predir que travessa un medi més o menys dens que el que travessava un moment abans, i també serà prou observar que la densitat del medi s'ha modificat per a poder pronosticar que, cas de ser permeable a la llum, aquesta sofrirà una refracció. Per l'intermedi de l'experiència s'ha preestablert una *relació interior* entre els signes que acusen en el tacte dinàmic la presència d'una causa exterior especial i els signes que l'acusen davant dels ulls, i s'ha reconegut que era una mateixa acció la que en el tacte s'acusava en forma de densitat i en els ulls en forma de refracció, i com que el físic no es preocupa de la forma sensorial com se li presenta el món exterior i sí solament de la causa de la qual aquesta forma és signe, assegura que allò que coneix mitjançant la llum refractada és la mateixa cosa que coneix mitjançant la densitat, com dos fenòmens interns que li acusen la mateixa causa. En canvi el psicòleg, que no creu, com el físic, que les imatges siguin un sistema de senyals per a poder preveure les accions que han de produir tal o qual efecte en els sentits, sinó que es figura que l'esperit ens va suggerint aquestes imatges paral·lelament a les coses exteriors de les quals són representació, com ha de sospitar que sigui una mateixa cosa allò que es representa amb la imatge visual i allò que es representa per l'intermedi del tacte? Són dos punts de vista tan oposats i tan contradictoris que no ha de meravellar-nos que mentres el primer, a mesura que progressa, tot ho simplifica, reduint la pluralitat sensorial a *una mateixa cosa,* això és, a una sola causa, el segon es consagri a la tasca de marcar diferències, marcant els motllos empírics en els quals són donats els fenòmens, considerant-los com a encaixos interns que corresponen a les coses exteriors. El físic formula l'experiència de la llum refractada quan descobreix que és una qualitat del medi la que determina el fenomen; però el psicòleg creu que aquesta ja ve preformulada pel sentit mateix al mostrar la imatge desplaçant-se de la línia recta. Aquesta imatge, però, s'acusa davant del subjecte com un fenomen sense causa o sigui arbitràriament, ja que li manca el fonament extern d'aquesta refracció. Mentres el primer entén que l'experiència naix de l'experiment actiu, que li mostra on demora externament allò que determina el fenomen, entén el segon que l'experiència naix de la projecció interna que assenyala en l'exterior la situació de la causa, de manera que, segons aquesta teoria, *la llum es desvia solament perquè els ulls ens la mostren desviada,* tal com la mel és dolça tan sols perquè aquesta dolçor la projectem a un cos donat per un impuls intern. Nosaltres, com el físic, entenem que aquesta projecció interna no constitueix una experiència. Poden els ulls mostrar-nos la llum desviada i d'aquest sol factor intern no pot induir-se'n que la llum realment es refracti, com de la visió del relleu estereoscòpic no es pot induir que l'objecte vist sigui profund. Perquè aquesta inducció tingui vàlua, fa menester que es preestableixi una relació de determinant a determinat entre la causa que actua damunt del sentit i l'efecte que produeix, tal com la preestableix el físic, i mentres així no es faci la refracció de la llum serà un fenomen que acusaran els ulls sense que arribi a saber-se si això que acusen els ulls respon a una acció externa o a una pura modalitat del sentit. El físic procedeix de la mateixa manera que procedeix el nen a l'objectivar les seves impressions visuals, perquè tal com sap aquell que és el medi el que desvia la llum, sap el nen per l'intermedi de l'experiment motriu que és tal objecte i no tal altre el que impressiona la seva retina; si ara, a l'enfonsar el bastó en l'estany, contràriament al que fins aquest punt portava previst, es troba que la seva imatge es desplaça de la direcció rectilínia sense saber per quina causa, és perquè no ha procedit amb aquesta imatge de la mateixa manera que procedí amb les altres. El que en realitat acusa el sentit amb *aquesta anomalia,* no és una experiència, sinó la manca d'experiència que li hauria de fer a saber que això que passa ha de passar necessàriament.

De la mateixa manera: el rabadà que oiex l'eco es troba en les mateixes condicions que l'inculte visual que inesperadament s'adona que la imatge rectilínia del bastó es desplaça parcialment; mai podrà comprendre com el so donat aquí es repeteix allà. Amb les seves experiències motrius s'ha preocupat de referir a cada cosa que sona la seva manera de sonar o sigui el seu timbre, i ara es troba amb un so que no és una cosa que soni, sinó la simple repetició del so d'una cosa que ha sonat. De quina causa és signe aquest so? No ho sap i d'aquí ve la seva estranyesa, perquè durant tota la seva vida havia après com havien de sonar els objectes i així és com els coneixia pel timbre llur, i resta confós davant d'un so que no li anuncia la presència de la cosa que li causa aquest efecte. Per la percepció acústica l'eco se li mostrarà sempre un efecte sense causa; per l'habitud empírica podrà esperar que es repeteixi, però així com sap amb certesa lògica quin efecte ha de produir-se en el seu oït al picar el cristall, no sap de la mateixa manera si l'eco respondrà o no a l'aixecar la veu, i no ho sap perquè desconeix la causa d'aquesta repetició. Aquest coneixement l'assolirà quan, per l'intermedi de percepcions de naturalesa molt diferent de l'auditiva, descobreixi què els passa als cossos quan sonen. A l'observar que la corda estirada i la copa de cristall ferides vibren, com ho testimonien alhora el tacte i la visió: a l'observar que quan aquestes vibracions s'apaguen desapareix el so, que quant més àmplies són és més intens, i mes agut quant més ràpides, es va preformulant en la intel·ligència el coneixement que allò que en l'oït s'acusa en forma de so, en el tacte i en la vista s'acusa en forma de vibracions. Com la imatge acústica no és la representació d'una causa, sinó el seu signe, així també la percepció tàctil o visual d'aquesta vibració no és altre que el signe d'un efecte o la previsió de la seva causa; però així que el rabadà raona que allò que en aquest sentit se li mostra en forma d'una vibració és allò mateix que en l'oït s'acusa com un so, li és prou imaginar que aquestes ones, propagades a través d'un medi elàstic com l'aire, li són retornades al topar amb una superfície reflectora, perquè aquell eco, que poc abans apareixia com un fenomen sense causa, li aparegui ara com un fenomen causat per allò mateix que impressiona el seu tacte i els seus ulls en forma de vibració. La percepció acústica solament no podia trobar la causa que determinava la sensació acústica, i per aquesta raó apareixia l'eco com un fenomen no determinat o no causat, de la mateixa manera que la percepció visual no podia trobar experimentalment quina cosa refractava la llum; però ha estat prou que aquesta causa hagi estat descoberta per l'intermedi d'una altra percepció experimental, perquè l'eco fos avaluat com a signe d'allò mateix que determinava aquella percepció acústica. Tant és així que si preguntem al físic si la vibració és el so, resoltament ens respondrà que no, per ser solament la condició que el determina; doncs aquesta condició, aquesta cosa, que tampoc en si mateixa és una vibració, no podia descobrir-se sinó per l'intermedi d'altres funcions perceptives, i una vegada descoberta, ja se sap de què és signe l'eco.

Veiem, doncs, que quan una imatge és referida a la seva causa per l'experiència motriu, es coneix quin és el signe per l'intermedi del qual reconeixem la seva presència; però quan una imatge apareix i ens manca l'experiència de la seva causa, se'ns presenta de bon començament com si fos arbitrària o com si no ens fos donada amb les mateixes garanties que ens són donades les que considerem veritables. Així el rabadà considera reals les imatges acústiques que li anuncien la presència de les coses que el volten, i al trobar-se amb l'eco, ni creu que aquesta imatge sigui il·lusòria, ni endevina a quina cosa real respon, per mancar-li l'experiència d'aquesta cosa. Com que el sentit, però, l'acusa repetidament, acaba per conformar-se amb aquesta aparició, atribuint-li un valor purament empíric, per tant que experimentalment desconeix la seva causa, quedant amb això plantejat el problema de la seva enquesta, i al començar-la procedeix de la mateixa manera que procedí a l'atribuir a cada cosa el seu timbre respectiu, perquè, en el fons, arribar a saber que el timbre amb el qual sona un objecte ens anuncia la copa de cristall, és prefixar per l'experiència motriu la cosa que així sona diferenciadament de tot allò que sona entorn, i arribar a saber que l'eco ens anuncia allò mateix que davant del tacte i de la vista vibra, és també prefixar la causa que determina aquest eco. D'aquest punt endavant l'eco no és considerat com un fenomen arbitrari, per haver-hi ja en l'enteniment la previsió del que ha de passar en l'oït quan certa classe d'ondulacions se succeeixin en l'aire.

El problema de la causalitat sempre es presenta plantejat davant del subjecte de la mateixa manera: la imatge sensorial no apareix mai espontàniament, però no se sap a quina acció externa està lligada i cal inquirir-ho; per a això es fa menester adaptar el sentit a allò que l'impressiona i al preestablir aquesta relació del subjecte a l'objecte observem que l'objecte ens impressiona sempre de la mateixa manera. A la previsió d'allò que ens ha d'impressionar sempre de la mateixa manera l'anomenem causa, efecte a la impressió rebuda i experiència a l'acte intern per l'intermedi del qual s'ha preestablert una relació entre la causa i l'efecte. Aquesta relació la considerem lògica o necessària perquè tal com s'ha preestablert no pot deixar de succeir el que succeeix. Localitzem, per exemple, en un lloc de l'espai un cos el to fonamental del qual ve acompanyat de certes notes harmòniques que a l'impressionar-nos ens sona com el timbre del cristall i diem que aquest so és distint o propi d'aquest cos. Aquesta experiència es desprèn de la conjunció de dos elements. Si no sabéssim que aquest timbre procedeix d'aquest cos per no haver isolat amb l'experiència motriu el seu lloc d'origen, el timbre ens sonaria de la mateixa manera, però no sabríem què l'ha determinat en el sentit i per tant de cap servei ens fóra per a conèixer allò que des de l'exterior ens sona en l'oït; però pel fet d'haver preestablert una relació entre aquest cos sonor i el seu efecte sensorial, hem assolit la previsió de l'efecte que ens ha de produir, per haver observat que aquest cos ens produeix sempre el mateix efecte. De la mateixa manera: el so que desperta l'eco ens produeix dos efectes successius, però no sabem què és que determina el segon, per no haver preestablert entre aquesta causa i l'efecte sensorial que en pervé la mateixa relació que establim entre el primer efecte i la seva causa; ho coneixerem quan l'oït rebi l'acció de les ones acústiques de retorn; amb això haurem assolit la previsió de l'eco, ja que ara com abans localitzem en l'exterior allò que ha d'impressionar el nostre oït.

Així en l'un com en l'altre cas considerem que l'efecte ha de succeir necessàriament a l'acció. El fonament d'aquesta necessitat és de la mateixa naturalesa que la necessitat d'una veritat matemàtica. Quan diem: dues coses iguals a una tercera són iguals entre si, en tot rigor lògic volem dir: suposant que hi hagi dues coses iguals i altra igual a aquestes dues, no és possible concebre entre elles una desigualtat. De la mateixa manera: quan diem que *una mateixa causa* ha de produir sempre *un mateix efecte,* donem per suposat també que aquesta causa romandrà eternament invariable, tal com una cosa estable o no susceptible de mudança, i que el sentit reaccionarà davant d'ella d'una manera uniforme. Si esdevingués que la causa exterior en el moment *a* no fos la mateixa que en el moment *b* o que el sentit en el moment *a* no reaccionés de la mateixa manera que en el moment *b,* llavors no fóra possible preveure els efectes i establir experiències; però la cosa que impressiona roman uniformement igual ara, que abans, que després; la identitat del fenomen sensorial ens mostra que el sentit no reacciona arbitràriament, capriciosament, i és precisament per ser donats així els elements de la intel·lecció que es formula l'experiència. Suposada l'estabilitat de la funció, l'experiència motriu ens va demostrant que sempre són determinats els mateixos efectes quan posem el sentit en les mateixes condicions, i d'això induïm que la causa és la mateixa; un cop formulada aquesta inducció s'aclareix el coneixement d'aquesta causa com la previsió d'allò que ha de succeir en el sentit. La possibilitat de l'experiència, doncs, es fonamenta en el supòsit de ser donats sempre els seus elements de composició de la mateixa manera; el dia que així no fos i el cristall no impressionés l'oït com ho ha vingut fent fins ara o la mel no determinés la mateixa saborositat, aquell dia l'experiència no fóra possible; però mentres aquestes imaginades variacions no vinguin, l'experiència sempre serà donada com la previsió d'un determinat efecte sensorial. Igual que no es pot al·legar al matemàtic que el seu axioma és inadmissible, perquè no existeixin dues coses iguals, així no es pot al·legar al físic que de l'experimentació no se'n pot deduir la veritat necessària, perquè es pot concebre la possibilitat que un mateix fenomen sensorial deixi de succeir a una mateixa causa, ja per haver variat aquesta causa, ja per haver variat la funció. A l'ergotista que no admetés la igualtat entre dues coses per ser sols un supòsit, el matemàtic li respondría: ser matemàtic consisteix precisament en suposar-ho així; el dia que em passés pel cap prescindir d'aquestes veritats suposades deixaria de ser matemàtic. Així també el físic respondria a qui li mostrés la possibilitat metafísica que les ones acústiques de retorn no determinessin l'eco, que el dia que això passés deixaria d'existir la física, la ciència experimental i fins la possibilitat de preveure cap efecte extern damunt dels sentits; però mentres els fenòmens siguin donats com ho són, serà possible el naixement de l'experiència i amb ella la previsió del fenomen sensorial. De tot plegat se'n desprèn que la necessitat de reaparèixer el fenomen sensorial tal com ho porta previst l'experiència salta de la naturalesa mateixa d'aquesta intel·lecció, fins a tal punt que si aquest fenomen variés davant d'una mateixa causa s'ignoraria de quina cosa és signe i fóra per tant inintel·ligible.

Fonamentem, doncs, la necessitat lògica en *el supòsit* que l'acció externa seguirà actuant damunt del sentit de la manera que ho féu al ser establerta l'experiència i en *el supòsit* que la funció sensorial seguirà reaccionant uniformement, és a dir, que la fonamentem en els mateixos elements que fan possible la funció intel·lectiva. Això que anomenem intel·ligència ni és una força ni és una facultat, ni quelcom eficient que creï la intel·lecció; la intel·ligència és un fenomen i com tot fenomen resulta de les condicions que el determinen. De la mateixa manera que la llum no es refractaria si no travessés un medi que la desviés, així fóra impossible referir les impressions *a, b, c,* a les llurs respectives causes si no s'hi adaptés el sentit per l'experiència motriu, fenomen que anomenem intel·lecció; però aquesta intel·lecció és de tal naturalesa, que per ella sabem que el sentit tornarà a rebre la mateixa impressió sempre que se'l posi en les mateixes condicions, i és això que ens decanta a creure que perquè així sigui és necessària d'una banda l'estabilitat de la causa, i de l'altra la uniformitat de la funció, perquè de suposar-ho al contrari no podria succeir allò que l'experiència ens mostra que sempre succeeix, i llavors no es concebria ni la possibilitat de l'acte intel·lectiu, de la mateixa manera que no es concep la possibilitat de la refracció sense l'existència del medi més o menys dens pel qual ha de passar la llum.

La necessitat que això que anomenem mel produeixi en el tacte i en els ulls i en el gust tals impressions i no tals altres, es fonamenta en la mateixa necessitat que ens obliga a reconèixer el triangle com l'espai limitat per tres línies rectes. De la mateixa manera que considerem aquest espai com a triangular, així considerem com a mel allò que els sentits ens acusen en forma de certes impressions que hem avaluat intel·lectivament com a signes reveladors de la seva presència. El cristall sona com a cristall, el bronze com a bronze, no perquè així ho anem repetint empíricament, segons hem exposat anteriorment, sinó perquè així han de sonar necessàriament, ja que a l'avaluar aquests timbres com els signes de les respectives accions externes que els determinen, hem preestablert que així han de sonar, i amb lògica tan imperiosa que, no sonant així, diríem que ni és cristall ni és bronze allò que sona. Per a l'objectivació de totes aquestes impressions elementals en tenim prou de prefixar per l'experiència motriu allò que les determina, i llavors és quan adquirim la previsió de l'efecte que ens ha de causar i considerem aquests efectes necessaris, i repetim que en aquest punt els nostres judicis són tan tancats que, si aquests efectes no vénen tal com s'ha previst, no se'ns acudeix creure que la causa no obra ara com obrà abans o que el sentit no reacciona de la mateixa manera, sinó que afirmem que allò que ens afecta ara no és allò mateix que ens afectà abans. Donades les condicions determinants del fenomen intel·lectiu, semblant arbitrarisme ens resulta incomprensible, ja que amb ell es destruirien els elements dels quals resulta el dit fenomen.

Deia Hume que el problema de les sensacions (que nosaltres anomenem percepcions) és obscuríssim i el defugia de biaix, creient que per a res el necessitava a l'estudiar l'encadenament causal dels fenòmens. La veritat és que mai es podrà saber com un fenomen és determinat per un altre, mentres no es comenci per inquirir com un fenomen simple és referit a la seva causa. No hi ha en tot això dos problemes: hi ha un únic problema sota un nou aspecte. El procediment per obra del qual el físic, per exemple, refereix l'eco a la seva causa, és en el fons de la mateixa naturalesa que el que usa el rabadà per a referir els diversos sons que percep als objectes que el volten; en l'única cosa que es diferencien és en la manera de descobrir la causa de l'eco, manera que desconeix el rabadà.

En efecte: perquè el rabadà pugui projectar els sons que percep entorn seu als objectes que els donen, li és prou haver adquirit la consciència del lloc que ocupen. Ha arribat a donar-se compte que cada objecte sona d'una manera especial, i com que coneix la situació d'aquests objectes, projecta les imatges acústiques en la direcció que aquests objectes estan situats. No sap res més que això, i quan sona l'eco, com que posseeix la consciència clara del lloc que el tramet, també el projecta en aquesta direcció i fins fixa una distància, però ignora quina causa o quin objecte el tramet. Allò que el rabadà ignora ho sap el físic; allò que per al primer és sols una manera de poder distingir uns objectes d'altres, és per al segon una manera de saber com vibren aquests objectes. Aquest coneixement és visual i per ell ha arribat a descobrir que *allò mateix* que afecta la visió sota una certa forma de moviment vibratori afecta l'oït sota la forma d'un so, i d'aquest punt endavant estableix una correspondència tan estreta entre les formes de les vibracions visuals i les modalitats de la sensació acústica, que per ella li és possible preveure què succeirà en l'oït molt abans que realment succeeixi. Què ha descobert el físic que no havia descobert el rabadà? La causa del so per l'intermedi d'un signe visual. El rabadà sabia que tal objecte sonava de diferent manera que tal altre, i per això es reduïa a prendre els sons com a signes distintius dels objectes; però el físic veié que els objectes que sonaven vibraven i avaluà aquesta vibració com el signe de l'acció especial que actuava damunt de l'oït. El rabadà coneixia la causa del so quan l'atribuïa als objectes, i si l'objecte mancava, com succeïa en l'eco, li semblava que no era determinat per una causa; el dia que es descobrí visualment que la cosa que actuava damunt de l'oït era una vibració emesa i propagada a través de l'espai, es comprengué clarament que allò mateix que determinava en la retina la imatge d'un cert moviment vibratori, determinava alhora un so en l'oït. Vegi's, doncs, com l'eco passa a ser signe d'una causa quan se'n descobreix l'existència.

Al declarar Hume que no necessitava resoldre el problema de l'objectivació sensorial per a escometre l'estudi de la causalitat, s'incapacitava per a descobrir els orígens de la necessitat lògica. Indubtablement la percepció visual del moviment vibratori respon a una acció real; no creiem que els cossos vibrin perquè així ens ho mostri la visió, sinó perquè sabem que aquest fenomen és determinat per una acció exterior; tampoc creiem que els cossos sonin solament perquè sona l'oït, sinó perquè quelcom els excita. Els fonaments d'aquesta certesa no són subjectius, no depenen de l'habitud ni d'impulsos instintius de la raó inferior; aquests fonaments són inductius per imposar-los així l'experiència. Doncs bé: quan dos fenòmens se succeeixen i d'un d'ells se sap que és determinat per una causa externa i de l'altre no se sap quina causa el determina, per molt que es repeteixin invariablement a través del temps i de les generacions, mai, ni per les habituds contretes, ni per l'instint ni per cap condició subjectiva, inductiva o *a priori,* podrem establir entre els dos fenòmens la connexió causal, mentres no es descobreixi la condició objectiva que determina el segon. En l'exemple descrit la causa de l'eco ens la suggereix el tacte o la visió, sentits dels quals es desprèn originàriament la concepció del moviment vibratori acústic. Hem definit la causa dient que és la previsió del fenomen sensorial, i per ser així comprenem que allò que ens permet preveure totes les modalitats sensorials que ha d'acusar l'audició, ens permetrà compondre alhora el mecanisme que encadena els fenòmens d'aquesta funció. Per un sistema de signes visuals sàviament elaborats, hem arribat a saber que a mida que es modifica la forma del moviment vibratori, es modifica alhora el so, i així és com hem formulat preventivament un llenguatge visual que ens permet saber què passarà en l'oït *a priori* o abans que passi. Així diem, per exemple, que l'altura del to depèn del nombre de vibracions que doni el cos sonor en una unitat de temps, i aquesta previsió és lògica o necessària, perquè l'experimentació ens ha demostrat que la mateixa causa que ha determinat en la retina aquest nombre de vibracions és la que a l'actuar damunt de l'oït aixeca el to. El fonament d'aquesta necessitat és objectiu, ens ve imposat i per això ho considerem necessari. Nosaltres ignoràvem que els cossos de tonalitat més alta vibressin més ràpidament, però percebíem aquella tonalitat i per això distingíem el so d'una corda grossa del d'una de prima (en igualtat de condicions de llargada i de tensió) sense necessitat de veure-les: visualment comprovàrem també, valent-nos de certs artificis experimentals, que vibraven una i altra de diferent manera, ben lluny de sospitar que això pogués influir en la llur tonalitat; però quan arribàrem a descobrir que la mateixa cosa que determinava aquesta impressió visual determinava també aquesta qualitat acústica, establírem *una relació interior* entre aquests dos efectes, una connexió psico-fisiològica entre el fenomen visual i l'acústic, i d'aquest punt endavant establírem que els signes visuals que acusen la rapidesa vibratòria són també els signes de la tonalitat acústica, conferint-los amb això una significació més àmplia que la que abans tenien. Aparentment, des d'un punt de vista empíric, sembla que res pot haver-hi de comú entre la forma de la vibració i la tonalitat de la sensació acústica; però quan reflexionem que les nostres imatges no són, com diuen, representació de coses, sinó signes d'accions externes, besllumem que el signe visual d'una acció pot ser comprensiu d'aquesta mateixa acció quan recau damunt de l'oït, comprovant solament que és la mateixa cosa la que determina un i altre efecte, i així és com es preformula la previsió dels dos efectes, simplificant aquest llenguatge interior mitjançant el qual coneixem els efectes que hem d'experimentar.

Conclusió

Vegi's, doncs, com el fonament de la necessitat lògica sempre és objectiu. Qui diu necessitat lògica diu imposició externa, és a dir, allò que no depèn del subjecte, allò que roman subsistent com la condició perdurable del fenomen sensorial. En canvi, tots els estats que són donats en el subjecte sense que hagin estat relligats amb la condició externa que els determina, se succeeixen en la consciència com si estiguessin fixats per la relació causal, però no considerem la llur successió com a necessària, tal com si res ens obligués a creure que sempre han de succeir-se de la mateixa manera. Així, els cossos que sonen en l'oït vibren davant de la vista, i aquesta simultaneïtat, tal com l'acusen un i altre sentit, no ens obliga a creure que aquests cossos sonin perquè vibrin; per a poder formular aquest judici de necessitat ens manca l'experiència que ens ha d'imposar, vulguem o no, la relació causal que existeix entre aquesta vibració i el so que determina, malgrat que un i altre fenomen isoladament ens vinguin imposats. Així mateix: les fases de la lluna, la successió de les estacions, l'acció d'un compost farmacèutic, totes aquestes veritats d'ordre purament empíric, ens són donades de la mateixa manera que el so i la vibració, sense que la intel·ligència hagi establert en la sèrie la connexió causal que l'encadena. En aquestes condicions creiem que la sèrie anirà reapareixent en els temps futurs de la mateixa manera que reaparegué en els temps passats, i fins i tant que encertem a descobrir la determinant d'aquesta processó seriada de fenòmens, no considerarem que la llur successió hagi de ser forçosa. També preveiem empíricament allò que passarà, anticipant-nos al temps futur, i això no ha de meravellar-nos, perquè, quan pensem empíricament, la intel·ligència funciona de la mateixa manera que quan pensem *a priori;* pensar, sempre és preveure; però, atenent-nos als resultats d'aquesta previsió, hi ha una enorme diferència pràctica entre la previsió necessària i l'empírica, ja que la primera profetitza sobre segur, mentres que la segona pot errar-se. El cabal científic bastit damunt la connexió causal dels fenòmens és tramès a la posteritat per *in eternum*; però el cabal purament empíric, malgrat ésser d'una vàlua inestimable, sols pot ser tramès a títol de precari. Li manca a la veritat empírica l'experiència externa que ha d'enlairar-la a veritat necessària, per inspirar-se en termes preestablerts en el subjecte sense que hagi adquirit la consciència de com han estat donats; el dia que es tingui l'acert de descobrir les condicions en les quals aquests termes han estat donats, s'adquireix la consciència claríssima de com han de repetir-se sempre i llavors és quan passen a ser necessaris. Per això l'observació empírica és tan sols la veritat prodròmica de la veritat lògica, de manera que sempre resulta molt difícil destriar on acaba la primera i on comença la segona.

SUMARI

LES MILLORS OBRES DE LA LITERATURA CATALANA

Les obres i els autors més importants de la literatura catalana, clàssica i moderna, posats a l'abast de tots els lectors d'avui.

1 JOAN MARAGALL, **Elogi de la paraula i altres assaigs.** A cura de Francesc Vallverdú.
2 SALVADOR ESPRIU, **Antologia poètica.** A cura de J.M. Castellet.
3 JAUME ROIG, **Espill o Llibre de les dones.** A cura de Marina Gustà. Pròleg de Joaquim Bergés.
4 PRUDENCI BERTRANA, **Jo! Memòries d'un metge filòsof.**
5 ENRIC PRAT DE LA RIBA, **La Nacionalitat Catalana.**
6 JACINT VERDAGUER, **L'Atlàntida.**
7 NARCÍS OLLER, **Contes.** A cura d'Alan Yates.
8 ANÒNIM, **Curial e Güelfa.** A cura de Marina Gustà. Pròleg de Giuseppe E. Sansone.
9 PERE CALDERS, **Cròniques de la veritat oculta.**
10 CARLES RIBA, **Clàssics i moderns.** A cura de Joaquim Molas.
11 JOSEP CARNER, **Poesies escollides.** A cura de Joan Ferraté.
12 JOSEP POUS I PAGES, **La vida i la mort d'en Jordi Fraginals.** Pròleg de Jordi Castellanos.
13 **Sainets del segle XIX.** A cura de Xavier Fàbregas.
14 AUSIÀS MARCH, **Poesia.** A cura de Joan Ferraté.
15 MIQUEL LLOR, **Laura a la ciutat dels sants.**
16 JOSEP M. DE SAGARRA, **Teatre.**
17 CARLES BOSCH DE LA TRINXERIA, **L'hereu Noradell.** Pròleg de Jordi Castellanos.
18 MERCÈ RODOREDA, **Tots els contes.**
19 RAMON MUNTANER, **Crònica,** vol I. A cura de Marina Gustà. Pròleg de Joan Fuster.
20 RAMON MUNTANER. **Crònica,** vol II.
21 GABRIEL FERRATER, **Les dones i els dies.**
22 VALENTÍ ALMIRALL, **Lo Catalanisme.**
23 **Antologia general de la poesia catalana,** per J.M. Castellet i Joaquim Molas.
24 JOAQUIM RUYRA, **Jacobé i altres narracions.**
25 SANTIAGO RUSIÑOL, **L'auca del senyor Esteve.**
26 ÀNGEL GUIMERÀ, **Teatre.**

27 VÍCTOR CATALÀ, **Solitud.**

28 POMPEU FABRA, **La llengua catalana i la seva normalització.** A cura de Francesc Vallverdú.

29 FRANCESC TRABAL, **Vals.**

30 JOSEP PIN I SOLER, **La família dels Garrigas.**

31 J. V. FOIX, **Antologia poètica.** A cura de Pere Gimferrer.

32 RAMON TURRÓ, **Orígens del coneixement: la fam.**

33 JOSEP PLA, **Contraban i altres narracions.** A cura de J.M. Castellet.

Seguiran:

EUGENI d'ORS, **La ben plantada / Gualba, la de mil veus.**

JOSEP FERRATER MORA, **Les formes de la vida catalana.**

RAMON LLULL, **Fèlix o Llibre de les meravelles.** A cura de Marina Gustà.

JOAN PUIG I FERRETER, **Teatre.**

MANUEL DE PEDROLO, **Totes les bèsties de càrrega.**

EMILI VILANOVA, **Narracions.** A cura de Manuel Jorba.

MARIÀ VAYREDA, **La punyalada.**

BERNAT METGE, **Lo somni.** A cura de Marina Gustà.